기독교문서선교회 (Christian Literature Center: 약칭 CLC)는 1941년 영국 콜체스터에서 켄 아담스에 의해 시작되었으며 국제 본부는 미국 필라델피아에 있습니다.
국제 CLC는 59개 나라에서 180개의 본부를 두고, 약 650여 명의 선교사들이 이동 도서차량 40대를 이용하여 문서 보급에 힘쓰고 있으며 이메일 주문을 통해 130여 국으로 책을 공급하고 있습니다. 한국 CLC는 청교도적 복음주의 신학과 신앙 서적을 출판하는 문서선교기관으로서, 한 영혼이라도 구원되길 소망하면서 주님이 오시는 그날까지 최선을 다할 것입니다.

추천사 1

김대응, 인문학적 시각, 예수냐 우상이냐

민 경 배 박사
전 백석대학교 석좌교수

이번에 시인이시오 역사학자인 김대응 박사님께서 우리 한국 교회의 일제강점기 신사참배 형극(荊棘) 역사에 대한 아주 놀랄만한 대본을 상재(上梓)하시었습니다.

본서는 한국교회사의 방법론에 있어서 아주 혁신적인 최초의 그리고 독특한 시각을 설정하고 역사를 투시하고 서술하는 시도를 수행하시었습니다. 그리고 그것은 실로 놀랄만한 호소력으로 역사의 실체를 독자들 몸가에 절묘(絶妙)하게 다가서게 하였고, 마침내 지난 역사의 실상과 그 의미에 대한 실사적(實寫的) 관철(貫徹)에 이를 수 있는 경지에까지 가게 하는 데에 그 문필(文筆)의 능(能)을 다 하시었습니다.

첫눈에 우리는 본서의 혁신적인 파격적인 타이틀에 눈이 갑니다. 교회 역사서인데 <인문학적(人文學的) 시각>, 곧 영역(英譯)하면 <Humanistic View Point>인데 인간적으로 역사를 본다는 뜻입니다. 우리 인간의 입장에서, 유한하고 감정에 시달리고 연약하고 변화무쌍한, 그러나 생명력 넘치고 의기충천(意氣衝天)하는 그런 인간의 입장에서 일제치하 신사참배 저항의 역사를 본다는 것입니다. 그 순교사를 읽는다는 것입니다.

이것은 기독교 역사를 교리적으로 교회적으로 신학적으로 볼 때의 개념적 이해 범위, 곧 도덕적 이성적 사회적 구도, 그런데에서 벗어나 인간의 정황 그 시각에서 한국 기독교 그 일제하의 수난을 피부로 느끼도록 구도화하였다는 뜻입니다. 인간(人間) 신앙인이 일제(日帝)라고 하는 거대 기구의 혹독한 현실의 신사참배 강압에서 견뎌내고 승리하거나 굴복하는 과정을 보다 더 적나라(赤裸裸)하게 소박하게 대본화하였다는 뜻입니다.

이런 것을 실존적이라고 말할 수도 있겠지만 여기 역사가 희곡화(戱曲化)해서 마침내 시문학적(詩文學的) 실존적 서술로 대본화(臺本化)하는 형태로 가기 때문에 문향(文香), 문필(文筆)의 차원은 훨씬 체감(體感)이 깊어질 수밖에 없었습니다. 이런 역사서술은 해석상의 차이를 분명히 보여 주고, 새로운 구심점과 생생하게 독자에게 다가서기 마련입니다. 이때 비로소 저자와 독자와의 상징적 상호행위의 길이 열려지게 되는 것입니다.

일제치하 한국 교회는 일본 제국헌법에 의해서 반국가적 조직으로 압박을 받았습니다. 이또 히로부미(伊藤博文)가 1868년 일제 헌법을 기초(起草)할 때 구미(歐美) 국가들이 그 헌법 전문(前文)에 기독교를 그 기축(機軸)으로 한 것을 본 따서, 일본 제국헌법 전문에는 그 기축으로 신사(神社)와 천황제를 대치(代置)해 올려놓았던 것입니다. 당시 일제에게는 신사(神社)와 천황(天皇)은 그들 국체(國體) 바로 그 자체였습니다. 따라서 신사참배 반대는 일제치하 그 자체가 이미 반(反)헌법, 반(反)국가, 히꼬꾸밍(非國民), 후떼이센징(不逞鮮人), 그런 구도가 되는 것이었습니다.

신사참배에 관련된 일제의 한국 기독교 및 종교탄압과 해체 과정은 1911.6.의 사찰령(寺刹令)령으로 불교계 억압, 1936.5.26의 한국 천주교의 굴복, 1938.9.3의 감리교회, 1938. 9.10의 한국 장로교, 1942.7.의 성공회, 1943.12.28.의 안식교, 1943.12.29의 성결교, 1944의 구세군, 그리고 1944.5.10의 침례교의 교단적 거부, 교단 해체, 32인 구속, 1인 순교의 참화였습니다. 한국침례교회만이 불복하지 않고 끝까지 저항하다가 해체당하는 참화를 겪었습니다.

본서는 일제 한국통치가 신사참배를 기축으로 하고 있었다는 것을 직시하였습니다. 따라서 그 통치는 당장 기독교와의 생사 대결을 의미하였다는 사실에 주목하였습니다. 이것을 인문학적으로 보았을 때 일제 한국통치의 실상과 그 생태는 실상 처음부터 기독교와의 생사 결전이었다고 단언할 수 있었습니다.

일제 한국통치에 있어서의 우상의 문제, 국가와 종교, 신사참배의 실상, 일제의 한국 식민 통치, 국체와 신사, 일본 기독교회 처신, 그리고 침례교회 최후까지의 항일 저항과 투쟁 그리고 그 해체, 이런 절묘한 구도의 연구를 위해 저자는 저작물 293권, 기타 자료가 20여 권 그리고 일제 당시의 재판기록물 발굴에 이르기까지 원근 자료, 이렇게까지 섭렵(涉獵)에 정진하여 마침내 이런 거대 저서를 상재하기에 이른 것입니다.

이런 역사를 쓸 때 밀려드는 인간적인 격정을 억누르기가 힘들었을 것입니다. 일제치하 한국 기독교인들이 거쳐 간 아픔과 수난, 타협이나 은거, 저항과 투쟁, 그런 형극의 역사를 써 나갔다는 것은 시종 감격에 치밀려 마지막에 붓을 놓을 때까지 아플세라, 그 솟구치는 격정(激情)을 억제하기가 힘들었을 것입니다. 우리 한국의 교회 역사가 계속, 끊임없이 심금을 울리는 까닭입니다. 가슴을 메이게 하는 까닭입니다.

우리가 이 저서 속에서 읽을 수 있는 것은 우리가 극한의 시련 속에서 우리의 신앙을 이만큼 붙들고 나갈 수 있었다라고 하는 것을 보여 주는 드높은 깃발입니다. 그러나 우리는 이렇게까지 갈 수 있었구나라고 하는 환호와 확신에 이끌리면서도, 다른 한편에서는 거기까지 가지 못하고 꺾인 한 우리들의 연약함이, 이 역사를 보면서, 계속 수치로 엄습하는 것을 숨길 수 없었습니다. 우리 다 그렇게까지 가라고 고도화(高度化)한 신앙에 등이 밀려지는 까닭인데, 본서가 바로 그 정도(正道)의 확고한 헌신을 다짐하는 서약의 날을 당겨줄 것입니다.

우리는 이런 대의(大義)와 풍모(風貌)를 나란히 갖춘 저서를 세계문고(文庫) 서가(書架)에 올리신 저자에게 만강(滿腔)의 찬하를 올리면서 무사(蕪辭)로나마 찬하 치사(致謝)의 글을 올리는 바입니다.

추천사 2

하나님의 법이 어떠한 것인가를 고찰

피 영 민 박사
한국침례신학대학교 총장

김대응 목사님의 저서『인문학적 시각 예수냐 우상이냐』가 기독교문서선교회(CLC)에서 출간되게 된 것을 진심으로 기뻐하고 축하합니다. 한국교회사에 관한 연구가 많은 저서와 논문을 통해서 심도 있게 진척되어온 것이 사실입니다. 그러나 한국교회사의 어두운 한 부분인 신사참배의 문제에 관해서는 모든 교단을 포함하는 범교회적인 연구가 부족하다는 점이 아쉬운 부분이었습니다.

시인이자 침례교 목사이며 한국침례교 역사에 대하여 깊이 있는 연구를 해오신 김대응 목사님이 "한국침례교 신사참배 거부 투쟁사"라는 제목으로 한국침례교역사연구회를 통해서 연구총서 형식으로 발간한 것을 범기독교적인 안목에서 우상 숭배의 문제를 다루어야 한다는 관점에서『인문학적 시각 예수냐 우상이냐』라는 제목으로 출간되는 것입니다.

추천인 자신도 역사 신학도의 한 사람으로 오래전에 어느 역사신학회에 참석하여 신사참배 문제를 다룬 논문 발표를 들은 적이 있습니다. 그때 발표자에게 이런 질문을 했습니다.

"신사참배의 문제를 균형 있게 다루려면 신사참배를 거부한 침례교의 원산 사건을 다루어야 하지 않느냐?"

그런데 그 발표자는 "그런 문제는 침례교단에서 연구해서 발표하라"는 답변을 했습니다. 김대응 목사님의 저서는 침례교단으로서는 늦은 감이 있지만 오랫동안 기다려왔던 저서이고 단지 침례교단의 문제가 아니라 십계명의 첫 돌비의 첫 두 계명의 의미에 대한 역사적인 실제 사례인 것입니다. 그러므로 단순히 침례교단만의 문제는 아닌 것입니다.

일제강점기에 침례교회는 "대한기독교회"라는 명칭을 사용했으나 식민지의 교회가 "대한"이라는 명칭을 쓸 수 없다고 하여 "동아기독대"로 이름을 바꾸었습니다. 그러나 일제는 그 명칭이 군대 명칭 같다고 또 바꾸라 했고 그 결과 "동아기독교"로 변경된 것입니다. 1942년 원산 헌병대는 동아기독교의 원산총회 본부를 압수 수색하고 동아기독교 지도자 32인을 투옥하고 고문하며 박해했던 것입니다. 그 가운데 전치규 목사는 1944년 함흥형무소에서 순교를 당한 것입니다. 급기야 1944년 5월 10일 일제는 함흥재판소를 통해서 동아기독교를 해체하라는 해체령을 내린 것입니다. 1945년에 일제가 미군에 항복함으로 식민지 조선은 해방되었고, 1946년 2월에 비로소 교단 재건 회의를 통해서 동아기독교는 재건된 것입니다.

타 교단에서도 부분적으로 신사참배를 거부한 경우도 있습니다. 그러나 교단 전체가 신사참배를 거부하다가 지도자 전체가 투옥되고, 교단이 해체된 경우는 침례교단이 유일한 것입니다. 또한, 침례교가 신사참배 거부로 인하여 수난을 당한 것은 신앙적인 교리적인 문제를 넘어서 일제의 국체(현인신 천황)를 부정한 사건이었기에 이것은 치안유지법으로 다루어졌으므로 교단적인 항일운동, 즉 독립운동인 것으로 받아들여져야 합니다.

김대응 목사님의 저서는 "신사참배는 과연 교단 해체와 지도자 투옥과 순교를 각오하고 거부해야 할 우상 숭배의 문제인가 아닌가?" 하는 질문에 명쾌한 해답을 주는 역사적 실물 교훈이라고 할 수 있습니다.

침례교단 자체를 변론하고자 하는 목적보다도 과연 하나님의 법이 어떠한 것인가를 실제적으로 경험적으로 고찰하고자 하는 것입니다. 이 저서가 성도들에게 큰 영적 유익을 주리라고 확신하며 적극적으로 추천하는 바입니다.

추천사 3

과거를 재현하여 현재를 연결하는 역사

안 희 열 박사

한국침례신학대학교 선교학 교수, 기획처장

내가 만난 김대응 목사님은 세 가지 강렬한 이미지가 있습니다.

첫째, 나라와 민족을 무척 사랑하는 목회자이고,

둘째, 한국침례교 신사참배 거부 투쟁사의 1인자이고,

셋째, 정부 및 외부 강연에서 침례교의 신사참배 거부를 널리 홍보하는데 탁월한 능력을 지닌 목회자입니다.

김 목사님이 사우스웨스턴신학대학원(Southwestern Baptist Theological Seminary)에서 목회학 박사 학위를 받고 난 이후 일반인들에게 한국침례교의 신사참배 거부를 쉽게 알 수 있도록 자료를 정리해서 책으로 출판하였는데 얼마나 기쁘고 고마운지 모릅니다. 이 책을 즐거운 마음으로 추천하는 이유는 다음과 같습니다.

첫째, 주제가 독특하고 흥미롭습니다.

이 책의 제목은 『인문학적 시각 예수냐 우상이냐』입니다. 일제강점기 시절 일제의 신사참배 강요는 현인신(現人神) 천황을 우상 숭배하는 것이어서 한국침례교는 이를 끝까지 거부하였고, 예수의 복음을 사수하는데 순교를 불사하고, 교단 해체령까지 당하며 항일운동에 앞장선 교단임을 밝힙니다. 현대인 역시 신앙과 삶이 일치하는 기독교 세계관을 지닐 때 세속주의, 물질만능주의, 쾌락주의, 자기애와 같은 우상에 빠지지 않고 예수의 신앙으로 승리할 수 있음을 알려주기에 과거와 현재를 연결하는 유익한 책입니다.

둘째, 잘못된 것을 바로잡아 줍니다.

이 책은 한마디로 새로운 사실을 깨닫게 해 줍니다. 지금까지 신사참배 거부는 장로교와 감리교가 독식해 왔고 침례교는 변방으로 취급받아 온 것이 사실입니다. 그런데 교단적으로 신사참배를 거부한 교단은 유일하게 침례교이지만, 누구 하나 제대로 알려주지 않았고 침묵해 왔고 희미한 기록 때문에 구체적인 사실을 알려주지 못했는데 이 책이 바로잡아 주기에 너무 기쁩니다.

셋째, 읽을거리가 풍부합니다.

이 책은 속이 알찹니다. 독자들에게 읽을거리가 풍부해서 좋습니다. 본서를 통해서 신사참배 문제가 왜 아직도 논란인지, 신사참배를 거부한 침례교의 선택은 무엇 때문이었는지, 일제의 국체와 신사참배 그 본체는 무엇인지, 신사참배 강요에 대한 침례교 항일투쟁의 전말은 무엇인지를 설명해 주어서 읽을거리가 풍부합니다.

넷째, 연구가 탁월합니다.

저자는 『인문학적 시각 예수냐 우상이냐』를 출판하기 위해서 방대한 자료를 연구하였습니다. 무엇보다 단행본, 번역본, 영어 및 일어 원서,

정기간행물, 신문, 미간행물 가운데 1차 자료를 발굴해서 찾아내는데 시간과 물질을 아까워하지 않았고 연구함으로써 학문적 가치를 더 높이는데 탁월합니다.

이 책은 한국침례교의 역대서(歷代書)와 같은 책입니다. 근대 역사학의 아버지라 불리는 레오폴트 랑케(Leopold von Ranke)는 "과거의 사실을 있는 그대로 재현하는 것이 역사"라고 지적했는데 이 책이 이제야 '역사 바로 세우기'에 쓰임 받게 되어서 감사하기 그지없습니다. 이 책을 통해 침례교인에게는 교단의 자긍심을 갖게 될 것이고, 역사가에게는 올바른 정보를 제공하게 될 것이고, 평신도에게는 느헤미야처럼 나라 사랑하는 자가 될 것이어서 하나님께 영광을 돌립니다. 바라기는 한국침례교 신사참배 거부운동을 제대로 알고자 하는 목회자, 신학생, 선교사, 평신도 모든 분께 이 책을 강력히 추천합니다.

인 문 학 적 시 각

예수냐 우상이냐

- 잊혀진 신사참배 강요 거부 사건의 재발견 -

인문학적 시각 예수냐 우상이냐
잊혀진 신사참배 강요 거부 사건의 재발견

2024년 04월 15일 초판 발행

지 은 이 | 김대응

편 집 | 이재면
디 자 인 | 박성준, 이보래
펴 낸 곳 | (사)기독교문서선교회
등 록 | 제16-25호(1980. 1. 18.)
주 소 | 서울특별시 동대문구 천호대로71길 39
전 화 | 02-586-8761-3(본사) 031-942-8761(영업부)
팩 스 | 02-523-0131(본사) 031-942-8763(영업부)
이 메 일 | clckor@gmail.com
홈페이지 | www.clcbook.com
송금계좌 | 기업은행 073-000308-04-020 (사)기독교문서선교회
일련번호 | 2024-48

ISBN 978-89-341-2682-9 (93230)

신학박사 논문 시리즈 82

인 문 학 적 시 각

예수냐 우상이냐

김 대 응 지음

CLC

헌정

일제강점기 황국신민화 정책으로
동아기독교에 신사참배를 강요할 때
이를 거부함으로 수난당한
원산 사건 32인과 산 순교자 1인 33인에게
이 책을 바칩니다.

이종근 감목 전치규 안사 김영관 목사 김용해 목사 노재천 목사
박기양 목사 신성균 목사 이덕상 교사 김주언 감로 이덕여 감로
이상필 감로 장석천 목사 김만금 감로 백남조 목사 정효준 감로
박병식 감로 박두하 감로 김해용 감로 문규석 목사 전병무 감로
문재무 감로 안영태 감로 남규백 감로 방사현 목사 한기훈 감로
위춘혁 교사 박성은 감로 박성도 목사 한병학 감로 박성홍 감로
김재형 목사 강주수 선생(이상 32인)
안이숙 선생

침례교 수난 80주년 기념
주여, 이 믿음의 영웅들을 기억하게 하옵소서.

2024년 김대응 목사

일러두기

■ 원 논문과 본서의 표기에 대하여

1. 원 논문의 제목은 <동아기독교의 신사참배 거부에 기초한 기독교인 정체성 함양을 위한 교육교재 개발>, 영문 Developing an Educational Textbook to cultivate Christian Identity through the Study of Donga Christianity's Opposition to the Forced Shrine Worship as an Idol Worship이지만 『인문학적 시각 예수냐 우상이냐』로 제목을 변경하면서 수정 보완 증보하였다. 본문 내용에는 신사참배를 '신사참배 강요'로 사용하였다. 원 논문은 한국침례신학대학교 도서관 소장자료 검색을 하면 볼 수 있다.
2. 원 논문에 '동아기독교'는 기독교한국침례회의 전신이기에 본서에서는 '침례교'로 표기하였다.
3. 원 논문에 '일왕'은 본서에서는 '천황'으로 표기하였다.
4. 일본제국주의는 '일제'로 표기하였다.
5. 원 논문에는 일제강점기 조선을 '한국'이라 표기하였지만 본서에서는 '조선'으로 표기하였다.
6. 한일합병, 한일병합, 한일합방은 침략에 의한 강제를 희석시키기 위한 위장용어였으며 침략에 의한 식민지 조약이었기에 '한일병탄'으로 표기하였다.
7. 황궁요배, 동방요배, 궁성요배, 황성요배는 다 같은 뜻으로 일본 제국과 식민지들의 백성이 일본 천황이 있는 도쿄의 황궁을 향해 고개를 숙이고 절하는 예법을 말한다.
8. 침례교는 교단의 명칭이 여러 번 바뀌었다. 대한기독교회, 동아기독교회, 동아기독대, 동아기독교, 대한기독교침례회, 대한기독교침례회연맹, 한국침례회연맹, 1976년부터 현재는 기독교한국침례회로 이와 같은 용어는 침례교이다.
9. 본서는 원 논문과는 달리 내용을 쉽게 이해할 수 있도록 하기 위하여 구조와 제목, 내용 그리고 문체를 수개정 보충 보완하였다.
10. 각주는 책 본문 끝부분에 다는 것으로 하였다.

요약

일제는 자신을 지킬 수 있는 능력이 약한 대한제국을 1910년 8월 29일 한일병탄하여 식민지 삼고 이름을 개칭하여 일본의 한 영토에 속하는 조선이라 하였다. 1945년 8월 15일 미군(美軍)에 의해 일제의 천황 히로히토는 무조건 항복하였다. 조선의 해방은 준비되지 않은 채 도적같이 갑자기 찾아온 것이었다. 조선이라는 이 이름은 대한민국 국호가 탄생한 1948년 7월 1일 전까지 사용되었다.

조선은 일제의 군대가 주둔하여 헌병 경찰제로 통치하는 군영(軍營)과 같았다. 일제는 식민지 조선을 무단통치로 일관하며 프랑스에서 실패한 식민지 동화 정책을 펴나갔다. 그러한 수단으로 신사참배, 궁성요배, 국기게양, 황국신민선서 제창, 기미가요 보급, 지원병제도 시행, 창씨개명(일본식 성명) 강요, 일본어를 모국어화, 각 가정에는 신붕을 설치하도록 강요하였다.

특히, 신사참배를 강요하여 현인신 천황을 우상 숭배하는 황국신민으로 삼고, 내선일체 즉, 조선인을 일본인화하는 민족말살 정책을 폈다. 이에 순응하지 않는 조선인은 불경죄, 치안유지법 위반 등으로 가혹하게 다스렸다. 신사참배 강요 폭정은 조선인의 노예화였다.

종교계의 상황은 불교는 조선총독부에 의해 1911년 6월 사찰령으로 장악되었다. 천주교 1936년 5월 26일 굴복, 감리교 1938년 9월 3일 굴복, 장로교 1938년 9월 10일 굴복, 성공회 1942년 7월 공백 상태, 안식교 1943

년 12월 28일 굴복, 성결교 1943년 12월 29일 굴복, 구세군 1944년 굴복하였다.

침례교는 신사참배 강요를 교단적으로 거부하여 교단 지도자 32인은 구속되고, 9인은 치안유지법 위반으로 기소되고, 1인은 옥중에서 순교하고, 1944년 5월 10일 교단이 해체된 항일투쟁 사건이다.

목차

나는 너희를 애굽 땅 종 되었던 집에서 인도하여 낸 네 하나님 여호와니라

너는 나 외에는 다른 신들을 네게 두지 말라(출 20:1-2).

이 말씀을 반드시 지켜야 한다. 그러나 불행히도 그렇게 하지 못했다. 일제의 신사참배 강요로 인하여 종 되었던 구슬픈 역사가 아직도 우리 민족의 가슴에 피 멍울져 흐르고 있다.

2024년은 1944년 수난과 순교 후 80주년이 되는 해다. 이 역사를 기억하고, 다시는 우리 민족이 다른 신들의 종이 되지 않기를 기도한다. 잊지 말자. 종 되었던 일제치하를. 다시는 종이 되지 말자. 다른 신들에게 절하지 말자. 나는 너희를 일제치하 종 되었던 집에서 인도하여 낸 네 하나님 여호와니라.

“마침내 일제는 1944년 5월 10일에 동아기독교에 대하여 교단 해체령을 내렸다. 이것은 그동안 갖은 협박과 모진 고문 그리고 투옥에도 불구하고 끝까지 신사참배를 거부한 동아기독교에 대한 단말마의 최후 조치였다. 하지만 이날은 한국 개신교 역사상 유일하게 교단적으로 교회와 교인들이 한결같이 신앙 양심의 자유를 주장하며 총칼을 앞세운 일제의 강압에 끝까지 굴하지 않고 믿음을 지킨 동아기독교의 승리의 날이었다.”

- 허긴, 『한국침례교회사』 중에서 -

“순이 앞에서 자꾸 조선말 하지 마세요. 내년에 학교 가는데 괜히 조선말 하기라도 하면 매 맞습니다.”

“말과 글이란 게 민족의 정신을 담는 그릇인데 그렇게 사라지는 우리 조선말이 한두 개가 아니거든요.”

“조선이란 나라가 사라진 지 언제인데.”

- 영화 <말모이> 중에서 -

‘조선어학회’는 조선말 사전을 만드는 것이 항일투쟁이었다.

詩/

조선의 마음

변영로

조선의 마음을 어디 가서 찾을까
조선의 마음을 어디 가서 찾을까
굴 속을 엿볼까, 바다 밑을 뒤져 볼까
빽빽한 버들가지 틈을 헤쳐 볼까
아득한 하늘가나 바라다 볼까
아, 조선의 마음을 어디 가서 찾아볼까
조선의 마음은 지향할 수 없는 마음, 설운 마음

* 이 시는 1924년 변영로의 첫 시집 「조선의 마음」 표제 시이다. 나라를 강제로 빼앗긴 슬픔을 이보다 더 절절하게 표현할 수 있을까. 이 책은 내용이 불온하다 하여 조선총독부에 압수되고 말았다 (한국신시60년기념사업회, 「한국시선」, 서울: 일조각, 1977, 42).

조선인은 조선인의 마음을 지키는 것이 항일투쟁이었다.

프롤로그

역사는 과거와 현재의 끊임없는 대화 속에서 이루어지는 역사 발전이라고 할 수 있다. 과거에 있었던 중요한 사건은 현재를 사는 이들이 잊지 않아야 한다. 그래야 하는 당위성은 과거에서 교훈을 받음으로 반복적인 실수를 하지 않고 발전적인 미래로 나아갈 수 있기 때문이다. 이곳저곳에 연결되지 않던 부분으로 역사적 사실이 있었던 것을 퍼즐 맞추기처럼 최선을 다해 연구하여 맞추어야 한다. 그렇게 하고자 하는 것으로 일제강점기 때 침례교에 신사참배를 강요할 때 이를 거부한 사건이 있었다.

이 사건은 한국침례교 역사에서 가장 큰 십자가의 영광이라고 할 수 있는 사건이다. 그러나 그 일은 제대로 조명된 일이 없었다. 마치 전쟁의 참화는 있었지만 아무도 이야기하지 않고 침묵하고 지내는 것과 마찬가지다. 알고는 있지만 희미한 기록 때문에 구체적으로 어떻게 그 사실을 말해야 하는지를 모르는 것과 같다. 대충은 알고 있다. 그런 일이 있었다고 들어서 알지만, 그 사건은 이러한 경위에 의해서 발생을 했고, 그 과정은 이러했으며, 이렇게 우리는 정리해서 교훈으로 삼아야 한다고까지 이야기를 할 수 있어야 한다. 그리고 그 사건을 통하여 지금 우리는 어떻게 할 것인가에 대한 역사성의 현재를 말해야 한다. 이제 그 이야기를 펼치고자 한다.

한국의 역사에서 일제 36년은 일제에 의해 대한제국이 멸망하고 일본의 한 지방에 해당하는 조선이라는 이름으로 개칭되었다. 국제사회에서 한국은 사라지고 조선이라는 식민지 지배국가가 탄생한 것이다. 한국인은 더는 주권 국민 한국인이 아닌 주권 없는 멸시의 단어인 조센징으로 불렸다. 인터넷상에서 헬 조선과 비슷한 의미로 쓰이는 것과 같다.

일제의 지배 36년은 국가의 이름을 빼앗긴 시절이었다. 이것은 모든 것을 침탈당한 것이다. 주권을 빼앗긴 조선인은 일제의 정책을 따르지 않으면 살 수 없는 한 번도 경험하지 못한 나라에 살게 되었다. 이러한 역사를 재조명할 수 있었던 것은 앞에서 역사를 기록한 분들의 노고가 있었기 때문이다. 그것을 기초로 하여 역사의 재발견이 가능한 것이었다. 이것을 가능하게 한 분들의 역사를 탐구하여 그 속에서 진주와 같은 역사를 끄집어낼 수 있었다.

본서는 한국사와 한국교회사 그리고 한국침례교회사에서 한국침례교 신사참배 강요 거부 사건 관련 기록을 충실하게 서술하려고 노력했다. 할 수 있는 대로 최선의 자료를 찾고 연관성을 고리로 연결하여 설명하려고 했다. 한국침례교회사에서 전반적인 것을 아우를 수 있었던 것은 역사 기록의 선진이 있었기 때문에 가능한 일이었다.

한국침례교 역사 기록의 출발은 김용해의 『대한기독교침례회사』로부터 출발을 한다. 이 책은 교단 역사의 교과서와 같은 역할을 하고 있으며, 교단 역사의 뿌리와 같다고 할 수 있다. 이 역사서가 쓰인 동기는 교단의 아픔을 고스란히 전해 주고 있다. 그럴 수밖에 없었던 엄연한 현실이었다. 그 당시 일제에 의하여 한국이라는 나라 이름을 빼앗긴 식민지 조선의 자화상이었다. 나라의 주권을 강탈당할 수밖에 없었고 그 국민의 일원으로서 겪어야 하는 설움이었다. 감정을 넘어선 현실로 역사의 기록도 불태워진 것은 침례교단에 천추의 한으로 남아있다고 해도 과언이 아니다.

그러나 이런 아픔을 딛고 교단의 역사를 최선을 다하여 집필한 믿음의 선진이었던 김용해의 『대한기독교침례회사』, 이정수 집필의 『한국침례교회사』가 전해진다는 것은 참으로 다행스러운 일이다. 이 두 책은 교단적인 자료집으로서의 중요한 기초석 역할을 하고 있다. 이 외에 1962년에 우락수 교수가 쓴 『한국 선교의 역사』, 1970년에 나온 조효훈 박사의 학위 논문인 『한국침례교단의 역사』, 1981년에 나온 김갑수의 『한국침례교인물사』, 같은 해 김장배의 『한국침례교회의 산 증인들』이 있다. 이 밖에 1947년에 동아기독교회에서 탈퇴한 경북 예천 지역의 대한기독교회가 편찬한 『대한기독교회사』가 있다.

이러한 여러 침례교 역사 관련서들이 발간된 이후에 침례교 역사가 허긴의 『한국침례교회사』(2000년 2판)는 앞의 모든 책을 넘어서는 자료집 이상으로 한국침례교회사에서 이정표가 되는 역사 교과서 역할을 하고 있다고 본다.[1] 그 이유는 앞의 여러 책에서 다루지 못한 것 이상의 사료적 자료와 해석이 있기 때문이다.

본서는 위와 같은 여러 역사 집필자들의 저서에서 도움을 받았다. 그뿐만 아니라 필자가 집중적으로 다루고 있는 일제의 신사참배 강요 거부 투쟁사에 대한 결론적인 평가는 허긴의 평가와 같은 관점으로 역사 해석의 일치점을 이루고 있다. 이처럼 위의 여러 역사서로부터 그 근원을 살펴보고 더욱 자세히 살피고자 하는 것이 본서의 방향이다.

본서의 차별성과 독특성

본서가 가지는 차별성과 독특성이 있다.

첫째, 침례교의 신사참배 강요 거부 문제는 한국 기독교에서 관심 밖의 일이었다는 것을 알리는 데 있다. 이러한 문제에 대하여 연세대학교 대학원에서 한국교회사를 전공한 오사카 사카이시 모모야마학원대학 연구원인 구라타 마사히코는 종래의 신사참배 문제를 비롯한 한국교회사의 서술이 너무나 장로교, 감리교에 편중됐지 않았나 여겨진다. 신사참배 문제만 해도 강제 해산된 성결교회나 동아기독교(침례교회), 그리고 등대사와 같은 분파에 대해서도 앞으로 연구가 있어야 하리라고 생각한다고 했다.[2] 이것은 기존 잘 알려진 교파 외의 교파는 한국교회사에서 변방 취급을 하며 다루지 않았음을 지적하는 것이다.

필자가 본 주제를 가지고 연구를 하게 된 이유도 기존에 있었던 한국교회사의 서술에 대한 편중성의 자각이었다. 침례교의 교단적 신사참배 거부라는 역사적 사실이 있었음에도 한국교회사를 연구하는 연구자들 사이에서는 그것이 논외였음을 지적하고자 한다.

둘째, 침례교(동아기독교)가 해산된 것이 재림신앙(교리) 때문이었다고 일반적으로 잘못 알려진 것을 바로 잡고자 함이다.

일제가 함흥지방법원 복심 제99호 소화 18년(1943년) 6월 18일에 기소한 예심청구서 내용 범죄사실에 따르면 재림의 내용은 거론했지만, 단순히 그것만이 문제가 아니었다. 침례교는 그리스도를 절대 유일의 권위자로 숭배하고, 일제가 설립한 학교에 취학을 금지하고, 신궁 신사의 예배를 엄금(신사참배를 거부한 행위)하고, 일제의 국체를 부정하고, 일본 황실의 존엄을 모독하는 것을 목적으로 하는 행위를 하였다고 기록되어 있다.[3] 이것은 일제가 침례교를 박해하기 위하여 꾸며낸 내용이 아니라 침례교의 역사적 사실이다. 또한, 일제가 식민지 조선인을 일본인화하는 황국신민화 교육을 반대하여 침례교인은 학교에 보내는 것을 금하였다. 이에 대한 바른 역사적 사실을 제시하여 침례교에 대하여 잘못 알고 있는 부분을 한국 기독교사에서 바르게 밝혀야 할 필요성이 있는 것이다.

셋째, 신사참배 거부에 대하여 교단적인 차원에서 반대한 교단이 있었는지 연구한 학자가 거의 없었음을 밝히고자 한 것이다.

일제의 신사참배 강요에 대한 한국 기독교의 교단적 차원의 대응과 관련하여 신사참배를 전문적으로 연구한 학자 중 한 사람인 김승태는 한국 교회도 교파에 따라 신사참배에 대한 견해를 달리하고 있었다. 각기 시기의 격차는 있지만, 천주교, 감리교, 안식교, 성결교, 구세군, 성공회 등 대부분 교파가 일제에 굴복하여 일찍부터 신사참배에 응했다. 장로교만이 외롭게 반대하다가 결국 1938년 9월 제27회 총회에서 강제로 신사참배를 결의함으로써 교단적인 차원에서의 반대는 끝나고 말았다.[4] 즉, 장로교가 교단적으로 외롭게 반대하다가 결국은 찬성한 것으로 교단적으로 반대한 곳은 더는 없다고 단언적으로 결론을 맺고 있다.

또한, 일제의 신사참배 및 변질 강요에 대하여 윤경로도 신사참배를 연구하는 학자 중 한 사람으로서 김승태와 같은 견해를 밝히고 있다. 그는 기독교계의 부일적 행각은 군소교파도 예외는 아니었다. 1940년 일제의 탄압을 받은 후 소위 '순일본적 지도이념'으로 새 출발을 다짐한 구세단(현재 구세군), 성공회를 비롯한 안식교, 성결교, 천주교 등도 자의

건 타의건 간에 위에서 언급한 장로교, 감리교와 비슷한 부일 행동을 하여 일제의 환심을 사고자 하였다. 요컨대 한국 교회는 일제의 신사참배 및 변질 강요에 대하여 교단적 차원에서의 대응에는 실패하였다.[5] 이와 같은 견해는 대형 교단에서 교단적으로 반대를 하다가 찬성을 하였는데 그것은 군소 교단도 마찬가지였다는 것으로 역시 결론을 맺고 있다.

신사참배 문제를 연구한 이상의 기독교 역사 분야에서 대표적이라고 할 수 있는 유명한 연구자들이 침례교의 교단적 차원의 신사참배 거부 문제에 대해서는 전혀 언급하지 않고, 한국 교회의 크건 작건 모든 교단이 신사참배에 굴복한 것으로 결론 맺은 것에 대해 바로 잡고자 한다.

넷째, 침례교의 신사참배 거부가 널리 홍보되지 못한 것에 대해 교단적인 차원의 대응이 미비할 수밖에 없었음을 알리고자 한다.

침례교의 교단적 차원에서 신사참배 거부가 잘 알려지지 못한 데에는 1941년 원산 사건으로 인해 원산총회 본부 안에 비치되어 있던 문서 일체를 일본헌병대가 압수하여 소각했기 때문이다.[6] 이로 인하여 침례교의 역사를 문서로 만들어 전파하는 것이 부족할 수밖에 없었다. 또한, 침례교 지도자 32인 전부가 구속된 사건은 침례교의 신사참배 강요 거부 사실이 지속해서 알려지는 데에 더욱 큰 장애가 아닐 수 없었다.

그 때문에 일제로부터 해방이 된 이후에 한국침례교회사를 연구하는 학자들이 확대되지 못하였고, 이러한 상황은 한국침례교가 교단적으로 신사참배를 거부하였다는 역사적 사실을 널리 알리지 못한 주요 원인이 되었다고 본다.

다섯째, 침례교는 일제가 민족의식이 강한 기독교를 통제하기 위한 수단으로 제정한 치안유지법에 굴복하지 않고 신사참배 강요를 거부한 것은 분명한 항일독립운동이었음을 밝히고자 한다.

일제는 신사참배를 거부하는 침례교 지도자 9인에 대하여 치안유지법 위반을 적용했다.[7] 이들 중 전치규 목사는 옥중에서 순교했다.[8] 이러한 상황에 대해 스즈키 케이후(鈴木敬夫)는 치안유지법을 따르지 않는 모든 종교는 법을 어긴 것으로 여겨 탄압했다고 주장하고 있다.[9] 일제는 기독교인들이 민족의식이 강한 것을 알고 있었다. 그렇기에 신사참배 강요에 대해 기독교와 그 지도자에 대한 탄압은 몹시 모질고 혹독하게 이루어졌다.[10]

침례교의 전치규 목사는 함흥형무소에서 1944년 2월 13일 옥중 순교하였고, 장로교의 주기철 목사는 같은 해 4월 21일 평양형무소에서 옥중 순교했다. 침례교는 교단적으로 같은 해 5월 10일 함흥지방법원으로부터 교단을 해체한다는 명령, 즉 교단해체령이 내려짐으로 말미암아 교회가 폐쇄되고 재산이 몰수되어 굶어 죽을 수밖에 없는 교단으로 전락하게 되는 비운을 맞이했다. 이처럼 같은 시기의 같은 역사적 상황 앞에서 일제의 신사참배 강요를 거부하여 순교를 당한 주기철 목사는 독립운동가로 인정을 받았다.[11]

이와 같은 다섯 가지의 독특성을 가진 본서는 침례교가 일제의 신사참배 강요에 대항하여 전 교단적으로 거부했으며, 이로 인해 수난자들과 순교자가 생겨났던 역사적 사실에 관한 관심을 불러일으키고자 한다. 또한, 신사참배를 연구하는 학자들 사이에서 한국 교회가 일제의 신사참배 및 변질 강요에 대하여 교단적 차원에서의 대응에는 실패하였다고 알려진 것에 대해 침례교는 유일하게 아니었다고 역설할 수 있는 자료가 될 것이다.

필자의 말

일제강점기의 신사참배에 관한 논란은 아직도 끝나지 않았다. 이 문제는 풀어야 할 것들이 여전히 복잡하게 얽혀있다. 즉, 견해의 차이가 서로 평행선을 달리고 있다. 이것은 하나로 좁혀지지 않는 틈이 있다는 것을 뜻한다. 일본 제국주의자들, 그들의 문제가 아닌 그들에 의해 식민지 백성이었던 한국인들 내부의 분열이 문제이다. 외세와 싸우는 것이 아니라 식민지 피해 백성들끼리 서로 분노하고, 원망하고, 교권 다툼을 하는 것으로 여전히 식민지 피해 백성들끼리 내부를 정리하지 못하고 있다는 것은 참으로 안타까운 일이 아닐 수 없다.

그렇다면 이 문제의 근원인 일본 제국주의자들 그들은 어떻게 한국을 식민지로 삼게 되었는가를 살펴보아야 할 필요가 있다. 다음과 같은 배경을 아는 것이 한국을 일제의 식민지로 삼는데 결정적인 요인 가운데 하나로 작용했다는 것을 알 수 있다고 본다. 즉, 제2차 세계대전이 일어나기 전에 있었던 일본의 대륙 낭인들에 관한 이야기는 그들의 정체성을 명확하게 나타내 준다.

> 그들은 정부나 인민의 요구 또는 금전적 보수에 개의치 않았다. 다만 국가 발전의 큰 뜻을 품은 자들로서 항상 나라를 위한 근심과 걱정의 단심을 가진 지사들이었다. 그들의 가장 큰 관심사는 '국가일' 뿐이었다. 모든 사고나 행동은 '보국'([報國], 국가에 충성을 다한다)이라는 대의명분에 귀착되었고 합리화되었다. 그들은 정치 권력이나 고위의 관직을 좇지도 않았고, 개인적인 부나 명예를 위하여 행동하지도 않았다. 다만 국

> 가의 영광과 부강, 그리고 일본의 대국화를 최고의 목표로 삼았다. 그들은 일본을 제국주의로 이끌어 일본제국을 제2차 세계대전으로 몰고 가 패전의 수렁에 빠지게 한 근본 원인의 하나가 되기도 했다. 그들은 누구인가? 일본의 대륙 낭인들이었다.[12]

이들은 일본의 제국주의자들로 전 세계와 한국을 침략했다. 일제는 한국을 침략하여 식민지로 만들었을 뿐만 아니라 식민지 조선인에게 국가 정책으로 신사참배를 강요했다. 그 목적은 현인신(現人神) 우상이었던 '천황'의 신하와 백성으로 개조하고자 했다.[13] 그 방법은 종교적 도구인 신사참배를 통하여 순응하게 하고자 하는 것이었다. 그러나 그 방법은 획일적으로 바로 통하지는 않았다. 신사참배를 우상이라고 반대하며 항거하는 자들과 그것은 단순한 국가의례에 불과하다고 하는 자들로 나뉘었다. 이에 관한 이야기를 풀어보고자 한다.

이것은 기독교에 국한된 문제만이 아니었다. 식민지 조선인 전체에 대한 강요였다. 그것도 국책 과제로 수행하였다. 기독교가 신사참배는 우상 숭배다. 우상 숭배가 아니다 하며 갑론을박 쟁론할 때 조선인들은 이미 신사참배를 우상 숭배로 인식하고 있었다. 이에 대한 증거가 동아일보의 사설 1920년 9월 25일 자 일명 '삼신기 모독 사건'이다. 조선인들도 신사참배 강요는 우상 숭배라는 것을 알고 있었다.

이처럼 역사는 거울과 같다. 과거의 걸어온 발자취를 살피면 오늘을 살아가는 모습이 보인다. 오늘 반복되는 여러 가지 모습은 내일이 어떻게 진행될지 예측해볼 수 있는 잣대가 되기도 한다. 그래서 역사는 과거만 들여다보는 과거학이 아니라 앞일을 예고할 수 있는 지혜가 발현되기에 미래학이라고도 할 수 있다. 어린아이는 어른의 거울이라는 말이 있듯이 과거는 오늘의 거울인 것이다.

역사를 배우지 않는 개인 단체 민족 국가는 장래의 소망을 가질 수 없다고 본다. 실용적인 많은 것을 배워도 역사를 등한히 하면 정신이 없게 된다. 정신은 실용적인 것의 두뇌 역할을 한다. 역사는 정신이며 실용적인 것을 더 힘있게 할 수 있는 동기부여와 방향을 제시해 주는 나침반과도 같은 것이라고 할 수 있다.

역사의 아버지라 불리는 헤로도토스는 인간사에서 일어나는 사건들이 시간이 흐르면서 잊혀져 가는 것을 걱정하였다. 그는 그리스인과 이방인이 어떤 원인에서 전쟁을 하게 되었는가에 대하여 세상 사람들이 알지 못하게 될 것을 근심하였다. 그래서 그는 스스로 연구하고 조사하여 그 이야기를 엮어 『역사』로 만들었다.[14]

이와 같은 헤로도토스의 생각에 필자도 동의한다. 식민지 조선인이 어떤 원인에 의해서 신사참배를 거부하게 되었는가에 대하여 잊힌다는 것은 매우 우려하지 않을 수 없었다. 그러하기에 일제에 의하여 식민지 조선에서 발생하였던 기독교한국침례회의 전신인 동아기독교의 신사참배 거부 사건에 대한 경위를 연구하게 되었다.

이 사건은 일제가 자신들의 통치 정책과 종교 정책으로 식민지 조선인을 일제 천황의 신하와 백성으로 만들기 위하여 법으로 정하여 시행한 제도였기에 한국사나 한국교회사에서나 중대한 사건으로 보아야 한다. 이 역사적 사건은 과거로 종결된 것이 아니라 아직도 끝나지 않은 문제로 지속하고 논란 중이다.[15]

일제의 신사참배 강요는 일제의 주요 여러 정책 중의 중심이었다고 해도 결코 지나친 말은 아니다. 일제의 궁극적인 목적은 식민지 지배로 끝나는 것이 아닌 조선 민족을 노예화하고 말살하겠다는 것이었다. 그것을 실현하기 위하여 신사참배를 강요하여 정신적인 말살을 시행하였다. 이러한 계획은 일제가 패망하기 직전까지도 한국민족 간부들을 전원 집단학살하려고 준비하였던 것에도 드러났다.[16]

필자의 관점은 네가지이다.

첫째, 현인신 천황은 우상이며

둘째, 신사참배는 우상에 대한 굴종을 강요하는 것이었으며

셋째, 신사참배를 함으로써 천황의 신하와 백성이 되겠다는 것을 동의하는 것이다.

넷째, 이렇게 함으로써 식민지 조선인을 일본인의 범주로 개종시키려고 한 정책이었던 것으로 본다.

일제에 의한 신사참배 강요는 식민지 조선의 역사에서 그 기둥을 이루고 있는 중대한 역사적 사건이다. 이것은 역사에서 결코 지워질 수도 없으며, 잊힐 수도 없는 것이다. 너무나 큰 상처로 한국인에게 새겨져 있기 때문이다. 이 역사적인 사건은 역사가 흐를수록 교훈으로 반복돼 기억되어야 한다. 다시는 그와 같은 역사적 비극이 발생하지 않도록 국가적인 차원에서 국력의 무장과 역사 교육을 통한 정신 무장을 평소에 반복해 두어야 할 필요가 있다.

역사적인 사건은 그것을 연구하는 역사가들이 있는 한 그 사실들의 상호 작용을 알기 위한 부단한 노력이 다양한 방법과 견해로 진행되고 있다. 이러한 과정을 통하여 현재와 과거와 끊임없는 대화가 이루어지는 것이다.[17] 그것의 결과로서 사건의 전모를 알게 되고 앞으로 어떻게

대처해야 할지에 대한 방향을 정하게 될 수 있는 것이다.

일제에 항거한 신사참배 거부 사건 중 동아기독교(침례교)에 관한 내용은 거의 알려지지 않은 것이다. 한국기독교사에서 변방에 있는 것이나 마찬가지다. 아주 미미하게 그런 일이 있었는가 보다 하는 정도일 것이다. 그러나 그렇게 넘어갈 문제가 아닌 중대한 사건인데 이럴 수가 있는가 하는 마음이 들었다. 이러한 까닭으로 인하여 필자는 이 영역에 관하여 탐구하게 된 것이다. 본서의 주된 내용은 신사참배 강요 거부에 관한 내용이다. 그것은 일제의 식민지 조선인을 향한 정책이었으며, 그 조선인 가운데 또 기독교인에게로 향한 것이었으며 침례교로 초점이 맞추어지고 있다는 것을 설명하려고 하는 것이다. 그러자면 우선 신사참배 우상의 논쟁에 대하여 명확히 할 필요가 있다고 본다.

신사참배 우상 논쟁의 쟁점에 대하여

1. 신사참배는 식민지 조선인에게 일제의 현인신 천황을 경배하라는 국체의 의지를 명확히 밝히는 정책(국체명징)이었다. 국가의례라고 한다 할지라도 강제한다는 것은 종교의 자유를 탄압하는 우상화 정책이라고 하지 않을 수 없다. 이 정책은 우상 숭배 강요였다.
2. 신사참배는 식민지 조선인을 일제 천황의 신민으로 개조하는 것이었다. 특별히 기독교라고 해서 다를 바가 있는 것은 아니었다. 다만 기독교의 저항이 가장 컸다는 것으로 보아야 한다.
3. 신사참배는 식민지 조선인을 일제의 정책으로 일본인으로 개종시키고자 한 강제였기에 이에 항거하여 구체적인 수난을 당한 조선인

은 모두 항일독립운동으로 인정해야 한다. 천황은 일제의 우상으로 우상의 신민이 되지 않겠다고 끝까지 저항한 조선인은 항일독립운동가일 수밖에 없다.

신사참배 찬성자들과 신사참배 강요 거부 순교자들의 상생 해법 제안

1. 신사참배 찬성과 반대는 이미 지나간 과거로 각자가 선택한 대로 인정할 수밖에 없다.
2. 신사참배 문제는 과거사로 역사적인 교훈으로 삼고, 현재는 현재로 공존하는 길을 찾아야 한다.
3. 신사참배 반대 소수자인 순교자는 항일독립운동가로 서훈을 해 주고, 다수의 찬성자는 순교자들에 대한 예를 갖추어야 한다.
4. 신사참배 찬성 주역이었던 분들은 이제 저세상 사람들이 되었다. 그들은 그 길로 갔다. 그러나 그 주역의 단체에 같은 전통을 이어받은 분들이 여전히 신사참배 찬성이 맞았다고 지금도 주장한다면 그대로 놔둘 수밖에 없다. 그러나 그것이 잘못이었기에 회개한다고 하면 순교자들의 전통을 이어받은 분들과 역사 앞에서 화해할 수 있다고 본다.
5. 신사참배 찬성 주역이었던 분들의 전통을 이어받은 단체에서 이렇다 하게 공식적으로 신뢰할만한 회개나 사과의 성명서가 발표된 적이 아직도 없었다. 다만 그들과 어느 정도 거리가 있는 주변인들이 촉구하는 회개운동이 지금도 계속되고 있고, 앞으로도 그럴 개연성이 높다고 본다.

기독교인에게 호소(呼訴)

우상 숭배하지 맙시다. 강요를 당하든지 스스로 하든지 어쩔 수 없든지 어떤 경우라도 우상 앞에 굽혀 절하지 맙시다. 우상은 여러 가지가 있습니다. 하나님보다 더 우선순위로 삼는 것이 우상입니다. 마음에 하나님이 보좌로 계시면 다른 우상은 들어오지도 못합니다.

우상이 들어올 틈을 주지 맙시다. 하나님께 불평하지 맙시다. 은혜를 값싸게 여기지 맙시다. 조국에 대한 감사를 항상 기억합시다. 조국을 망가뜨리는 사람은 누구든지 마귀의 자식이라는 것을 구별합시다.

기독교를 혐오집단으로 여기지 맙시다. 교회는 하나님이 왕이신 하나님의 영원한 집입니다. 하나님을 섬기는 교회를 폄훼하면 누구든지 심판을 받는다는 것을 알립시다.

하나님보다 눈에 보이는 우상 권세 자를 무서워하면 하나님에게서 멀어집니다. 하나님에게서 멀어지면 이미 심판을 받은 것입니다. 몸을 죽이는 권세 자를 두려워하지 말고, 영혼을 살리시는 하나님을 사랑합시다.

일제의 식민지 조선에서 현인신 우상 천황에게 굽실거리며 신사참배 강요에 순응하고, 하나님께 불순종하였던 역사를 거울로 삼읍시다. 이처럼 오늘도 김일성을 하나님으로 우상화한 북한 공산당은 기독교의 원수입니다. 거짓 교회를 지어놓고 미혹하는 북한 공산당에 속지 맙시다. 하나님은 아말렉 족속같이 공산당을 미워하십니다.

"나는 공산당이 싫어요."

이승복 군의 외침은 자유대한민국 국민의 기본사상(基本思想)이 되어야 합니다. 껍데기는 기독교인인 것 같지만 실제로는 기독교를 박멸하는 행위를 하는 자들을 분별하여 비둘기처럼 순결하고 뱀처럼 지혜롭게 관계를 선도해 나아갑시다.

기독교인은 자유인입니다. 말의 자유, 글의 자유, 양심의 자유, 종교의 자유를 빼앗으려고 하는 자는 누구든지 대적입니다. 원수를 사랑해야 할 것과 대적을 멸망해야 할 것을 구분하는 지혜 자가 됩시다.

기독교인의 복음은 죄로부터 영원한 자유인입니다. 기독교인은 공중의 권세 잡은 자의 능력을 충분히 이길 힘을 가지고 있는 자입니다. 아무것도 두려워하지 말고 오직 살아계신 영원한 생명의 왕이신 하나님을 경외합시다. 한국에서 천국으로 이사 갈 날을 기대합시다. 오늘도 하나님을 사랑하고, 지금도 가장 가까이 있는 사람을 사랑하고, 이제도 만나는 사람에게 기쁜 소식을 전합시다.

국민은 알 권리가 있습니다. 이 "알 권리의 헌법적 근거에 대하여 헌법재판소는 알 권리가 언론의 자유를 규정한 헌법 제21조에서 직접 도출되는 것으로 판시하고 있습니다. 즉, 헌법 제21조는 언론·출판의 자유, 즉 표현의 자유를 규정하고 있는데 이 자유는 전통적으로 사상 또는 의견의 자유로운 표명(발표의 자유)과 그것을 전파할 자유(전달의 자유)를 의미하는 것으로서 사상 또는 의견의 자유로운 표명은 자유로운 의사의 형성을 전제로 한다"라는 것입니다.[18] 우리는 자유대한민국 국민으로 자유로운 표명을 할 권리가 있으며, 그것을 전달할 자유를 가지고 평화, 통일의 밀알이 되기를 기도합니다.

서문

시인 변영로의 시, <조선의 마음> 설운 마음으로 이 역사를 기록한다. 제국주의 시대, 국력이 약한 나라는 외세의 침략을 막아낼 힘이 없었다. 그 시대는 갔어도 식민지 백성이었던 나라의 상처는 여전히 후유증을 앓고 있다. 이제는 제국주의 국가의 통치자가 바뀌고, 식민지였던 국가도 변하였다. 영원한 적도 영원한 친구도 없다. 과거는 뿌리고, 현재는 줄기이며, 새싹은 미래이다. 뿌리-줄기-새싹은 항상 현재형이다. 본서는 반일(反日)하고자 하는 것이 아니라 교훈으로 기억하고자 하는 것이다.

자국의 지계석(地界石)이 침략당하지 않도록 국방력의 힘이 존재하는 한 국가와 국민은 안전하다. 국가가 국민을 지켜주는 범위에서 국민의 종교도 자유로울 수 있다는 것을 보여 주고자 한다. 국가는 국민을 위하여 국민은 국가를 위하여 서로 힘이 되어야 한다. 국가가 국민을 보호하지 못하면 국민은 외세의 종이 될 수밖에 없다.

일제치하 식민지 백성에게 국가는 없었다. 식민지 백성의 정부는 일제 조선 총독이었으며 천황의 대리자였다. 식민지 정부의 국체이며 최고 군신 통치권자 천황의 이름으로 무한 복종케 하는 신사참배를 강요당할 때 그 백성은 무엇을 하여야 했을까. 종이 되지 않기 위하여 선택할 수 있는 것은 무엇이었을까. 죽음보다는 굴종하여 비굴한 생존이라도 해야 하는 선택은 어떤 것이었을까. 그 한 맺힌 역사를 풀어보고자 한다.

본서의 제목을 『인문학적 시각 예수냐 우상이냐』로 한 것은 인문학의 정의에 따르는 것으로 하였다. 인문학은 언어, 문학, 역사, 철학 등을 연구하는 학문이며, 인간과 인간의 문화에 관심을 두는 학문 분야를 가리킨다. 본서는 신사참배 문제를 집중적으로 다룬 근대사다. 이 역사에는 인문학의 모든 요소가 포함되어 있다.

인간의 역사는 문화의 역사라고 해도 과언이 아닐 것이다. 지나온 역사에는 반드시 그 시대의 문화를 그 시대의 관점에서 보아야 바르게 이해할 수 있다. 그 시대의 문화를 현시대의 문화적 시각에서 본다면 그것은 오류의 시각으로 볼 수밖에 없다. 인문학은 인간의 이해를 위한 가장 적절한 학문 분야라고 할 수 있다.

한국 근대사에서 신사참배 문제는 대충 넘어갈 수 있는 분야가 아니다. 이것은 한국인이라면 반드시 알지 않으면 안 되는 역사다. 특히, 기독교인들은 더욱 바르게 알아야 하는 분야이기도 하다. 많이 알려진 것은 논외로 하고 여기서는 잊혀져 있던 한 교단의 신사참배 강요 거부 사건의 문제를 재발견하고자 한 것이다.

필자는 가능하면 독자들이 이해하기 쉽도록 글을 쓰려고 노력하였다. 본문에 관한 내용 이해를 더 알기 원하는 분은 미주에 있는 참고 자료를 찾아보기를 권한다. 특히, 일본어 공문서인 '예심청구서' 번역비를 후원해 주신 대전중문교회 장경동 목사님께 이 자리를 빌려 감사의 마음을 전한다.

추천서를 써주신 민경배 교수님은 한국에서 민족교회사관 태두 교회사학자로 필자가 존경하는 분이다. 무한 감사를 드린다. 피영민 총장님은 교단 역사신학자로 필자가 존경하는 분이다. 감사의 마음을 드린다. 안희열 교수님은 선교신학자로 필자의 박사 학위 논문 지도 교수였으며, 끊이지 않는 격려를 힘입고 있어 더욱 감사를 드린다.

본서가 출판될 수 있는 기회를 주신 기독교문서선교회(CLC) 박영호 대표님과 편집실 그리고 이경옥 실장님께 진심으로 감사를 드린다. 이 책을 읽는 독자들의 영혼이 맑아져 새 마음으로 하나님께 충성하는 결단을 주시길 우리 주, 우리 민족의 하나님께 간구한다.

고척동 예수향기교회 서재에서

하나님의 은혜를 입은 작은 자

김대응 올림

제1부

신사참배와 우상 문제

제1장

신사참배 문제 왜 아직도 논란인가?

본 글은 필자의 박사학위 논문을 알기 쉽게 풀어쓴 것으로 일제의 통치 종교 정책과 신사참배 강요에 저항한 역사적 사건을 중심으로 서술하고 있다. 일제가 천황에게 절하라고 하는 신사참배를 강요하였을 때 대부분이 신사참배가 우상 숭배가 아니라 국가의례라고 하여 신사참배를 했다.

그때 침례교는 신사참배는 하나님 외에 다른 이에게 절하는 것은 우상 숭배라고 하는 하나님의 말씀에 순종했다. 침례교는 일제의 강요에 복종하지 않고 하나님의 말씀에 순종하여 유일 신앙을 지키기 위해 수난당하는 것을 당연한 것으로 받아들였다. 이것은 침례교의 정체성이었다. 이와 같은 침례교 신앙의 정체성을 재발견하고 기독교인이라면 누구나 같은 믿음의 공감대를 일깨우고자 한다.

이에 따라 본서는 일제의 통치 정책에 대한 배경과 줄기를 엮어 서술하고자 했다. 일제의 통치 정책 속에서 일관되게 추진된 종교 정책을 살피며, 한국 교회가 신사참배 강요에 대하여 어떻게 대응했는지를 개괄적으로 정리함과 더불어 침례교는 이에 어떻게 대응하였는지 구체적으로 살펴보았다.

이러한 것은 일제강점기에 국가 정책으로 시행된 신사참배 강요 앞에 저항했던 침례교 선조들의 모습을 조명해 보는 것이다. 이렇게 함으로써 오늘을 사는 기독교인들에게 중요한 의미가 있는 것으로 다가오고, 신사참배 강요 거부가 항일독립운동과 어떤 상관관계에 있는지 밝히고자 한다.

일제의 신사참배 강요 및 종교적 탄압은 국가적인 차원에서 이루어졌다. 처음에는 전 교단을 향하던 것이 서서히 침례교에 대한 박해로 좁혀졌다. 이에 필자는 일제 식민 지배하에서 있었던 신사참배 강요에 대한 저항이 신앙의 문제를 넘어 독립운동과도 상관관계가 있음을 밝히고, 침례교의 오직 하나님의 말씀에 순종하는 신앙을 일깨우는데, 조금이라도 도움이 되었으면 하는 바람이다.

제2장

신사참배 문제 언제 끝날 것인가?

신사참배 문제는 계속 재론이 되고 논란이 될 것으로 예측된다. 그 이유는 신사참배에 대한 역사적 정리가 제대로 되지 않은 까닭에서 기인한다. 이 문제는 국가적인 차원에서도 기독교계적인 차원에서도 언젠가는 어떠한 방식으로든 반드시 일치된 결의를 도출하지 않으면 안 되는 과제와 같은 것이다. 그러한 것은 나중으로 미루더라도 한 번도 거론된 적이 없는 침례교의 신사참배 문제를 끌어내 그 의의를 살려야 한다고 생각했다. 그러기 위해서는 지속해서 이 문제에 대하여 다양한 경로를 통하여 전달하는 것이 좋을 것이다. 그렇게 함으로써 공감대를 이루어 어떤 합의를 이루어낼 수 있으리라고 기대를 할 수 있다.

첫째, 지역 교회와 지방회 그리고 교단에 침례교 신앙 정신을 이어주어야 할 필요성이다. 그러한 방법의 하나로 순회강연의 필요성이 있을 수 있다.

둘째, 우상 숭배란 무엇인가에 대한 명확한 인식과 실천의 문제이다. 신사참배와 우상 숭배, 신사참배와 종교 자유의 문제, 신사참배와 교회와 국가의 분리 문제에 대하여 설명한다. 또한, 신사참배 강요에 대한 한국 교회의 대응에 관해서 천주교, 감리교, 장로교, 성결교, 성공회, 안식교, 구세군, 침례교에 대한 것을 살피며 특히 신사참배 강요를 교단적 차원에서 거부한 침례교에 대한 이해를 돕고자 한다.

셋째, 신사참배 강요를 거부하여 함흥형무소에서 옥중 순교한 전치규와 침례교가 교단적으로 해체당한 것을 알리고자 한다.

넷째, 참고 자료에는 신사참배 문제를 연구하는 데 있어서 사용한 단행본, 논문, 학술지, 인터넷 자료 등의 모든 자료를 기록하였다. 본서에서 조금 더 궁금한 사항은 참고 자료를 이용하면 좋을 것이다.

이와 같은 것을 통하여 그 의의를 명확히 하고자 한다. 침례교가 일제로부터 신사참배를 강요당하였을 때 이를 거부한 것은 어떤 결론에 이를 수 있다는 것을 알고도 굴복하지 않은 것이다. 끝까지 수난과 순교를 두려워하지 않았다. 그러한 믿음의 용기가 있는 신앙이 어디서부터 온 것인지 오늘날의 기독교인들에게도 거울이 될만한 충분한 이유가 있다고 본다.

그러한 신앙은 과거에만 필요했던 것이 아니라 오늘날에도 요청되는 것이라고 여긴다. 무엇이든 당장 필요할 때 찾으면 찾을 수 없는 것처럼 평소에 준비해 두어야 한다. 유비무환이라는 말이 있듯이 신앙도 평소에 기독교 역사를 통하여 교훈을 받고 있어야 한다. 그러자면 어떠한 형태로든 지속적이고 다양한 역사 교육 대중화가 필요하다. 이에 한 발자국 더 나아가 실제 역사적 사실로 존재했던 침례교의 신사참배 강요 거부가 국가적인 차원에서 항일독립운동으로 인정받을 수 있도록 노력해야 할 당위성이 있는 것이다.

제3장

변화하는 사회적 물결 속에서 기독교 신앙은 꼭 필요한가?

오늘날의 사회는 변화가 어느 때보다도 급속하고 다양하게 일어나고 있다. 이러한 사회적 물결 속에서 전통적으로 내려오던 기준이 되는 것들이 파괴되는 양상을 보인다. 기존에 있던 문화에 관하여 회의(懷疑)를 하고 새로운 경향으로 등장한 것이 포스트모더니즘이다. 이 운동은 모든 영역에서 일어나고 있다. 우리 삶의 모든 부분이다. 즉, 정치, 경제, 사회, 문화, 예술, 종교 등 모든 분야에 관련된 문화운동이면서 한 시대의 이념이기도 하다. 이것은 예외 없이 종교적 흐름에도 영향을 미치고 있어서 무종교의 확산, 종교와 대중문화와의 동화현상을 일으키고 있다.

또한, 개성, 자율성, 다양성, 대중성, 사회적 여론을 중시하며 절대이념을 거부하는 현상으로 작용하고 있다. 이러한 현상은 기독교인들에게도 영향을 미치고 있다. 기독교인의 정체성이 약화되고, 기독교 신앙이 있다고 하면서도 반(反)기독교 신앙의 현상이 일어나고 있는 것은 그냥 지나칠 문제가 아닌 것으로 등장하고 있다.

이러한 시기는 역사적으로 연결되어 있다. 단절이 아니고, 지나간 날로 잊힐 것도 아니다. 여전히 과거 속에 살아있으며 언제든지 등장할 수 있는 활화산과 같은 역사적 문제이다. 반일의 문제이기보다 힘이 없으면 강대국에 침략을 당할 수밖에 없는 것이 약소민족국가의 설움이다. 그와 같은 현실적인 경험을 한 것이 일제 식민지 조선의 상황이었다. 일제강점기 식민지 조선의 조선인으로서 신사참배 강요라는 우상 숭배를 거부하며 하나님의 말씀에 순종한 신앙의 역사를 돌아보는 것은 오늘날의 시대적인 상황에서 무엇보다도 중요하다고 본다.

이를 위해 역사를 돌아봄으로써 이들이 일제의 통치 종교 정책 시행 도구인 신사참배 강요에 굴하지 않고, 신앙의 절개를 지킨 것을 찾아내어 오늘날 현대인들에게 와 초교파적 그리스도인들에게 기독교인의 정체성을 일깨워 주는데 작은 지렛대 역할이라도 하였으면 하는 간절한 바람이다.

기독교인의 정체성은 신앙과 삶이 함께 하는 것이고, 사회에 소금과 빛이 되어야 하며, 세상을 밝히는 누룩으로 사는 것이다. 바로 이러한 실천 신앙을 침례교가 일제에 신사참배 강요를 당하였을 때 대처한 것을 통하여 찾아보고자 한다. 신사참배 강요는 거대한 국가적인 강압이었으며 특정한 교단의 경계를 넘어 모든 믿는 자에게와 국민에게도 보편적으로 해당하는 것이라는 것을 알리고자 한다.

성경, 구약 신명기서 32장 7절의 "옛날을 기억하라. 역대의 연대를 생각하라. 네 아버지에게 물으라. 그가 네게 설명할 것이요. 네 어른들에게 물으라. 그들이 네게 말하리로다"라는 역사의 영원한 현재성을 말하는 것이다. 현재를 사는 현대인들이 과거의 역사를 기억하라는 것이다. 그것에 대하여 모르면 그 역사를 알고 있는 어른들에게 물으면 답을 해준다는 것이다. 역사에 대한 의문은 그 역사를 알고 있는 분들에게 물으면 답을 얻을 수 있다. 그분들이 생존하지 않을 경우는 기록으로 남아있는 역사적 사료들을 찾으면 거기에 답이 있을 수 있다.

같은 맥락에서 성경, 신약 로마서 15장 4절의 "무엇이든지 전에 기록된 바는 우리의 교훈을 위하여 기록된 것이니 우리로 하여금 인내로 또는 성경의 위로로 소망을 가지게 함이니라"라는 것 또한 역사적 기록의 교훈 가치를 말해 주고 있다. 우리가 알지 못하는 시대의 것들이 역사적으로 기록된 것이 있다. 그것은 후대의 사람들이 찾아서 읽을 때 바로 그들이 사는 시대의 사람들에게 교훈이 된다는 것이다. 그러한 것으로 말미암아 그 시대의 사람들이 겪고 있는 것이 과거에도 있었다는 것으로 거울이 된다. 그것을 반면교사로 삼아 참을 수도 있고, 위로를 받으며 미래로 가는 소망을 가지게 된다. 이것이 바로 역사의 실용성이지 않겠는가.

과거의 역사적 사건들을 기억하는 것은 시대는 다르지만 유사한 상황 속에서 현재 겪고 있는 신앙의 문제에 대하여 길라잡이가 된다고 보는 것이다. 따라서 한국 기독교 역사의 한 페이지인 한국침례교의 근대사에 대해 살펴보는 것은 중요하고도 의미 있는 일이다.[1] 하지만 안타깝게도 지역 교회에서 한국침례교의 근대사에 관한 강의, 설교는 거의 없었다고 해도 지나친 말이 아닐 것이다.

필자가 한국침례신학대학교 재학 당시에 '세계침례교회사'라는 과목은 있었지만, 별도로 한국침례교회사를 가르치는 과목은 없었는데, 아마도 당시 학교에 한국침례교회사를 가르칠 교수가 없었기 때문으로 생각된다.[2] 그 때문에 한국침례교회사에 대해 잘 알 수가 없었고, 잘 모르기에 교인들에게 가르칠 수가 없었다.

세월이 한참 지난 이후 2018년 현재 60세에 필자가 논문의 주제를 연구하면서 하나님의 말씀에 순종한 역사적 침례교 신앙에 대해서 알게 되었다. 이로 인하여 이 내용은 필자만 알고 있기에는 또는 학문적인 영역으로만 남겨두기에는 너무 아까운 것이라는 생각이 계속 들었다.

그래서 이것을 파수꾼의 심정으로 누군가에게는 소리쳐 알리지 않으면 안 되겠다는 감동이 왔다. 필자가 속한 교파를 넘어 타 교단 기독교인들에게도 알려주지 않으면 안 되겠다는 사명감으로 깨어나게 된 것이다.

그것은 침례교가 일제에 의한 신사참배 강요 앞에서 당당히 거부함으로 신앙을 지켰던 역사적 사실을 알리고, 알게 함으로 순교적 신앙의 역사를 기억하도록 하고자 하는 마음이 불일 듯 일어난 것이다. 이렇게 하여 외부적인 강요를 당했을 때도 믿음을 지켰는데 이와 같은 요인이 없다시피 한 오늘에 왜 기독교 신앙이 흐트러졌는가에 대한 일부 답을 얻을 수 있을 것이다.

현시대를 사는 기독교인들과 과거 침례교의 신사참배 거부의 역사에 관해 이야기를 나누어 보았을 때 대부분이 그에 대하여 모르는 형편이었다. 필자가 알고 있는 대부분 교인도 또한 과거에 필자와 같이 배운 적이 없기에 신사참배를 거부한 신앙의 본질을 모르고 있다. 그러므로 이 글이 기독교인들에게 하나님의 말씀에 순종한 침례교의 신앙을 알려주는데 한 줄기 빛과 같은 도움이 되었으면 하는 바람이다.

침례교가 수난을 당한 것이 단순히 신사참배를 거부한 것 때문인가? 아니면 그 이상의 다른 요소들이 있는 것인가를 생각하지 않을 수 없다. 침례교는 왜 전 교단적으로 폐쇄를 당하였나에 대한 의문을 풀어야 할 숙제가 필자에게 있었다. 그것을 이 글을 통해 풀고 있다.

교회의 역사와 신앙 정신이 후대에 전수되기 위해서는 기록된 역사가 있어야 한다. 교회는 성경을 바탕으로 그 기록된 말씀에 따라 사역을 감당하는 것으로 교회를 세우며, 그 교회의 역사가 이어지게 하고 이에 더해 신앙의 정신을 물려줄 수 있어야 한다. 그렇게 하기 위해서는 교회와 지방회 그리고 신학대학교에서 교회와 교단의 역사에 대한 강의와 강론을 지속해서 하여야 한다. 이는 과거의 중요한 역사적 기억들을 잊지 않도록 반복하는 교육은 성경의 역사를 이어가는 역사의 현재성과 같은 것이기 때문이다.

현재 한국의 침례교에는 오래된 역사를 지닌 교회는 많지만 제대로 된 역사적 자료를 보존하고 있는 교회는 거의 없는 실정이라고 해도 과언은 아니다.

한 사례로 기독교한국침례회총회 역사연감편찬위원회가 2007년도에 역사연감을 편찬하며 전국의 침례교회에 자료를 요청한 일이 있었다.[3] 그런데 제대로 된 자료를 소장한 교회가 거의 없었을 뿐만 아니라 100년 이상 된 교회들에서도 해당 교회의 역사를 입증할 자료를 거의 보존하고 있지 않았다. 이로 인하여 100년 이상 된 교회에 대해 역사를 기록하는 작업은 보류되었다.[4]

이와 같은 상황임에도 불구하고 과거 침례교의 역사를 알고 있는 미남침례교 소속으로 23년 동안 아시아에서 선교사로 사역한 북미 국제선교부 총재인 제리 랜킨 박사는 기독교한국침례회의 전신인 동아기독교는 19세기 말부터 침례교 정체성을 유지해 온 것에 대한 역사적 중심으로서의 의미가 있다고 하였다. 이로 인하여 1948년 미남침례교회와 전략적 협력을 이루면서 침례교회라는 명칭을 사용하게 되었다고 하였다.[5] 이러한 역사적 의미가 있는 침례교에 대해 일제가 신사참배를 강요한 것이 어떤 의미였는지 알아보는 것은 한국교회사의 연구에 있어서 매우 의미가 있는 일이라고 여기지 않을 수 없다.

일제의 신사참배 강요는

첫째, 현인신이라고 하는 천황의 우상 숭배에 굴복하라는 것이었다.[6]

둘째, 종교는 개인의 선택권이 있는데 이것을 국가적 차원에서 천황을 섬기라고 한국인 전체에게 획일적으로 강제한 것은 종교의 자유를 침해한 것이었다.[7]

셋째, 교회와 국가는 서로 본질적인 것에 대하여는 간섭하지 말아야 한다는 원리에서 침례교의 본질적인 정체성을 훼손한 것이었다.[8]

이러한 충분한 사유로 인하여 침례교는 신사참배의 강요에 대해 교단적 차원에서 거부했다. 이 일로 인하여 교단 지도자 32인이 함흥형무소에 구속되어 옥고를 치렀다. 그뿐만 아니라 끝내 이로 인하여 교단 해체령이 내려졌고, 전치규 목사는 함흥형무소에서 1944년 2월 13일 주일에 향년 57세로 옥중 순교를 하였다.[9] 또한, 타 교단 장로교에서 신사참배를 거부한 주기철 목사는 평양형무소에서 같은 해 4월 21일 금요일 옥중 순교를 하였다.[10]

하지만 한국침례교가 이렇게 한국교회사에 기억이 될만한 역사가 있음에도 타 교단보다 침례교의 역사에 대해서는 많이 알려지지 않은 것이 현실이다. 그러므로 한국 교계에 한국침례교의 순교적 신앙을 널리 알리기 위해 전치규 목사의 순교 행적을 알리고 한 단계 더 나아가 그의 독립유공자 신청까지도 필요할 것으로 생각된다.[11]

필자는 침례교의 순교 신앙 관련 소논문을 한국침례교단에 세 차례 발표하였고, 이 발표로 인하여 기독교한국침례회 제105차 정기총회에서 한국침례교 신사참배 거부에 대한 5 · 10 기념일이 제정되는데 일정한 기여를 하였다.[12] 또한, 기독교한국침례회 제105차 총회에서 교단 신사참배 거부 기념일이 제정된 이후 1주년인 2016년 5월 10일 한국침례신학대학교로부터 대학예배 기념 예배 설교자로 초청을 받아 '신사참배를 거부한 믿음의 영웅들'이라는 제목으로 기념 설교를 하기도 하였다.

1. 역사 인식의 정도 조사

한국침례교의 역사 인식이 어느 정도인지를 가늠할 수 있는 조사를 한 적이 있다. 이것을 통하여 역사의 부재가 어떠한지를 알 수 있을 뿐만 아니라 기억되지 않는 역사는 뿌리가 약하여 잊힐 수 있다는 것을 보여 주고 있다고 해도 지나친 말이 아닐 것이다.

기독교한국침례회 지방회는 2018년 12월 말을 기준으로 131개로 파악되었다.[13] 이러한 지방회에서 지난 2~30년간 침례교단의 순교적 신앙에 관한 특강이나 세미나를 개최한 적이 있는지를 전화 통화로 조사한 결과, 전체 131개 지방회 중에서 4개인 3%의 지방회만이 관련 특강 및 세미나를 개최한 적이 있다고 응답하였다.[14]

조사 결과를 통해서도 알 수 있듯이 한국 교회의 많은 목회자뿐만 아니라 침례교의 목회자들까지도 침례교가 일제강점기에 신사참배를 거부한 순교적 신앙에 대해서는 잘 모르는 것이 현실이었다. 한국 교회에서 침례교의 순교적 신앙에 대해 거론하는 경우 자체가 거의 없기에 들어본 적도 없는 것이다.

이러한 사정이기에 한국기독교사에 있어서 기억할 만한 사건이라 할 수 있는 침례교의 순교 신앙에 대해 신학대학교 학생들과 각 지역 교회나 지방회 등을 통하여 알리는 것이 필요한 것이라고 하지 않을 수 없다.[15]

침례교가 일제강점기에 신사참배 강요에 저항한 사건은 일제의 통치 정책과 종교 정책에 저항하는 항일 행위였다. 또한, 그러한 행위가 비록 순수한 신앙을 지키기 위한 침례교인의 신앙 행습이었을지라도 일제의 국가적인 정책에 반하는 것이었다는 점은 명백한 것이다. 일제 당국의 입장에서 침례교의 신사참배 거부 행위는 일제라는 국가 체제에 대한 일종의 저항으로 받아들여졌다.

일제의 신사참배 강요는 국가적인 차원의 일관된 정책이었고, 침례교에는 신사참배 강요가 우상 숭배를 강요함과 동시에 신앙의 본질을 훼파하는 것으로 다가왔다. 이와 함께 교회와 국가의 분리라는 침례교의 원칙은 일제의 국가 정책에 충돌될 수밖에 없었다. 국가가 교회를 파괴하려고 하였을 때 복종이 아닌 신앙을 지키기 위한 불복종운동의 사수가 절대적으로 요청되었다.[16]

침례교가 신앙을 지키기 위해 일제의 신사참배 강요에 저항함으로 수난을 겪었던 역사는 한국교회사에 길이 전달되어야 할 역사적 유산과 같은 것이다. 이러한 신앙 정신이 지역 교회와 지방회와 교단을 넘어 모든 기독교인과 국민에게 널리 알려진다면 한국 교회의 신앙적 각성과 증진을 가져오는 데 바람직한 역할을 할 수 있다고 본다.

제4장

신사참배에서 우상이란 무엇인가?

일제가 침례교에 신사참배를 강요했을 때 그것은 우상이라는 믿음에서 거부했다. 기독교인은 하나님만을 섬기는 것이 신앙의 근본이다. 이것을 뿌리째 뽑아버리려는 신사참배 강요는 하나님을 배신하라는 것이었다. 이 요구를 침례교인들은 절대 수용할 수 없었다. 그런데도 일제는 지속해서 기독교인들에게 하나님 외에 사람의 형상으로 만든 현인신 천황과 신사에 모신 영과 형상에게 예배, 경배, 절, 경례하라고 강요하였다. 그렇다면 성경에서 말씀하는 우상([偶像], idol)이란 무엇인가를 살펴보고자 한다.

1. 우상의 정의

우상이란 무엇인가에 대하여 국어사전에서는 "우상은 ① 목석이나 쇠붙이로 만든 신불(神佛)이나 사람의 형상. ② 종교적인 숭배의 대상이 되는 신불의 상. ③ 하나님에 대하여 인위적으로 만들어낸 신의 형상이나 개념. ④ 미신 등의 대상이 되는 신 또는 신을 표현한 형상. ⑤ 선입견적인 오견(誤見)."이라고 했다.[1] 이와 같은 사전적 의미로 보면 우상은 어떤 재료로 형상을 만들어 신격화하거나 보이지 않는 어떤 개념도 우상이라는 것이다.

독일의 종교개혁자이자 신학자인 마틴 루터는 우상이란 당신의 마음이 매달리고 의지하는 것이 무엇이든지 바로 그것이 당신의 하나님이다. 오직 마음의 신뢰와 믿음이 하나님도 만들고 우상도 만든다고 했다. 미국의 리디머교회 목사이자 신학자인 팀 켈러(티모시 켈러)는 하나님보다 더 중요한 것, 우리의 마음과 공상의 세계를 하나님보다 더 많이 차지하고 있는 것, 하나님이 줄 수 있는 것을 주려고 하는 것, 그것이 우상이라고 했다.[2]

우상에 대한 종합적인 결론의 정의로 한민수 목사는 그의 저서 『우상이란 무엇인가』에서 하나님을 대신하는 모든 것이 우상이라고 했다.[3] 즉, 우상은 인간이 존재하는 모든 곳에서 어떤 재료나 관념으로 만든 것을 신격화한 것이라고 볼 수 있다. 또한, 우상에 대한 성경의 개념은 어떤 보이는 형상뿐만 아니라 사람들의 마음으로부터 하나님을 멀어지게 하는 요소까지도 포함하는 넓은 의미로 사용되는 것이다.[4]

2. 우상의 형태

우상의 형태는 사람의 손에 의해 만들어진 것이다. 이것은 사람이 손으로 어떤 물체를 재료로 하여 새기고, 조각하고, 그림을 그리고, 녹이고, 붓고, 깎고, 망치질하고, 구멍을 뚫고, 칠하고, 자르고, 다듬고 하는 다양한 손재주로 수공 작업을 통하여 형상을 만든다. 이런 우상을 만드는 것은 하나님의 명령에 불순종하고 하나님 외에 다른 신들을 만들어(형상=形象, 사물의 모양이나 마음과 감각 때문에 떠오른 대상을 다양한 방법으로 표현한 형태) 두고 섬기는 것이다.

이에 대하여 출애굽기 20장 3절은 "너는 나 외에는 다른 신들을 네게 두지 말라"고 명령하였다. 또한, 이것은 사람을 위하여 어떤 물체에 이미지를 새기는 것이고, 어떤 것을 본뜨고, 어떤 형상을 만든 것이다. 이러한 형상, 즉 우상이 무엇인지 출애굽기 20장 4절은 말씀하고 있다. 너를 위하여 새긴 우상을 만들지 말고, 또 위로 하늘에 있는 것이나 아래로 땅에 있는 것이나 땅 아래 물속에 있는 것의 어떤 형상도 만들지 말라는 명령이다. 자의적으로 그 명령을 따르지 않으면 불순종이 된다.

즉, 우상은 자신을 위하여 어떤 새긴 형상을 만든 것이다. 그것은 만든 것으로 끝난 것이 아니라 그것에게 절을 하고, 섬기는 자에겐 하나님의 심판이 있다고 하였다. 그 심판의 내용은 출애굽기 20장 5절에서 그것들에게 절하지 말며, 그것들을 섬기지 말라. 나 네 하나님 여호와는 질투하는 하나님인즉, 나를 미워하는 자의 죄를 갚되 아버지로부터 아들에게 삼사 대까지 이르게 한다고 하였다.

우상 숭배를 하는 것은 하나님을 미워하는 죄이며, 그 죄에 대한 죄값을 삼사 대까지 갚게 한다는 무서운 저주와 같은 것이다. 또한, 우상은 어떤 물체에 조각하고, 어떤 물체를 만들어 주상으로 세우며, 어떤 물체를 조각한 석상에 경배하는 것이다. 레위기 26장 1절의 "너희는 자기를 위하여 우상을 만들지 말지니 조각한 것이나 주상을 세우지 말며,

너희 땅에 조각한 석상을 세우고 그에게 경배하지 말라. 나는 너희의 하나님 여호와임이니라"는 구절은 조각 우상과 주상 우상을 말씀하며, 그에게 경배하지 말 것을 명령하고 있다.

우상은 사람이 자기 손으로 은 우상, 금 우상을 만든 것이다. 너희가 자기 손으로 만들어 범죄한 은 우상, 금 우상을 그날에는 각 사람이 던져 버릴 것이며(사 31:7). 우상은 사람의 손으로 새기고, 녹이고, 부어서 만든 것이다. 내가 네가 새긴 우상과 주상을 너희 가운데에서 멸절하리니 네가 네 손으로 만든 것을 다시는 섬기지 아니하리라(미 5:13). 우상은 보고, 듣고, 걸어 다니지 못하는 생명 없는 물체인 금, 은, 동, 나무, 돌로 만든 것에 절하는 것이다. 이 재앙에 죽지 않고 남은 사람들은 손으로 행한 일을 회개하지 아니하고, 오히려 여러 귀신과 또는 보거나 듣거나 다니거나 하지 못하는 금, 은, 동과 목석의 우상에게 절한다(계 9:20). 이처럼 우상을 만드는 것은 범죄이며 하나님은 그것을 멸절할 것이며, 섬기는 자에겐 재앙을 내릴 것이며, 다시는 섬기지 못할 것이라고 하였다.

3. 우상의 재료

우상을 만드는 것은 다양한 재료들이다. 그 재료는 보석, 금속, 돌, 나무, 흙, 종이 등을 이용하여 주상, 짐승상, 곤충상, 천체상을 만든 것이다. 이것은 사람이 스스로 부패하여 자기를 위해 어떤 형상을 만든 것이다. 그것은 남자의 형상, 여자의 형상, 어떤 짐승의 형상, 어떤 새의 형상, 어떤 곤충의 형상, 어떤 어족의 형상, 하늘에 있는 해, 달, 별, 천체를 경배하며 섬기는 것이다. 세상과 우주에 존재하는 모든 것이 우상의 재료들이다. 그 재료들에게 미혹되지 말 것을 경고 및 명령하고 있다.

신명기서 4장 16절~19절이 그 내용이다.

> 스스로 부패하여 자기를 위해 어떤 형상대로든지 우상을 새겨 만들지 말라 남자의 형상이든지, 여자의 형상이든지, 땅 위에 있는 어떤 짐승의 형상이든지, 하늘을 나는 날개 가진 어떤 새의 형상이든지, 땅 위에 기는 어떤 곤충의 형상이든지, 땅 아래 물속에 있는 어떤 어족의 형상이든지 만들지 말라. 또 그리하여 네가 하늘을 향하여 눈을 들어 해와 달과 별들, 하늘 위의 모든 천체 곧 너희의 하나님 여호와께서 천하 만민을 위하여 배정하신 것을 보고 미혹하여 그것에 경배하며 섬기지 말라 (신 4:16-19).

이러한 우상은 사람들이 부러워하는 귀금속인 은과 금이라는 금속물로 만들었고(시편 115편 4절, 그들의 우상들은 은과 금이요 사람이 손으로 만든 것이며), 석공(石工)과 주물공(鑄物工)이 돌로 형상(石像)을 만들고, 금속을 녹여 부어 주상(鑄像)을 만들었다(민 33:52). 우상은 은과 금뿐만이 아니라 나무와 돌로도 만들었다(신 29:17). 그 우상은 짐승의 모양으로 염소와 송아지 형상이었다(대하 11:15.). 그것을 만들 때는 목공이 땜질하기도 하고, 못을 단단히 박아 우상이 흔들리지 않게 하기도 하는 수공에 작업물이었다(사 41:7). 그리고 그것을 두는 우상을 위한 방을 만들고 사면에 짐승 모양과 곤충 모양의 것을 그려놓고 숭배하는 것이었다(겔 8:10).

4. 우상의 용도: 소원을 비는 도구

우상은 자신이 원하는 것을 이루기 위하여 소원을 비는 도구로 이용했다. 그것은 사람의 손으로 만든 것인데 그것 앞에서 굽신하며, 그 우상에게 나를 구원하라고 애원하는 것이다. 사람이 만든 생명 없는 물체를 향하여 너는 나의 신이니 나를 구원하라고 소리치는 것이다. 아무리 그렇게 해도 그 우상은 그 사람을 구원할 수 없다. 사람이 우상에게 마음이 미혹되어 우상과 하나님을 분별하는 능력이 상실되어 엎드려 경배하는 것이다. 이렇게 되는 것은 그들의 눈이 가려서 보지 못하며 그들의 마음이 어두워져서 깨닫지 못하는 것이다(사 44:15-18).

그러면 왜 우상을 만드는가?

그 이유는 자신을 위하여 만든 것이다. 보이지 않는 하나님보다 보이는 형상을 원하는 것이다. 그것이 하나님께 범죄함을 더하는 것임에도 불구하고 알면서도 의지적으로 만든 것이다. 그뿐만 아니라 그 송아지 형상의 우상에게는 인격적인 생명체인 것 같이 입을 맞추기도 한다(호 13:2).

5. 우상의 기능: 하나님에게서 멀어지게 만듦

우상은 아무 생명의 기운도 없는 죽은 형상이다. 이것은 오감(시각, 청각, 후각, 미각, 촉각)이라는 감각기관이 없는 물체일 뿐이다. 살아있는 육체의 기능이 없다. 먹고, 듣고, 보고, 느끼고, 냄새를 맡고, 소리를 내고, 걷고, 눕고, 일어나고, 서는 것도 하지 못하는 목석의 신이다(신 4:28; 115:4-8). 이러한 것은 한 지역에만 국한된 것이 아니다. 여러 나라에 있는 것들이며 생물적인 기능과 감각이 없는 죽은 물체로써 그것을 의지하는 자는 그 우상과 같은 것이다(시 135:15-18). 이러한 우상은 여러 가지 방법을 이용하여 만들었다.

첫째, 조각하고 녹인 것을 부어서 만들었는데 그것은 거짓 신이다(렘 10:14).

둘째, 입혀서도 꾸며서도 부어서도 만들었다(사 30:22; 겔 16:18; 사 40:19).

셋째, 장식품으로도 만들었는데 사람의 형상으로 남자와 여자를 만들고 음란한 짓을 하였다(겔 16:17).

넷째, 어떤 재료에 새기기도 하고, 무늬나 글자 따위를 또렷하고 정교하게 파서 아로새기기도 한 목상이었고 기생에게 값으로 주기도 했다(미 1:7; 왕상 7:31; 왕하 17:41; 대하 34:4; 호 11:2).

다섯째, 벽에다 온갖 모양을 그려서 만들고 그 앞에 서서 분향하며 경배했다(겔 8:10-11).

여섯째, 목공이 못을 박아서 만들고 움직이지 않게 하고 유지 보수해야 했다(사 41:7).

일곱째, 말로서 만국의 모든 신이라고 불리는 것들이다(시 96:5; 시 35:15).

여덟째, 하나님을 주인 삼지 않고, 자신이 주인으로 삼고 있는 것들이다. 자신의 주변에서 일어나고 있는 생활 속에서 사슬처럼 매여 있어 못 빠져나오는 기호([嗜好], 즐기기 좋아함) 중독습관이다. 이러한 것은 더러운 것, 음행, 불결한 장소, 탐욕, 모욕, 술 취함, 사기, 음란, 정욕, 방탕, 향락, 무법, 돈과 재물 등이다. 하나님과의 교제를 막고, 하나님께 대한 신앙에서 멀어지게 하는 것들이 우상이다(행 15:20; 고전 5:11; 벧전 4:3; 마 6:24).

아홉째, 하나님의 뜻을 따라 살지 못하도록 사람의 삶을 얽매이게 하는 모든 것이다. 하나님을 경배하는 자는 하나님의 의도를 따라 사는 것이 자연스럽다. 그러나 하나님께 속하였다고 하면서도 하나님의 뜻을 거역하는 쪽으로 마음을 기울이는 것은 하나님의 나라를 기업으로 얻지 못한다.

이러한 것은 손으로 만든 것이 아닌 마음으로 만든 우상이다. 이것은 내적으로 일어나는 성적인 욕망(음행, 탐함, 음란, 부정, 사욕, 악한 정욕), 탐욕(탐심) 등으로 우리의 관심을 하나님에게서 멀어지게 만드는 모든 것이다(엡 5:5; 골 3:5; 요일 5:20-21).

6. 우상 숭배의 무형: 생각, 이념

우상은 눈에 보이지 않는 것도 우상이다. 형상이 있어야만 하는 것이 아니다. 그것은 보이지 않는 것이라도 하나님보다 더 우선시하거나 하나님보다 더 사랑하는 것이 있다면 우상이다. 마음속에 보이지 않는 어떤 것을 더 하나님보다 더 섬기는 것이 있다면 그것이 우상이다. 하나님은 우리가 두 주인을 섬기는 것을 원하지 않으신다. 하나님만이 우리 마음에 가장 으뜸 되는 자리에 앉으셔야 한다. 알지 못하는 신들, 근래에

들어온 새로운 신들, 우리 조상들이 두려워하지 않던 것들도 우상이 되었다(신 32:17).[5]

십계명의 제1계명은 하나님의 백성이 예배해야 할 대상이 하나님만이 유일한 참 대상임을 명령하고 있다(출 20:3). 이 명령을 떠나 다른 보이지 않는 어떤 영적인 존재인 귀신, 사탄, 마귀라 불리는 것들에 희생제물을 바치는 대상이 우상이다(시 106:37; 고전 8:5). 바울은 그런 것들은 아무것도 아니라고 말한다. 사람이 우상을 만드는 것은 자신이 원하는 방법으로 자신을 위하여 예배하려는 것이고, 피조물인 사람의 의도대로 창조주의 의도를 변경시키려는 시도는 종교적인 범죄가 된다.[6]

이상과 같은 우상에 관한 것들을 보면, 우상은 사람이 하나님을 배반하고, 스스로 자신을 위하여, 사람의 손에 의해 여러 모양으로, 다양한 재료들로 여러 방법을 통하여 만들어진 것이고, 생각과 마음으로 그것을 따라가며 하나님께로 오지 않고 그것들에 매여 있는 것이다. 우상이라고 만들어 놓고, 세워놓고 가만히 있는 것이 아니라 그것에게 도움을 요청하며, 의지하는 행위가 숭배되는 것이다.

그래서 우상과 숭배는 별개가 아니라 우상 숭배다. 우상은 보이는 것과 보이지 않는 모든 존재하는 것들이 대상이다. 그것은 사람이 만든 것으로 하나님이 아닌 것을 마음에 들여놓는 것이다. 그것에게 의지하고 소원을 빌며 경배함으로 우상 숭배를 하는 것이다.

7. 우상 숭배의 유형: 동물 모양, 제사

우상을 숭배하는 여러 가지 유형이 있다. 어떤 우상을 만들어 놓고 '너는 나의 신'(사 44:17)이라고 부르면서 예배하고, 제물을 드리며, 소원을 말하는 행위다(출 32:8). 하나님은 하나님의 백성에게 너희를 위하여 우상도 만들지 말고, 어떤 형상도 만들지 말라고 금하였다(출 20:4; 레 26:1; 신 4:16; 4:23). 그런데도 그들은 스스로 마음이 부패하여 우상 숭배하였다(출 32:7). 그것도 하나님이 명령한 길을 속히 떠나 자기를 위하여 우상에게 예배하며 우상이 나의 구원자라고 외쳤다(출 32:8).

우상 숭배는 인간의 손으로 만든 형상에 하나님의 이름을 부여하여 섬기는 것이다. 이스라엘의 우상 숭배 시작은 애굽에서 인도하여 낸 모세가 잠시 눈에 보이지 않게 되었을 때 이스라엘 백성은 하나님을 배반하였다. 그리고 다른 신을 요청하여 다른 신을 만들었다. 곧 하나님의 이름을 바꾸어 금송아지 이름을 불렀다. 그러면서 춤추며 온갖 음란한 행위를 하였다(출 32:2-6; 출 20:7; 출 32:18-19; 출 32:25).

시인은 말하기를 이스라엘은 하나님을 배반하여 호렙에서 금을 녹여 부어 만든 금송아지를 경배하며, 하나님의 영광을 풀 먹는 소의 형상으로 바꾸는 큰 죄를 저질렀다(시 106:19-20). 바울은 영원히 빛나는 하나님의 영광을 이 땅에서 잠시 있다가 썩어질 사람과 새와 짐승과 기어 다니는 동물 모양의 우상으로 바꾸었다고 지적하였다(롬 1:23).

우상 숭배는 구약의 제의에서 제물과 음행 그리고 간음의 행위가 동반되는 것이었지만 현대의 우상 숭배나 배금사상 등에서는 영적 간음 행위로 볼 수 있다. 우상을 섬기는 행위를 할 때는 죽은 자에게 제사하는 음식이 있고, 그 음식을 먹으므로 더러워졌을 뿐만 아니라 재앙이 이스라엘에 크게 유행하였다(시 106:28-29). 우상에게 인신 제물로 그들의 자녀들을 희생 제물로 바치고, 음행과 간음을 하며, 자녀들의 피를 흘리게 하여 그 땅이 피로 더러워졌다(시 106:37-38; 겔 16:21; 민 25:1-2; 호 4:12-13).

우상 숭배는 하나님이 받을 경배(예배)와 경외를 우상에게 돌리는 것이다. 이스라엘의 경배 대상은 오직 하나님 외에는 없다. 그러나 우상 숭배는 하나님께 향하여야 할 경배를 여러 모양의 우상들이 가로채 간다. 경배와 예배의 대상은 오직 하나님 외에는 없다. 이스라엘에 우상 숭배를 하지 말라고 금지 명령을 하였음에도 불구하고 그들은 듣지 않았다. 또한, 이전 풍습대로 하는 것이 후손에게까지 전하여 내려갔다(왕하 17:35-40).

유다 왕 아마샤는 에돔과의 전쟁에서 승리하고 돌아올 때 그들의 신들을 가져와서 자기의 신으로 삼고 경배하였다. 이로 말미암아 경배를 받으실 것을 우상에게 가로채인 하나님은 진노하였다(대하 25:14-16).

우상 숭배는 마음을 부패하게 하고, 교만하게 하여 하나님을 떠나게 하는 것이다. 하나님의 백성들이 하나님을 떠나는 것은 그들이 음란한 마음에 미혹되어 그 우상이 마음에 들어차 있어 탐심으로 악을 행하는 것이다(겔 6:9; 겔 14:7; 골 3:5).

8. 우상 숭배 금지: 권고가 아닌 명령

우상 숭배 금지는 권고가 아니라 엄중한 금지 명령이다. 우상 숭배를 금지하고 있는 명령들이 여러 곳에 발견된다. 이것을 금지하는 이유는 경배의 대상은 오직 여호와 하나님 한 분이기 때문이다. 다른 신들은 경배를 받을 대상이 될 수 없다. 다른 신들을 경배하면 하나님은 반드시 심판한다고 했다. 그런데도 하나님의 백성들은 이 말씀을 거역하고 우상 숭배함으로써 거기에 해당하는 형벌을 받았다. 이에 대한 금지를 십계명에서 명령하고 있다.

제1계명, 너는 나 외에는 다른 신들을 네게 두지 말라. 제2계명, 너를 위하여 새긴 우상을 만들지 말고, 절하지 말고, 섬기지 말고, 마음에 두지 말라고 명령하였다(출 20:3-5; 신 5:7-9).[7] 우상 숭배를 금지하는 것으로 끝나는 것이 아니라 하나님만을 전심으로 섬겨야 한다. 하나님의 백성이 하나님도 섬기고 하나님이 아닌 것도 섬기는 이중적인 삶은 원하지 않는다. 하나님만을 전심으로 섬기면 우상 숭배는 자연스럽게 끊어진다.[8]

하나님은 우상을 섬기자고 유혹하는 자들을 죽이라고 하였다. 그들의 유혹에 대하여 듣지도 말고, 따르지도 말고, 불쌍히 여기지도 말고, 애석히 여기지도 말고, 덮어 숨기지도 말고, 백성들이 공개적으로 참여하여 죽이라고 하였다. 그 이유는 너를 꾀어 애굽 땅 종 되었던 집에서 인도하여 내신 하나님을 배반하게 한 죄의 대가이기 때문이다(신 13:6-10). 우상을 섬기자고 유혹하는 자들에게는 하나님으로부터 내리는 죽음과 형벌이 따랐다. 그것도 극단적이고 잔인한 방법이었다.

모든 백성이 보는 앞에서 죽이게 하는 것이었다. 하나님은 그들에 대하여 조금도 불쌍히 여기지 말라고 명령하셨다.

이스라엘을 구원하신 사랑의 하나님께서 이처럼 강하게 명령하신 이유는 무엇일까?

하나님께서는 하나님의 명령에 불순종한 백성에 대해서는 진노하시며 단호하게 그 죗값을 갚게 하시는 분임을 깨닫게 하셨다. 하나님은 하나님 외에 다른 신을 섬기는 자들을 질투하고, 미워하고, 죄를 반드시 갚게 하시는 분이시다(출 20:5).

또한, 애굽 땅에서 종 되었던 집에서 구원해 주신 하나님을 떠나는 것 자체가 배신행위였다. 따라서 이스라엘의 구원자이신 하나님을 배반하는 무리가 다시는 발생하지 않도록 경고하신 것이다. 이렇게 함으로써 온 이스라엘이 듣고 두려워하여 이 같은 악을 다시는 행치 못하게 하여 진노하시는 하나님의 속성을 함께 깨닫게 하는 데 있었다(신 13:11). 또한, 우상이 이미 만들어져 있으면 그것을 파괴하고 불사르라고 명령하였다(민 33:52; 신 7:5; 삿 6:32).

이처럼 하나님은 우상 숭배에 극렬히 진노하시는 분이시다. 이스라엘에 대한 하나님의 극렬한 진노는 단순히 우상을 따라가지 말라는 금지 명령만으로는 이해하기 어렵다. 우상 숭배를 하지 말라는 금지 명령에 선행하여 하나님께서 이스라엘에 베푸신 사랑과 큰 구원의 역사적 사실을 잊지 말아야 한다. 그것은 애굽으로부터 종 되었던 집에서 인도하여 낸 큰 구원이다. 이 구원은 오직 하나님 외에는 하실 수 없는 기적의 큰 구원의 역사였다(신 11:1-7).

이스라엘이 이와 같은 큰 구원을 얻고도 하나님을 배신한다는 것은 죽어도 마땅한 것이다. 하나님 외에 다른 신들을 따라간다는 것을 하나님께서는 용납하실 수 없는 것이다. 이스라엘에 대한 심판보다 하나님의 구원이 비교할 수 없이 크기 때문이다. 그래서 인간적인 측면에서는 극도의 형벌이라고 볼 수 있지만, 하나님의 관점에서는 하나님의 백성들이 하나님의 사랑과 구원에서 떠나지 않게 보호하시려는 것이다.

그뿐만 아니라 하나님께서 이스라엘에 우상 숭배에 대한 금지 명령, 파괴 명령, 사형 명령을 주신 것은 오직 하나님만이 경배받으시기에 합당하신 하나님의 본성을 지니고 계신 분이심을 깨닫게 한 것이다. 하나님은 온 이스라엘을 애굽으로부터 구원하셨기에 마땅히 최고의 경배를 받으셔야만 한다. 하나님이 인간을 창조하시고, 이스라엘을 이집트로부터 구원하신 하늘과 땅의 유일한 하나님, 구원자이시기 때문이다.

그런데도 이스라엘은 우상에게 마음을 빼앗겨 우상을 숭배했다. 그 결과는 어떠했을까. 가나안 땅은 우상들이 가득한 땅이었다. 바알은 가나안의 주(主)신이었으며 바알에게 제사 드리는 제의는 가나안 족속들의 생활풍습으로 자리 잡고 있었다. 이것은 이스라엘에 강력한 영향을 줄 수 있는 종교였다.[9] 이에 대비하여 여호수아는 가나안에 들어갔을 때 이스라엘이 행할 것을 강하게 명령하였다. 그 명령을 지키지 않으면 어떻게 되리라는 것을 경고하였다.

그런데도 이스라엘은 미혹되어 그 명령에 불순종함으로 말미암아 불행을 자초하게 되었다. 그러므로 이스라엘에 올무와 덫과 옆구리에 채찍과 가시가 생겨났다. 이스라엘 백성과 가나안 땅의 백성은 구별되어야 했다. 그러나 그들은 혼인하고, 서로 왕래를 하였고 그들의 신들이 올무가 되었다(수 23:11-13; 삿 2:2-3). 이스라엘이 가나안 땅의 우상들을 섬기며 악을 행함으로 그들에게 종속되었다. 하나님의 명령에 불순종하여 그 땅 주민들과 통혼을 하고, 언약을 맺고, 우상의 제단을 섬김으로 하나님의 진노를 사게 되었다(삿 2:11-13).

하나님의 재앙이 이스라엘에 임하였다. 그들이 하나님을 버리고 그 땅의 여러 신(가나안의 바알과 아스다롯, 아세라 등)을 섬김으로 하나님의 진노가 이스라엘에 내렸다. 그것은 이스라엘이 하는 일마다 괴로움을 당하는 것이었다. 이스라엘이 주위에 있는 대적들을 이기지 못하고, 노략을 당하고, 괴로움이 심한 상황 가운데 처하게 되는 것이었다(삿 2:14-15).

9. 우상 숭배의 깊은 의미: 당신이 매달리고 의지하는 것

구약에서 우상 숭배의 사전적인 의미를 살펴보면 그것은 일반적으로 구체적인 상들이나 우상들로 표현되는 이방 신들에 대한 숭배 또는 여호와의 신앙에 표현되는 상징들을 가리키는 것이다. 신약에서는 이방 신들의 숭배가 언급되어 있지 않으나 이 말은 하나님 외의 대상에 사로잡혀 있음을 비유적으로 표현하고 있다.[10]

이 우상 숭배에 대하여 목사이자 교육가이며 신학자인 박윤선은 우상 숭배란 인간의 감각에 형체적으로 접촉하도록 어떤 형상을 만들어 섬기는 것으로 그것은 보이지 않는 하나님으로 만족하지 못하고 보이는 것을 만들어 섬김이다. 그러나 진정한 하나님은 영이시기 때문에 우리 육안에 보이지 않는다. 그러므로 우리는 참 하나님을 믿음으로만 알며 또

섬겨야 한다. 하나님을 보고자 하는 심리는 우상 숭배의 심리라고 할 수 있다. 하나님을 모르는 사람, 또는 하나님을 떠난 사람은 어두워져 있으므로 피조물의 형상을 만들어 신이라고 하며 섬기기까지 한다. 이렇게 되는 경향은 문화인들에게도 있을 수 있다. 그 이유는 문화인들도 이 세상 지식에서는 비록 진보하였다 할지라도 종교적으로는 못나고 어리석어 생각이 어둡기 때문이다. 참 빛이 되시는 하나님을 소유하지 못한 자들이 종교 면에서는 어두울 수밖에 없다고 한다.[11]

팀 켈러는 우상에 대하여 하나님이 아닌 다른 것이 행복과 삶의 의미, 정체성의 근원이 된다면 그것이 바로 우상이다. 성서에서 말하는 우상 숭배는 극히 복잡한 개념으로 지적 범주와 심리적 범주, 사회적 범주, 문화적 범주, 정신적 범주를 모두 통합한 것이라고 한다.[12]

카일 아이들먼(Kyle Idleman)은 우상의 변신에 대하여 말하기를 이 시대에 우리가 섬기는 다양한 신들의 종류가 옛사람들이 섬기던 신들의 종류보다 훨씬 더 많다고 주장하였다.[13] 그는 우상에 대하여 문제는 어떤 것이 우리의 삶에서 하나님의 자리를 차지하는 순간, 오히려 그 자체로 목적이 된다는 점에서 우상이 된다. 어떤 사람이나 어떤 것이 우리 삶에서 섬김과 예배를 받으시는 주 하나님의 자리를 대신할 때, 당연한 결과로 그 사람이나 그것이 우리의 신이 된다고 하였다.[14]

또한, 톰 라이트는 예수님은 나사렛 예수가 아니라고 그분의 이름을 빼앗는 것, 동시에 예수께서 십자가에 달려 죽으시고 장사지낸 바 되었다가 부활하신 예수님이 세상의 주님이라는 선언 외에 다른 것을 기초로 하여 정의와 평화를 위해 일하는 것은 우상 숭배라고 하였다.[15]

우상 숭배에 대한 정의로 그레고리 K. 비일은 마틴 루터가 정의한 당신의 마음이 매달리고 의지하는 것이 무엇이든지, 바로 그것이 당신의 하나님이다. 오직 마음의 신뢰와 믿음이 하나님도 만들고 우상도 만든다고 한 것에 덧붙여 궁극적인 안전을 위해 당신의 마음이 매달리고 의지하는 것이 무엇이든지라고 정의하였다.[16]

존 찰스 라일은 우상 숭배는 삼위 하나님께만 합당하고 그분께만 돌려야 할 영광을, 하나님이 지으신 피조물이나 그 피조물이 만들어 낸 것들에 돌리는 것이라고 하였다.[17]

이와 같은 우상 숭배에 대한 신학자들의 공통적인 견해는 하나님 외에 다른 것들을 하나님처럼 주인 삼고 의지하며 살아간다는 것으로 이해할 수 있다. 이렇게 우상 숭배에 대한 여러 견해가 있지만, 요약한다면, 우상 숭배는 하나님 외에 다른 것을 운명의 주인으로 마음에 주인 삼고, 그것이 보이는 것이든 보이지 않는 것이든 하나님을 대신한 것을 행복의 목적으로 살아가는 것이라고 할 수 있을 것이다.

제5장

우상에 대하여 기독교인은 어떻게 반응할 것인가?

신사참배는 우상에 대한 경배였다. 이 우상에게 절하라고 강요한 것은 천황이라는 우상을 숭배하는 일제의 권력자들이었다. 조선을 식민지 삼고, 조선인을 천황의 신하와 백성으로 만들어 천황에게 목숨을 바쳐 충성하는 노예로 삼고자 했다. 이것이 우상인 천황에게 절하라고 강요한 목적이었다. 이러한 강요를 당한 조선인과 조선 기독교인들이 그 당시에 어떻게 반응했는지 살펴보는 것은 역사에서 배우는 것이다. 그 당시에도 천황에게 복종도 하고, 하나님께 예배도 드리는 행위를 했다.

그것은 오늘날에도 다양한 우상의 형태와 권력자 우상에게 복종하고, 하나님을 배신하는 행위를 하면서도 형식적으로는 하나님을 섬기는 모습을 하는 것을 볼 수 있다. 신사참배 강요 때와 비교할 수 있는 한 가지 사례로 코로나 정치 방역이 있었다. 이것에 저항하여 교회당 폐쇄를 당하면서도 예배를 드리는 교회가 있었다. 반면 이것을 알아서 복종하여 예배가 아닌 비대면 예배를 드리는 교회로 갈라졌다.

그 결과가 어떠한 후유증을 남기고 있는지는 우리가 현재 경험하고 있다. 기독교인은 권력자 우상 또는 우상에 대하여 어떻게 반응하며 기독교인답게 살아가야 할까. 이것이 기독교인의 길이라고 하는 분명한 실천적 행위가 있어야 한다.

1. 우상 숭배와 기독교인 정체성의 상관관계에 대하여

우상 숭배는 자기를 위하여 하나님이 아닌 것을 주인 삼고 따라가지만, 기독교는 하나님을 주인 삼고 따라간다. 기독교인 안에 두 가지 우상이 존재한다. 하나님과 우상을 겸하여 따라가는 것이다. 우상 숭배를 하는 자들이 이방인들도 있지만, 기독교인 중에도 있다. 기독교인 정체성의 혼란은 교회도 중요하고 세상도 중요하게 여겨 양쪽을 겸하여 섬기는 것으로 나타난다.

우상 숭배와 하나님을 경배하는 두 사이에서 갈등하는 사람들, 그들도 기독교인이겠지만 하나님을 기쁘시게 하는 기독교인라고는 할 수 없을 것이다. 그러나 베드로의 경우처럼 일시적으로 예수님을 세 번이나 부인하는 행위를 하다가 돌아올 수도 있다. 기독교인이라는 정체성이 약하면 강하게 끌리는 대로 끌려가서 하나님도 섬기고, 우상도 섬기는 것이다.

이러한 것에 대하여 바울은 우상 숭배의 결과는 멸망이라는 경고로 교훈을 하였다. 우상 숭배한 자들이 다수이고 그들의 멸망을 주의하여 보고 악을 즐기는 우상 숭배의 길로 가지 말 것을 계속 권고하는 것이다(고전 10:5-6).[1]

또한, 바울은 우상 숭배의 결과가 멸망이라는 경고로만 끝내지 않았다. 그것으로부터 돌아서서 기독교인이 어떻게 우상 숭배에 빠지지 않을 것인지에 대한 해결 방안을 제시하였다.

첫째, 권고하는 것이다. 이것은 이전에 우상 숭배를 한 자들의 일에 대하여 설명함으로써 그들이 어떻게 되었는지 알려 주는 것이다. 그들이 우상 숭배를 한다고 하면서 먹고 마시며 일어나서 뛰놀았고, 방탕하게 악을 즐기다 멸망 받았는데 너도 그런 자들과 같이 되고 싶으냐고 진지하게 물어보는 것이다(고전 10:7).

둘째, 경고하는 것이다. 우상 숭배를 하던 자들이 음행하다가 이만 삼천 명이 죽었다. 그와 같은 자들이 주를 시험하다가 뱀에게 멸망하였다. 또 그들이 주를 원망하다가 멸망하였다. 그러한 자들과 같이 죽지 않으려면 우상 숭배의 음행과 시험과 원망하지 말아야 한다고 심각성을 단호하게 경고해야 한다(고전 10:8~10).

셋째, 설득하는 것이다. 권고와 경고뿐만 아니라 사랑하는 성도들을 향한 사랑의 호소이며, 이해를 받아들이도록 하는 것이다. 권고로 안 되는 것이 경고로 될 때가 있다. 때로는 경고도 듣지 않을 때가 있다. 그렇다고 우상 숭배하는 자들을 그냥 둘 수는 없었다. 그렇기에 바울은 우상 숭배하는 자들을 인내함으로 사랑 가운데 설득하였다. 우상 숭배하는 일을 피하는 것이 축복이다. 우상 숭배를 하는 것은 어리석음이고, 그것을 피하는 것이 지혜자라고 하였다. 할 수 있는 대로 자세히 있는 힘껏 이야기하여서 최종 선택은 너에게 달려 있으니 네 스스로 판단하기를 맡기는 것이다(고전 10:14-15).

2. 기독교인의 우상 숭배의 해결 방안은 어떤 것인가?

기독교인에게 우상 숭배가 들어오는 것은 하나님을 확고하게 자신의 주인으로 삼지 못한 데서 온다. 주님이 자신의 주인이라는 것뿐만 아니라 이 일이 주님을 위한 것이라는 분별력이 부족할 때 생기는 현상이다. 즉, 우상 숭배를 하게 되는 것은 하나님과의 관계가 소홀하게 되어 하나님의 말씀에 불순종하는 것을 가볍게 여기고 자신을 위한 유익한 선택이라고 마음에 결정하는 데서 비롯하게 된다.

무엇보다 기독교인이 우상 숭배에 빠지지 않으려면 예수 그리스도가 구주 되심을 항상 고백하여야 한다. 그리고 고백의 실천이 동시에 이루어지도록 내적으로 자신과 싸워 이겨야 한다. 예수와 자신과의 관계도 주님이 되고, 일과의 관계에서도 일하게 하시는 분이 주님이 되도록 하는 것이다. 즉, 기독교인이 된 것과 기독교인으로 살아가는 것은 또 다른 차원으로 보아야 한다. 신분은 기독교인인데 행동은 기독교인답지 못한 것이 삶의 다양한 문제에 부딪혔을 때 흔들리는 것이다.[2] 곧 신분은 기독교인인데(정체성의 바름) 행위는 기독교인이 아닌(정체성의 다름) 것이다. 이 문제를 어떻게 해결할 것인지를 두 가지 면에서 살펴보고자 한다.

첫째, 예수님에 대한 지식을 신앙적으로 확신을 하게 하는 것이다. 예수님을 '주님'이라고 부르는 것에 대한 지식에 대한 견고한 확신이다. 바울은 예수님께 하나님의 칭호를 부여했고, 하나님께 드릴 예배를 예수님께 드릴 것을 요구했다.

이에 대하여 성공회 사제이면서 기독교 복음주의 운동의 거장인 존

스토트가 그의 저서 『현대를 사는 그리스도인』에서 잘 설명해 주고 있다. 정말로 놀라운 것은 예수님을 따르는 사람들이-적어도 유대 사회에서는 '호 퀴리오스'라는 말이 우주의 창조주이시며 이스라엘의 언약의 하나님이신 야훼를 뜻하는 전통적인 칭호라는 것을 알면서도-아무런 주저 없이 그 똑같은 칭호를 예수님께 적용했고, 또 그렇게 하는 것에 대해 아무런 이상함을 느끼지 못했다는 것이다. 그것은 '예수님은 하나님이시다'라고 말하는 것과도 같은 것이다.[3]

이처럼 예수님은 하나님이시기에 바울은 하나님께 드릴 예배를 예수님께 드릴 것을 요구했다. 그분이 주님이기에 그분께 무릎을 꿇는 것이 예배이다. 바울은 은혜의 근원이며 간구의 대상으로 하나님 우리 아버지와 우리 주 예수 그리스도를 연결한다. 히브리서 1장 6절에서 하나님의 모든 천사는 그에게(예수님께) 경배할지어다로 귀결된다. 만일 예수 그리스도가 하나님이 아니라면 예수 그리스도에 대한 경배는 우상 숭배이다.[4]

둘째, 예수님께 철저히 복종하도록 하는 것이다. 예수님은 주님이시다는 신앙고백의 확신은 철저한 복종을 요구한다. 하나님을 아는 지식의 권위 아래 복종하는 것으로 나의 멍에를 메고 내게 배울 것을 말씀하였다(마 11:29). 현대 기독교인들이 현대 세계의 다양한 조류들의 도전을 받고 있다. 이러한 것은 예수님과 다른 견해를 가진 것이다. 그러면 다른 다양한 풍속과 이론들이 난무하는 세계 속에서 예수님과 같은 견해를 가진 사람으로 사는 것이 기독교인이다. 이런 기독교인으로 사는 길은 이 세계 속(학문적, 도덕적, 사회적, 정치적 등)에서, 즉 여러 민족과 여러 나라의 계획이 펼쳐지지 못하게 하고, 그들의 사상을 무효하게 하며, 예수님과 같은 사상을 수용하게 하여 하나님의 말씀에 철저한 헌신으로 복종하게 하는 것이다(시 33:10).

예수님은 주님이며 하나님이시다. 예수님이 사람의 모양으로 나타나 더는 낮출 수 없는 낮음으로 십자가에 죽기까지 복종하셨던 것처럼 기독교인도 복종하는 것이다. 이 땅에 존재하는 모든 사람이 예수의 이름 앞에 모든 무릎을 꿇게 하고, 모든 입으로 예수 그리스도는 나의 주 나의 하나님입니다 하고 시인하게 하는 것이다. 이렇게 하게 하고자 순종할 때 하나님 아버지께 영광 돌리는 진실한 기독교인의 정체성을 가지고 살아갈 수 있다(빌 2:8-11).

신사참배를 강요할 때 그 우상은 하나님이 아니므로 거부한 것이다. 오직 경배를 받으실 분은 예수님 밖에 없다는 것은 불변의 진리였다. 일제가 예수냐 천황이냐를 강요했을 때 당연히 예수를 선택한 것이다. 예수를 선택하면 죽음이고, 천황을 선택하면 삶이었다. 침례교인은 예수를 위하여 영광스러운 죽음의 길을 택하였고, 천황을 위하여 사는 구차한 노예의 길(천황의 신민)이 되는 것을 거부하였다. 이것이 기독교인의 정체성이다.

제6장

기독교인에게 국가와 종교의 관계는 어떻게 해야 하는가?

교회와 국가, 국가와 교회의 관계는 오랫동안 논란이 되어온 것 중의 하나이다. 어느 한 쪽에 통제를 받아야 하는가, 아니면 서로 분리되어 간섭하지 말아야 하는가이다. 이 국교분리의 문제에 대한 두 경우로 소련과 미국를 실례로 들고자 한다.

1. 소련과 미국의 경우

먼저 소련의 경우로 미국의 목사이며 그의 소설 『레프트 비하인드』는 5천만부 이상 팔린 베스트셀러 작가이며 신학자인 팀 라헤이는 그의 저서 『도전하는 현대 무신론』에서 그가 소련을 방문했을 때의 경험을 기술해놓았다. 팀 라헤이가 모스크바에 갔을 때 안내원은 이렇게 자랑했다고 한다. 우리 소련도 미국처럼 교회와 정치를 분리한다는 원칙을 지키고 있습니다.[1] 그런데 이 때에 소련에서는 정부가 절대적이었으며 교회는 아무 관계도 없었다. 정부에 대한 교회의 영향력은 완전히 제로인 상태였다.

소련은 교회를 정부의 지배하에 두었고, 교회는 정부에 대하여 아무 것도 할 수 없었다. 즉, 정부가 교회에 대하여 일방적으로 절대 지배를 하는 상태였다고 한다. 소련은 공산주의 사회주의 국가이다.

그러나 미국의 경우는 소련과 반대 상황이다. 미국은 하나님을 떠나서 건립된 것이 아니다. 우리가 통용하는 돈에도 '우리는 하나님을 믿는다'라고 새겨져 있으며, 우리의 충성의 선서에도 우리가 '하나님 아래 한 국가'임을 강조하고 있다. 우리 대법원이나 상원, 하원의 개회식 때도 반드시 기도함으로 시작되게 된다. 이 나라는 성경을 기반으로 하여 세워졌다.[2] 즉, 미국은 기독교가 국가에 막대한 영향력을 가지고 있다는 것을 말해 주고 있다. 미국의 국가 종교는 아니지만 기독교가 국가에 선한 영향력을 끼치고 있다는 것이다. 미국은 자유민주주의 국가이다.

이와 같이 소련과 미국은 국교분리에 대하여 극명한 대조를 이루고 있다. 소련은 기독교와의 관계에서 정부가 절대적인 지배 상태이고, 미국은 기독교를 기반으로 하여 세워진 국가이다. 그러면 이 두 가지 경우 어떤 것이 국교분리에 대한 기독교인의 자세인지, 성경은 국교분리에 관해 어떤 원리를 말하는지 살펴볼 필요가 있다.

2. 구약 시대 이스라엘의 경우

먼저 구약 사무엘상에 나타난 교회와 국가의 관계이다. 교회와 국가와의 관계에 대하여 침례교 역사신학자인 남병두는 교회는 하나님의 이상으로 국가와 정부는 하나님이 허용하는 규범이나 제도로서 보고 있다.[3] 이에 대한 근거로 사무엘상 8장을 들고 있다.

이 본문에서 이스라엘이 왕을 요구하는 것은 하나님을 버리는 것으로 보고 있다. 하나님이 왕이신 신정(神政) 통치를 버리고 인간이 왕인 인정(人政) 통치를 요구한 것이다. 이것을 사무엘이나 하나님은 원하지 않았지만 백성의 간절한 요청에 의하여 하나님이 허락을 했다. 이후로 이스라엘 백성은 이스라엘 왕의 통치를 따르게 되었다. 하나님이 왕인 것을 거부하고 사람이 왕인 것을 만든 것이다. 이것은 하나님의 뜻이 아닌 다수 백성들의 요구였다. 그리하여 그들이 원하여 세운 왕에 의하여 불만이 있어 다시 하나님에게 부르짖을지라도 하나님은 듣지 않겠다고 경고를 하였음에도 불구하고 백성들은 사람을 왕으로 세워달라고 했고, 하나님은 그렇게 하라고 했다(삼상 8:5-22).

남병두는 그의 저서 『침례교회 특성 되돌아보기』에서 이스라엘 백성이 사무엘에게 왕을 세워달라고 하는 상황을 설명하고 있다. 이스라엘 백성은 사무엘에게 모든 나라와 같이 우리에게 왕을 세워 우리를 다스리게 해달라고 요청했다. 사무엘은 그것을 기뻐하지 않았고, 하나님께서도 부정적으로 반응하였지만 이스라엘 백성의 요구를 들어주셨다. 그렇지만 여기에 하나님의 경고가 따른다. 그 경고는 아주 엄중하다. 백성들은 왕이 요구하는 것들을 다 들어야한다. 그것은 군복무, 노역, 세금, 왕의 종, 왕으로 인해 고통을 당하고 부르짖게 될 것임을 경고하였음에도 불구하고 백성들은 왕 제도를 원하였고, 하나님은 그 상황을 인정하고 받아들이셨다고 했다.[4]

이스라엘이란 국가의 왕은 이와 같은 상황에서 발생한 것이다. 즉, 국가는 하나님의 뜻은 아니지만 인간에 의해 세워진 국가를 하나님이 용납한다는 측면으로 보아야 한다. 이러한 국가 체제 속에서 기독교인들은 국가가 요구하는 것을 어떻게 받아들여야 할지를 보여 준다. 남병두는 교회와 국가의 관계에 대하여 구약의 나라 이스라엘은 그 시대에 하나님이 허용한 규범이었지만, 하나님의 궁극적인 뜻과 이상은 예수 그리스도를 통해 계시되었고, 그리스도는 그 하나님의 뜻과 이상을 실현하기 위해 교회를 세웠다. 이 교회는 나라 이스라엘의 방식, 즉 국가나 정부 체제의 방식이 아니라 철저하게 그리스도의 복음의 방식을 통해서 이 지상에서부터 이미 선포된 하나님의 나라를 이루는 대안적 체제이다.[5]

이와 같은 점에서 보면 교회는 하나님이 원하시는 것이고, 국가는 인간이 원하는 것임을 알 수 있다. 교회는 하나님의 뜻을 이루는 공동체이고, 국가는 인간의 뜻을 이루는 체제라고 볼 수 있다.

3. 신약 시대 바울과 베드로의 경우: 국가의 권세는 상대적

바울 서신에 나타난 교회와 국가의 관계는 로마서 13장 1절로부터 7절이 잘 나타내주고 있다. 이 부분으로 말미암아 목사이자 신학자인 신성종은 그의 저서 『신약신학』에서 식민지 조선인은 일제의 신사참배 강요가 국민의 당연한 의무라는 변명의 구실을 제공해 주기도 했다고 한다.[6] 여기서 말씀하는 '위에 있는 권세들'이란 모든 통치하는 위치에 있는 사람들을 모두 가리킨다. 그런데 이 권세가 하나님께로부터 나온 것이며 하나님이 정하신 것이라고 선언했다(롬 13:1-2). 이것은 인간의 권세이다. 즉, 하나님이 어쩔 수 없이 허용하신 인간의 권세이며 상대적인 권세이다.[7] 국가의 권세는 하나님의 권세와 동일한 것이 아니다. 국가의 권세는 하나님께로부터 파생된 것이기에 국가에 부여된 국가의 기능에 제한되어야 한다. 그 기능 안에서 권세를 사용해야 한다.

마찬가지로 교회의 권세도 국가의 권세와 같이 상대적이다. 교회도 하나님이 허락하신 조건적인 기능 안에서 권세를 사용해야 한다. 그러므로 교회와 국가는 어느 쪽도 지배자가 되어서는 안 된다. 교회와 국가는 서로 다른 영역과 다른 기능을 갖고 있다.[8] 국가가 세금을 내라고 했을 때 그 세금은 국가의 영역이며 세금을 바치는 것이 복종이다. 그러나 세금을 바치지 않으면 법적인 강제 구속력으로 집행을 당한다.

이러한 법적 강제 구속력이라는 측면에서 신사참배 강요 문제를 살펴보면 일제강점기 당시는 일제라는 국가가 기독교를 완전히 말살하려고 했다. 기독교의 본질인 하나님을 경배하지 못하게 하고, 천황을 하나님 자리에 앉히고 섬기라고 강요한 것이었다. 즉, 국가의 권세는 국가적인 기능의 영역 안에서 복종하게 하는 것이어야 한다. 그 기능의 영역을 넘어선 종교적인 강요의 요구는 복종할 수 없는 것이다. 그럼에도 불구하고 국가가 그것을 계속 강요할 때는 거부할 수 밖에 없다.[9]

국가의 기능은 무질서를 질서 있게 행하기 위한 억제의 책임이 있다. 다스리는 자들, 즉 위에 있는 권세가들은 악한 일을 하는 자들에게는 두려움의 대상이다. 이들은 악한 일로 무법하게 질서를 해치는 자들을 제어하는 역할을 한다(롬 13:3). 또 국가의 기능은 선한 일에 힘쓰도록 권하고 북돋아 주는 것이다. 이 일은 악한 일을 억제하는 기능과 연관되어 있다. 선한 일을 도모하는데 악한 일로 속이는 일에 대하여는 국가가 개입 할 수밖에 없다.

국가의 권세에 대하여 로마서 13장 4절에서는 국가가 무기의 상징인 "칼"(공권력)을 가지고 있는 것은 악한 사람을 제어하고 선한 사람을 지키기 위함이다(롬 13:4). 이 '칼'이라는 무기는 선한 사람에게는 두려움이 없지만 악을 행하는 자에게는 두려움의 상징이다. 이것은 정권의 무기로 사람을 죽일 수도 살릴 수도 있다. 이 권력은 악인에게 두려움의 대상이 되도록 하는 것이다. 그렇지 않고 정권을 연장하기 위하여 반대하는 이나 의로운 사람들을 탄압하는데 사용해서는 안 된다. 그런데 기독교인들은 이런 국가의 권세에 대한 두려움 때문에 복종하는 것이 아니라 신앙 양심을 따라 순종해야 하는 것이다(롬 13:4-5).

그리고 국가의 기능은 국정운영에 필요한 세금을 요구하는 기능이다. 국민들에게 조세(국세와 지방세)와 관세(수출세와 수입세)를 요구할 때 바쳐야 한다. 이러한 국가의 기능을 잘하는 관리들을 기독교인들은 존경해야 하는 것이다(롬 13:6-7).

기독교인과 국가는 분리가 될 수 없다. 기독교인은 그 국가의 국민이다. 동시에 하나님 나라의 국민이다. 기독교인은 이중국적자이다. 기독교인으로서 하나님의 법도 따라야 하고, 국가의 법도 따라야 한다. 위의 로마서 13장 1절로부터 7절에서 국가의 기능에 기독교인들이 잘 따른다 할지라도 교회와 국가 간의 충돌이 있을 수 있다. 그것은 교회나 국가나 본질적 기능의 한계를 이탈하여 서로의 영역을 침범하였을 경우이다.

베드로서신에 나타난 교회와 국가와의 관계에 대하여 기독교인은 인간에 세운 모든 제도를 순종하라고 하였다. 그것은 그 국가 통치자들을 위하여가 아닌 주님을 위하여 하라고 하였다. 일차적인 순종은 주님을 위하여 하는 것이고, 이차적인 순종으로 국가 통치자들에게 하는 것이다. 국가의 제도는 악행하는 자를 징벌하는 것이고, 선행하는 자는 포상하기 위하여 있는 것이다(벧전 2:13-14).

국가의 통치자들은 하나님으로부터 파생된 제한적인 기능과 책임을 부여받았다. 그 일을 잘하는 통치자와 순종하는 국민 사이에는 포상과 칭찬이라는 상관관계가 따른다. 베드로전서 4장 12절로부터 16절은 독일의 나치 정권과 같이 로마 네로 황제의 악독한 정권하에서 쓰인 것이다. 베드로는 이 극한 박해를 하는 국가의 교회에 대한 탄압에 대하여 기독교인의 행동지침은 정치적인 혁명운동이 아닌 고난에 참여하고, 순교하는 것을 택하였다.

교회와 국가의 한계가 잘 지켜질 때는 문제가 없지만 그 한계를 서로 벗어났을 때 기독교인은 어떻게 해야 하는가. 일제강점기시 신사참배 강요와 같이 비성경적인 종교행위를 강요한다면 기독교인들은 어떻게 대응해야 하는가이다. 이에 대하여 베드로와 요한이 경험한 사건이 교훈이 된다는 것을 유념할 필요가 있다. 그들은 관리들이 예수의 이름으로 말하지도 말고 가르치지도 말라고 하였지만 당당하게 대답했다. 우리는 하나님의 말씀을 따라 보고 들은 것을 말할 것이다. 이렇게 대답하는 두 사람을 처벌하지는 못하고 위협하고 놓아주었다(행 4:18-21). 기독교인에게 '위에 있는 권세자들'이 기독교의 본질을 침범하였을 경우 베드로와 사도들이 그 권세자들에 대답한 것처럼 우리에게도 적용이 될 수 있다. 즉, 국가가 교회의 본질을 억압할 때 국가에 순종하는 것보다

하나님께 순종한다고 선언하는 것이다(행 5:27-29).[10]

4. 요한계시록의 요한의 경우: 하나님을 모독했을 때

요한계시록에 나타난 교회와 국가와의 관계는 국가가 교회와 하나님을 모독했을 때이다. 그때는 국가를 짐승으로 표현하며, 사단적 존재로 단정했다. 이 구절은 초대교회시기에 황제 예배를 강요당하고, 하나님의 자리를 강제로 빼앗던 상황에서 기록된 것이다. 국가의 통치자와 관리들이 하나님의 이름과 성도들의 모임인 교회를 비방하고, 기독교를 혐오하는 발언을 하는 것이다. 또 권세를 가지고 통치하는 국민들을 공권력의 힘으로 성도들을 압제할 때이다. 이러한 때 통치 권력 아래 사는 국민들은 선택할 여지가 좁을 수 밖에 없다.

국가에 경배하든지 체포되고 구금이 되든지 죽임을 당하든지 하는 것이다. 이러한 상황에서 성도들은 그 시기를 인내하고 믿음을 지켜야 한다(계 13:6-10). 요한은 국가가 황제 숭배를 강요하고, 하나님을 모독하는 행위를 하고, 성도들이 칼에 죽는다 해도 정치적 반항의 혁명을 주장하지 않았다. 오히려 성도들의 인내와 믿음을 말하였다. 이것은 일제의 신사참배 강요, 즉 천황 숭배 강요는 요한 서신이 쓰여진 그때 황제 숭배 강요와 유사하다고 볼 수 있다.

5. 기독교인의 국교분리에 대한 행동지침: 구소련, 영국, 미국의 경우

국교분리에 대하여 구소련[러시아]과 미국의 경우는 아주 대조적이다. 구소련[러시아]은 이하 구소련이라 부르기로 한다. 세계의 어느 나라든 두 나라의 경우에 속하여 있다고 볼 수 있다. 국가가 종교를 통제하거나 종교가 국가에 영향을 미치거나 한다. 구소련에 속하여 있는 기독교인이든 미국에 속하여 있는 기독교인이든 어떤 행동을 하여야 한다. 이것은 기독교인이 세상의 소금 역할과 빛의 역할을 하여야 할 것을 의미한다(마 5:13-16). 기독교인이 그 역할을 하지 못하면 밖에 버리워지고 사람에게 밟힐 뿐이며, 하나님께 영광을 돌리지 못하게 된다. 그러면 어떻게 기독교인으로서 소금과 빛의 역할을 할 수 있을까. 이것은 실천적 행위의 문제이다.

첫째, 교회와 국가 간의 일반적 관계인 상호작용에서 기독교인은 반드시 교회의 것은 교회에게, 국가의 것은 국가에게로 하는 법질서와 윤리지침을 따라야 한다. 이것은 가이사의 것은 가이사에게, 하나님의 것은 하나님께 바치라는 것과 동일한 선상에 있는 것이다(마 22:21; 막 12:17; 눅 20:25).

기독교가 국가와의 상호작용이 아닌 국가의 일방적인 지침에 따랐을 경우이다. 이것이 구소련의 기독교가 선택한 길이었다. 그들은 국가와의 관계에서 아무런 행동을 하지 않고 침묵을 택했을 뿐만 아니라 교회를 파괴하는 권력자를 지지하는 쪽으로 도왔다. 그럼으로 말미암아 교회는 그 기능을 잃어버렸다. 이에 대하여 프랑스의 소설가 비평가이며 노벨문학상 수상자인 앙드레 지드는 그의 저서『소련방문기』에서 국가가 기독교를 탄압함에도 소련에 있는 교회들은 침묵했다. 공산주의 마르크스주의자들이 기독교를 부정하는 것은 당연하였고, 교회 자체가 오히려 그리스도의 가르침을 배반하고 권력자의 악의적인 속임, 거짓 행위를 도왔다. 기독교인들은 정부에 대한 어떤 비판적인 일을 전혀 하려 들지 않았다고 하였다.[11]

그리하여 교회는 공산주의 통제하에 들어가고 말았다. 이에 대하여 소련의 소설가 역사가 극작가로 노벨문학상 수상자인 알렉산드르 이사예비치 솔제니친은 1993년에 "공산주의는 아직도 소련에서 죽지 않았다"고 경고했다.[12] 소련에서 기독교인들의 생활 리지침은 죽은 것이나 마찬가지였다. 그러한 결과로 소련은 공산주의 국가 체제가 되었고, 기독교인들은 공산주의에 밟히고 말았다. 더 이상 기독교는 공산주의 국가에 존재할 수 없게 되었다.

둘째, 교회와 국가 간의 원리적 상호적인 관계에서 기독교인은 국가가 하나님의 교회에 대하여 악독하게 하지 않는 이상 국가에 복종을 해야 한다. 국가의 공권력있는 관리들은 국민들의 선한 일에 대하여는 두려움의 대상이 아니다. 국민들이 악한 일을 했을 때 두려움의 대상이 된다. 오히려 국민들이 선한 일을 행하면 그들로부터 칭찬을 받는다(롬 13:3). 이것은 기본적인 논리이다. 누구나 찬성할 수 있는 말이다. 그런데 이 기본적인 논리가 통하지 않는 경우가 있었다. 이에 대한 것으로 미국의 경우이다.

17세기 초 영국 청교도에서 종교탄압을 피해 신앙의 자유를 찾아 신대륙 미국에 도착한 사람들이 있었다. 이들이 도착한 자유의 땅 미국에서 영국 식민지 당국은 종교적 관용을 베풀지 않았다. 그래서 또 종교적 억압을 받는 모순적인 상황에 처하게 되었다.

이들 중에 한 사람인 청교도 목사이자 신학자인 로저 윌리엄스는[13] 이에 대해 "만인을 위한 종교의 자유"를 부르짖으며 정치적 지배 체제, 종교적 지배 체제와 투쟁하였다. 그는 신앙의 문제에 있어서 세속 정부는 결코 어느 쪽 편을 들거나 개입해서도 안 된다고 주장을 하였다. 그의 만인을 위한 양심의 자유를 위한 부르짖음과 정교 분리를 주장한 선구자적인 역할은 오늘날 종교 자유를 위한 미국 침례교의 국가에 대한 투쟁을 위한 기반이 되었다.[14]

이와 같이 미국의 경우에 기독교인은 국가로부터 종교적 억압, 양심의 자유를 억압 받을 때 투쟁해야 함을 보여 준 것이다. 너희는 세상의 소금이다. 너희는 세상의 빛이라는 것은 세상 속에서 억압을 받을 때 자유를 위한 법정 투쟁을 해서 쟁취해야 한다는 것을 보여 주고 있다. 이러한 결과로 미국은 자유 민주주의 국가 체제가 되었고, 기독교인들은 자유롭게 복음을 전할 수 있게 되었다. 더 이상 기독교는 정치적 지배 체제, 종교적 지배 체제에 억압받지 않는 자유를 누리게 되었다.

셋째, 교회와 국가 간에 국가가 하나님의 자리를 차지하는 적그리스도적 국가주의일 경우(계 13:6-10)에 기독교인은 국가 권세자들보다 하나님에게 우선적으로 순종해야 한다(행 5:29). 소련의 경우는 공산주의에 대하여 교회가 침묵하고, 동조함으로 교회의 존재는 사라지고 말았다. 기독교인들이 그 역할을 하지 못한 것이다. 미국의 경우는 자유주의 국가였다 할지라도 종교적 억압이 있을 때 투쟁을 함으로써 국가로부터 종교의 자유를 지킬 수 있었다.

교회와 국가의 분리 원칙에 대하여 남병두는 말하길, 교회와 국가의 분리 원칙은 교회가 정치적 권력을 이용하여 복음을 확장하려는 모든 시도를 중단해야 한다는 것과 국가가 교회를 정치적 파트너로 이해한다든지, 개인의 양심과 신앙의 문제에 간섭해서는 안 된다는 것을 의미한다. 교회는 세상에서의 복음 선포 사역에 있어서 어떤 경우에도 정치적 힘에 의존해서는 안 된다. 그러나 이것은 과거에 교회가 정치 권력과 연합하고 그 세속 권력의 힘을 사용하여 복음의 영역을 확장하거나 교회의 사회적 기득권을 지키려고 했던 것을 반대하는 것이지 교회가 처한 정치적, 사회적 현실을 외면하라는 것이 아니다라고 하면서 사실상 사회 참여와 교회를 지키기 위한 투쟁을 동의하는 것이라고 볼 수 있다.[15]

기독교인들은 교회와 국가 간의 관계에서 순종과 복종의 원리를 따르며, 국가가 교회를 박해할 때는 국가보다 하나님께 순종해야만 한다. 교회는 국가의 일에 무조건 반대하는 입장에 서서도 안 되고, 국가의 일에 무조건 찬성하는 입장에 서서도 안 되며, 교회는 교회가 되어야 한다.[16] 교회는 교회의 본질인 하나님의 말씀에 순종하는 입장에 서야 한다. 이렇게 함으로써 교회는 하나님의 지상명령인 복음 전파를 통하여 교회는 국가의 소금과 빛이 될 수 있다.

제7장

국가 종교인 신사참배 강요 어떻게 이해해야 하는가?

일제의 신사참배 강요는 천황과 그 조상의 영들에게 경배하라는 것이었다. 이것은 우상이었으며, 국가가 기독교의 본질을 변질시키는 억압 정책이었다. 이와 같은 구체적인 사건이 구약성경에도 나타나고 있다.

1. 느부갓네살 왕의 종교탄압: 왕의 명령 거부

다니엘서 3장 1절로부터 5절에서, 바벨론 왕 느부갓네살이 금 신상을 만들어 온 백성과 나라들에게 절하라고 하였다. 누구든지 엎드려 사람의 손으로 만든 우상, 금 신상 앞에 절하지 아니하고 거부하면 그 즉시 맹렬히 타는 풀무불(금속을 녹여 제련하는 용광로)에 던져 넣어 화장하라고 명령을 하였다(단 3:6). 모든 백성이 이 명령으로 인하여 우상, 금 신상 앞에 절하였지만 사드락과 메삭과 아벳느고는 왕이 세운 우상, 금 신상 앞에 절하지 아니하였다(단 3:12-15). 뿐만 아니라 이 세 사람은 느부갓네살 왕과 어떤 타협도 하지 않았다(단 3:16).

또한, 왕에게 왕이여! 우리가 섬기는 하나님이 계시다면 우리를 맹렬히 타는 풀무불 가운데에서 능히 건져내시겠고, 왕의 손에서도 건져내시리이다. 그렇게 하지 아니하실지라도 왕이여, 우리가 왕의 신들을 섬기지도 아니하고 왕이 세우신 금 신상에게 절하지도 아니할 줄을 아옵소서 하고 대답을 하였다(단 3:17-18). 그리하여 그들은 풀무불에 던져 넣어지고, 사자 굴에 던져 넣어졌을지라도 하나님께 경배하며 하나님의 말씀을 준행하였다(단 6:16).

이것은 정치적으로 신앙을 말살시켜 오직 우상 숭배하는 백성들만을 자기 백성으로 삼겠다는 통치자의 정책이었다. 이러한 종교탄압에 순종이냐 죽음이냐 두 가지 선택밖에 없었다. 타협은 순종하겠다는 변절이나 마찬가지이니 타협도 거부했다. 하나님을 섬기는 자는 이 우상 숭배를 거부하고 죽음의 길을 선택했다. 이것이 하나님을 섬기는 자의 길이다.

2. 다리오 왕의 종교탄압: 한시적인 종교탄압법 거부

다니엘서 6장에서는 바벨론 왕 다리오가 전국의 백성들에게 자신을 숭배하라는 명령을 내렸다. 이것은 백성들에게 자신을 스스로 신(神)으로 높이고 숭배하라는 우상 숭배를 강요였다. 이것을 시행하게 된 것은 왕이 총리 셋을 세웠는데 그중에서 다니엘이 뛰어났다. 또한, 왕에게 충성스러워 왕에게 손해를 끼치지 않고 정직하여 왕으로부터 신뢰를 받았다. 이에 왕이 다니엘을 세워 전국을 다스리는 권세를 맡기고자 했다.

이것을 못마땅하게 여긴 두 총리와 고관들이 힘을 합쳐 못하게 하려고 약점을 찾았지만 국사(國事)에서는 고발할 것을 찾지 못하였다. 그리하여 그들이 찾아낸 것이 종교적인 문제를 가지고 나왔다.

개인적인 종교의 문제를 국가적인 종교 정책으로 만든 것이다. 고관대작들이 시기하는 총리 다니엘의 흠을 잡을 수 있는 덫을 입법 정책으로 밀어붙인 것이었다. 오직 하나님만을 섬기는 다니엘을 죽이기 위하여 시기하는 신하들이 법을 제정한 국가적인 정책이었다. 신하들은 왕에게 법을 제정하기 원했고, 왕은 이 법을 승인했다. 그리고 신하들은 왕에게 법을 제정하였으니 이제부터 삼십일 동안에 누구든지 왕 외의 어떤 신에게나 사람에게 무엇을 구하면 사자 굴에 던져 넣기로 한 것이라고 보고하였다. 더하여 왕에게 금령을 세우고 전국에 알려 다시 고치지 못하게 요구하였고, 다리오 왕이 그대로 승인하고 금령을 내었다(단 6:7-9). 이 우상 숭배 강요법은 하나님만을 섬기는 다니엘을 제거하기 위한 다니엘을 위한 특별법으로 한시적인 종교탄압법이었다.

다니엘은 이와 같이 우상 숭배가 강요되는 극한의 상황에서도 평상시 습관대로 하였다. 이미 그러한 법이 제정되는 과정과 제정된 것을 알고도 자기 집에서 윗방에 올라가 창문을 열고 평상시 하던대로 하루 세 번씩 무릎을 꿇고 기도하며 자신이 섬기는 하나님께 감사하는 신앙생활을 하였다(단 6:10). 외부적인 종교탄압이 시행이 되고 있음을 알고도 자신의 신앙생활에는 변함이 없었다. 어떠한 결과가 초래될지 알면서도 자신의 신앙을 바꾸지 않았다.

3. 일제 천황의 종교탄압: 천황의 신민이 되길 강요

일제의 신사참배는 우상 숭배 강요를 통하여 조선인를 일본인화하고 탄압하기 위한 종교 정책이었다. 이렇게 함으로 일제는 식민지 조선 통치를 정당화시키고 조선인을 일본의 황국신민으로 만들려는 계획에서 시작되었다. 이 강요가 본격적으로 시행된 것은 1931년 이후이지만 그 준비 작업은 일제의 조선 식민 통치 역사의 시작부터였다. 일제가 한국을 침략하는 과정에서 신사참배를 강요함으로써 '천황제 이데올로기'를 정치원리로 확립하고, 궁극적으로 조선 민족을 일본인화시키겠다는 발상이었다.

일제는 신사야말로 조선 민족 모두를 '법적으로나 심리적으로 표준화된 일본 제국의 신민(臣民)으로 만드는 가장 강력한 도구'로 판단하였다.[1] 따라서 신사는 천황의 명령에 따라 조선을 통치하던 조선총독부가 조선 사람을 일본 제국의 신민으로 개종시키려는 강제적인 수단이 되었다. 또한 신사참배 강요를 통해 기독교인들이 유일하신 하나님을 배반하고 천황의 신민이 되길 강요하였다.

4. 신사참배에 대한 기독교계의 두 가지 견해: 국민의식과 우상 숭배

이러한 일제의 신사참배 강요에 대한 견해는 크게 두 가지로 나눠진다. 신사참배가 단순한 국민의식이라는 견해와 신사참배가 우상 숭배라는 견해이다. 일제는 기독교 지도자들에 대하여 신사참배는 국민의식에 불과하니 따르라고 거짓으로 강요하였다.

1935년 평양숭실전문학교장인 맥큔 박사(윤산온)와 숭의여자전문학교장인 스누우크 양이 평양의 선교사 실행위원회와 이 문제를 토의하였고, 신사참배를 우상 숭배라고 결의한 뒤, 그것에 대해 거부하기로 결정했다. 장로교 측은 이 신사참배 문제에 대하여 직접 총독부 학무국과 교섭하기로 결정한 뒤 여러 가지 방법으로 노력하였다.

그때 총독부의 외사과에 근무하고 있었던 일본인 기독교인 오다씨가 총독부의 대표격으로 교회 지도자들을 찾아왔다. 그는 총독부가 요구하는 신사참배는 애국적인 행동인데, 왜 거절하는가 하고 질문하였다.[2] 그 질문에 대하여 장로교 측에서는 만일 총독부가 신사에는 영(靈)이 없고, 그 신사를 참배하는 것이 다만 애국적인 행동일 뿐이라는 성명서를 낸다면 우리는 참배할 것이라고 대답하였다.

그러나 오다 씨는 '영은 있다'고 대답했다.[3] 그의 입을 통해서 전달된 이러한 답변은 신사참배를 하는 것이 단순한 애국적 행위가 아닌 우상 숭배임을 밝혀준 셈이었다. 신사는 영과 천황을 숭배하는 행위를 하는 것이었다. 그렇기때문에 유일하신 하나님을 믿는 기독교인에게는 신사참배를 하는 것이 하나님의 계명을 범하는 죄가 되는 것이므로 절대로 참배할 수 없다는 입장이었다.[4]

5. 신사참배에 대한 사회의 상황: 동아일보의 우상 숭배 기사

이와 관련하여 신사참배 문제가 기독교계의 중심으로 등장하기 이전에도 몇 가지 사건들이 있었다. 그중 하나가 동아일보의 삼신기(三神器) 모독 사건이다. 동아일보는 1920년 9월 25일자 사설에서 "제사문제를 재론하노라(2)-조선기념(祖先紀念)과 우상 숭배의 별(別)"-이라는 제목으로 천황의 상징인 세 가지 신기(神器)에 대하여 논평하였다.

우상 숭배란 무엇인가를 명백히 할 필요가 있다. 우상 숭배의 제일 현저한 특징은 목조로 모양을 만들고 얼굴에 분칠을, 전신에 금칠을 하여 이것에 신(神)이 있고, 영(靈)이 있다 하여, 이를 숭배할 뿐 아니라 때로는 이에 대하여 강복(降福)을 기도함이니 이는 확실히 우상 숭배라 할 것이다. 설혹 인신(人身)을 모작한 우상은 아닐지라도 혹은 거울로 혹은 구슬로 혹은 칼로 기타 어떠한 것으로든지 모양을 만들어 어떠한 곳에 두고 신 (神)이 여기에 있다 하고, 혹 영(靈)이 여기에 있다 하여 이에 대하여 숭배하며 혹 기도함은 모두 우상 숭배라 할 것이다.[5] 언론에서 천황의 상징이 모셔져 있는 신사에 가서 절한다는 것은 우상 숭배라고 기사화한 것이다.

6. 신사참배 강요의 기독교 상황: 일제 편에 서다

이와 같은 상황에서 신사참배 강요는 날이 갈수록 심해지며 경찰의 압력과 박해로 인하여 신사참배가 우상 숭배라는 것이 분명함에도 한국 장로교 목사 중에는 마음이 약해지는 사람들이 점점 늘어나게 되었다.[6] 조선총독부는 전국의 경찰을 동원하여 장로교회의 신도들에게 온갖 방법을 써가면서 박해를 한층 더 격화시켜 나갔다. 이로 인하여 교회와 신자들이 갈팡질팡하였다.[7] 이런 장로교회의 상황을 이용하여 조선총독부는 각 사람의 성격과 약점을 잡아 수단과 방법을 가리지 않고 많은 신도가 교회를 이탈하여 일제의 편에 서게 하였다.[8]

일제의 강압은 진리를 거짓으로 바꾸는 국가적인 정책의 시행이었다. 신사참배는 우상 숭배가 분명한데도 이를 타협하고, 어쩔 수 없이, 하나님을 배반하는 일들이 나타나기 시작했다. 몸은 죽여도 영혼은 죽이지 못하는 자들을 두려워하지 말고, 오직 몸과 영혼을 지옥에 멸망하실 수 있는 하나님을 두려워하라는 말씀을 듣지 않고 몸을 죽이는 일제의 관리들을 두려워하는 자들이 많아졌다(마 10:28).

7. 신사참배의 본질 우상 숭배: 천황, 영웅, 우월자는 신으로 숭배

신사의 본질은 신도를 따르는 것에 있다. 일본에서 가장 많이 사용하고 있는 '가미'라는 말은 '나 자신보다 더 위대하고 힘 있는 존재'를 뜻하는 말로, 이러한 신에는 원시신과 자연신, 인간신이 있다.

일본에서 천황이나 영웅 또는 우월자는 신(神)으로 숭배되어 왔다. 이러한 종교적 문화에 따라 일본인들은 천황을 태양신의 직계자손이라고 믿고 경배를 드렸다. 또한, 신도는 피조물을 신격화한 것으로 미신이며 우상이라 할 수 있는 것으로, 신사에 참배하는 행위는 엄격히 성경의 십계명 중 제 1-3 계명을 위반하는 범죄가 되는 행위이다.[9] 이러한 것은 일본인들에게는 자연스러운 종교 문화적인 것이었을지라도 조선 기독교인들에게는 피조물을 신으로 경배하는 분명한 우상 숭배 행위였다.

8. 신사참배 강요와 침례교 종교의 자유 문제: 거룩한 전쟁

신사참배 강요는 일제가 우상 숭배를 국가적 차원에서 강요한 것으로 종교의 자유에 대한 일방적인 박해였다. 종교는 양심에 따라 개인이 스스로 결정하고 선택할 수 있어야 함에도 불구하고 일제의 통치종교 정책에 따라 신사참배는 강제적으로 시행되었다.

침례교는 역사적으로 신앙의 자유가 지속되어 왔다. 이에 대하여 남침례교 역사신학자인 월터 B. 셔든은 침례교인의 종교의 자유에 대하여, 카이사르가 그리스도가 아니듯이 그리스도도 카이사르가 될 수 없음을 주장하면서 종교의 자유, 종교를 위한 자유, 종교로부터의 자유가 침례교인들 안에 있다고 언급하였다.[10] 이러한 셔든의 확신은 일제강점기 신사참배 강요를 받았던 침례교를 통하여 확인할 수 있다.

일본 제국헌법 제1장 제1조는 일본제국은 만세일계의 천황이 통치한다고 명시하고 있다. 또한 제3조에 천황은 신성하므로 침략할 수 없다고 규정되어 있다. 일본제국헌법의 신성불가침 규정은 천황 자체가 지니고 있는 종교적 권위의 절대성을 기초로 하고 있다.[11] 이러한 일제의 천황은 종교적으로 최고의 현인신이며 동시에 정치적으로는 최고의 통치자였다.

일제의 국가라는 개념은 천황을 정점으로 하여 종교적인 것과 정치적인 것이 한 몸으로 결합되어 있는 국가 체제, 즉 국체였다.

일제강점기 동안 쇼와 천황은 군신(軍神)으로서 만주사변, 중일전쟁, 태평양전쟁을 지휘하였고, 전쟁에서 죽은 영령들은 천황의 존재 가치를 더욱 높여 주었다. 일본의 국민들이 천황을 위해 전쟁터에서 싸웠고, 천황을 위해서 죽었기 때문이다.[12] 이와 같이 일본 국민들 위에 절대적으로 군림하는 통치신(統治神)이 식민지 조선인들에게까지 절대 권력을 휘두른 것은 국가와 종교의 분리라는 침례교의 사상을 훼파하고, 또한 종교의 자유를 박탈한 것이었다.

로마서 13장 1절은 각 사람은 "위에 있는 권세들에게 복종하라"고 말씀하고 있다. 즉, 국민으로서의 도리를 다하라는 것이다. 또한, 13장 3절은 "다스리는 자들은 선한 일에 대하여 두려움이 되지 않고 악한 일에 대하여 된다"고 말씀하고 있다. 일제 식민지 조선의 당국은 조선인에게 조선인임을 포기할 것을 강요했다.

조선인에게 일본인이 될 것을 강제하였다. 일본인이 자연스럽게 신사참배를 하는 것과 같이 조선인에게 천황 숭배를 강요했다. 이것은 기독교인들에게 있어서는 복종할 수 없는 것이었다. 로마서 13장 1절처럼 위에 있는 권세들에게 복종하라는 것은 위에 있는 사악한 권세자들에게도 복종하라는 것은 아니다. 그러한 국가의 악한 권세자들에게 기독교인들이 종교의 자유를 위협받을 경우, 요한계시록 13장의 말씀과 같이 순교를 각오하고 국가의 악한 권세자들에게 저항하여야 한다.[13]

침례교가 하나님의 영광을 가리는 신성모독 행위라 할 수 있는 신사참배 강요에 맞서 저항한 것은 하나님의 영광을 위해 거룩한 전쟁을 치른 것이다. 이것은 고린도전서 10장 31절의 "그런즉 너희가 먹든지 마시든지 무엇을 하든지 다 하나님의 영광을 위하여 하라"고 한 명령을 지킨 것이다. 이 종교의 자유를 지키기 위하여 고난과 순교의 길을 따른 것이 한국 기독교의 역사이다.

침례교의 순교적 신앙은 단순히 세상의 힘과 권력에 머리를 숙이지 않아서 고통을 받은 것이 아니라 하나님을 향한 순수한 열정이었으며, 동시에 하나님의 말씀에 대한 절대적인 순종이었다.[14] 이 순종으로 말미암아 이 세상에 속한 사악한 천황 숭배자들과 정면으로 충돌한 것이다. 이로 말미암에 일제의 식민지가 되어 육체로 고통을 당하고, 믿음의 길인 영(靈)으로는 우상 숭배를 거부하는 승리의 길을 걸었다.

9. 신사참배 강요와 침례교 교회와 국가의 분리 문제: 정면 충돌

침례교 정체성의 문제에 있어서 교회와 국가의 관계에 대한 것은 일제의 신사참배 강요에서 잘 드러났다. 일제의 신사참배 강요는 국가가 교회를 훼손한 사건이었다. 조선총독부에서는 침례교에게 권력과 폭력을 동반하여 신사참배를 강요하였지만 침례교는 일제에 저항하며 신사참배 강요를 끝내 거부하였다.

이것은 국가와 침례교가 존재양식과 삶의 방식에 대한 차이로 정면 충돌한 것이었다. 또한, 일제의 신사참배 강요는 국가적 차원에서 조선인들을 복종시켜 지배하기 위한 수단이었다. 당시 조선인들은 일제의 신사참배 강요에 무릎 꿇고 복종하느냐, 복종하지 않고 수난을 당할 것이냐 하는 선택을 강요당했다.

이에 대하여 침례교 역사편찬위원장 김용해는 그의 저서 『대한기독교침례회사』에서 원산헌병대에 잡혀가 구속 심문을 당할 때 이종근 감목은 6개 심문 조항에 저항으로 맞섰다고 기록하고 있다. 이로 말미암아 침례교인들은 불복종을 선택하였고, 교단 지도자 32인은 구속을 당했다. 이것이 그들에게는 곧 하나님의 말씀에 절대적으로 순종하는 길이었다.[15]

10. 교회와 국가의 관계 침례교 입장: 자유주의

기독교 역사에 있어서 교회와 국가는 끊임없이 갈등과 대립을 반복하였다. 그 결과 역사적으로 교회와 국가의 관계에 대해 크게 네 가지 견해가 있다고 목사이며 사우스웨스턴침례신학대학원 역사신학 박사인 김도영은 말하고 있다.[16]

첫째, 교회지상주의로 교황권이 독일 황제를 무릎꿇린 카놋사의 굴욕이 상징적인 사건이다.

둘째, 국가지상주의로 국가는 인간의 영적, 육적 요구를 모두 충족시키는 신적 기관으로서 교회와 시민 모두를 지배하는 절대 권력이라고 주장하는 것이다.

셋째, 상호보완주의로 종교개혁 신학에 기반하고 있는 교회들의 입장이다. 이것은 교회와 국가는 동일한 실재가 아니어서 구분되어야 하지만 결코 분리할 수 없을 만큼 밀접하게 결합되어 있다고 주장하는 것이다.

넷째, 분리주의로 16세기 재침례교운동에서 부각되기 시작한 것으로 국가와 교회는 배타적 분리를 전제하며 교회의 국가 지배나 국가의 교회 지배 또는 교회와 국가의 혼합을 모두 거부하는 것이다.[17]

이와 같은 교회와 국가와의 관계에 대한 네 가지 견해 중 침례교가 어느 견해에 가장 가까운지 살펴볼 필요가 있는데, 침례교는 네 번째인 분리주의를 지지하는 입장인데 이후에 더 나아가 국가의 후원이나 강요로부터 벗어나 개인적인 신앙고백과 자발적 헌신에 기초한 자유교회운동으로 발전하였는데 이 자유주의가 침례교회의 입장이다. 반면 일제의 신사참배 강요는 두 번째 견해인 국가지상주의로 침례교회를 압박해 온 경우에 해당된다고 할 수 있다.

11. 국가의 신앙의 자유 제한과 영국 침례교의 투쟁: 교회의 존재 양식과 삶의 방식 고수

국가가 신앙의 자유를 제한했을 때의 교회의 반응으로서 의미 있게 살펴볼 만한 역사적 사건이 있다. 그것은 영국의 국교 체제를 거부하고 신앙 양심의 자유를 추구하던 분리주의 운동에서 탄생한 16세기 영국침례교회의 이야기이다. 그들은 국가로부터의 박해를 감수하였고, 1612년 토마스 헬위스는 국왕 제임스 1세에게 헌정한 책자 『불법의 신비에 대한 간략한 선언』에서 신앙 양심의 자유를 위해 국가에 대항하여 불복종 운동을 펼칠 것을 천명한 헬위스의 선언 내용 일부를 인용하면 다음과 같다.[18]

> 인간은 스스로 하나님의 심판대 앞에 서서 자신에 대하여 답변해야 함을 알고 있는 이상, 인간 스스로가 그들의 종교를 당연히 선택하는 것이 가장 공평한 일로 아옵니다 … 중략 …. 하늘과 영적인 일에 있어서는 만일 왕이나 왕의 아래서 권력을 가진 자라 할지라도 … 중략 …. 어떤 방법이나 수단을 써서 그것에 대하여 권력을 행사한다면 우리는 오히려 그리스도와 그의 제자들이 행한 것처럼 우리의 생명을 바쳐서 하나님에 대한 우리의 신앙양심을 지킬것을 고백하고 가르칩니다. 왕도 역시 죽음을 피할 수 없는 한 인간에 불과하며, 하나님이 아닙니다. 그러므로 왕에게는 영원불멸하는 영혼들을 지배할 수 있는 권력이 없으며 … 중략 … . 백성들의 영혼을 지배하기 위한 영적인 주인들을 세우려고 해서도 안 됩니다.[19]

이 선언문은 왕의 분노를 자아내기에 충분한 표현이었다. 이것을 통해 세속 권력의 한계와 정교 분리의 원칙을 명료하게 제시하며, '만인을 위한 종교의 자유'라는 선구적인 주장을 펼치기도 하였다.[20] 또한, 어느 누구도 신앙적인 잘못 때문에 사형이나 감금 등의 처벌을 받아서는 안 된다 … 중략 … . 그와 같은 잘못은 오직 영적인 칼과 책벌에 의해 다스려져야 한다 … 중략 … . 이단자나 투르크인이나, 유대인이나 혹은 그 어떤 사람이라도 종교적인 문제 때문에 세속 권력에 의하여 처벌될 수는 없다고 하였다.[21]

국가는 권력의 힘을 필요로 하지만 교회는 하나님의 사랑과 복음의 방식을 따른다. 교회와 국가의 존재 양식과 삶의 방식이 서로 충돌할 때, 교회는 교회의 존재 방식을 고수해야 한다.[22] 침례교가 일제의 신사참배 강요를 거부한 것은 침례교의 존재 양식과 삶의 방식을 고수하기 위한 것이었다.

국가와 교회의 분리라는 침례교의 정체성 앞에서 일제가 침례교의 존재 자체를 송두리째 허물어버리려 했을 때 침례교인들은 죽음을 무릅쓰고 저항하였다. 일제는 천황이라는 신(神)이 통치하는 종교 국체였고 침례교인들은 유일하신 하나님의 백성으로서 굴복과 저항의 기로에 서서 저항하지 않을 수 없었다. 일제의 국체인 천황에게서 국가와 종교를 분리하는 것은 불가능한 일이다. 일제의 통치는 국가와 종교를 하나로 합친 국체(천황)에 의해서 통치되는 신정 체제이기에 침례교와의 충돌은 처음부터 예견된 일이었다. 침례교가 하나님의 말씀에 순종하는 것이 일제의 종교 통치방식을 거부하는 것으로 나타난 것은 자연스러운 일이었다.

제8장

신사참배 강요를 거부한 침례교의 선택은 무엇 때문이었는가?

일제의 계속되는 신사참배 강요 앞에 기독교계의 교단들이 하나 둘씩 무너지며 복종하기에 이르렀다. 그 과정을 침례교인들은 다 보고 듣고 소식을 알고 있었다. 그러다가 올 것이 드디어 온 것이 침례교 지도자들의 차례였다. 그것은 원산 사건으로 말미암아 침례교 지도자들이 일제와 정면으로 억압적인 심문 과정에서 마주한 것이다.

그 과정에서 침례교가 일제의 신사참배 강요를 거부한 것은 성경적 신앙생활을 고수했기 때문이었다. 신사참배는 종교가 아니라 국민의식에 불과하다는 총독부의 지침에도 우상 숭배인 신사참배 강요를 끝까지 거부한 것은 다름 아닌 하나님의 말씀에 순종하는 믿음 때문이었다. 천황은 일본과 식민지 한국의 통치자인 동시에 최고 신으로서 국체로 군림한 군신왕(軍神王)이었다. 이에 대한 신사참배는 곧 우상 숭배를 하는 것이었고, 침례교는 하나님 외에 다른 신들에게 절하지 말라는 십계명의 말씀을 지키고자 한 것이다.

일제가 신사참배는 종교적 행위가 아니라고 주장하는 것에 귀를 기울이지 않고, 하나님의 말씀을 그대로 따른 것이다. 교단 지도자 32인이 흔들림 없이 신사참배에 항거하였으며, 그뿐만 아니라 교단 소식지인 「달편지」를 통하여 전국 교회에 황궁요배와 신사참배의 부당성과 더불어 신사참배 강요에 불복할 것을 전달하였다. 교단의 지도자와 함께 전국에 있는 성도들이 신사참배를 거부함에 있어서 흐트러짐이 없었다는 것은 침례교의 성경적 신앙생활의 모습이 잘 전수되어 오고 있었다는 것을 의미한다.

침례교가 일제에 의한 신사참배를 교단적으로 거부한 것으로 인하여 지도자 32인이 수난을 당하고, 교단이 해체되는 비운을 겪었지만 그것은 비운이 아닌 하나님의 말씀에 순종한 영광의 길을 선택한 것이었다. 이러한 결과에 대하여 허긴은 그의 저서 『한국침례교회사』에서 이렇게 적시(摘示)하였다.

> 마침내 일제는 1944년 5월 10일에 동아기독교에 대하여 교단 해체령을 내렸다. 이것은 그동안 갖은 협박과 모진 고문 그리고 투옥에도 불구하고 끝까지 신사참배를 거부한 동아기독교에 대한 단말마의 최후 조치였다. 하지만 이날은 한국 개신교 역사상 유일하게 교단적으로 교회와 교인들이 한결같이 신앙 양심의 자유를 주장하며 총칼을 앞세운 일제의 강압에 끝까지 굴하지 않고 믿음을 지킨 동아기독교의 승리의 날이었다.[1]

허긴의 위와 같은 평가와 같이 침례교에 대해 해체령이 내려진 그날은 침례교인들의 신앙이 승리한 날이었다. 이와 같은 신앙은 "몸은 죽여도 영혼은 능히 죽이지 못하는 자들을 두려워하지 말고 오직 몸과 영혼을 능히 지옥에 멸하실 수 있는 이를 두려워하라"(마 10:28)는 말씀에 대한 순종이었다.

침례교인들은 항상 해오던 신앙의 행습대로 하나님을 경외하는 믿음의 길을 걷고 있었다. 이것을 바꾸어 천황에게 복종하라는 것은 그동안 섬기던 하나님을 배반하라는 것이었다. 이러한 신사참배 강요에 대하여 거부하는 것은 지극히 당연한 것이었다. 이것은 자연스럽게 신앙을 수호하는 것이었으며, 동시에 일제의 국가 정책인 신사참배를 거부하는 것은 항일운동이 될 수 밖에 없었다.

신사참배가 침례교의 입장에서는 분명히 우상 숭배임에도 불구하고 이에 대하여 네 가지 견해가 있다.

1. 애국적 국가 의식으로 수용

첫째, 신사참배가 우상 숭배인지 아니면 국가의식인지에 대한 것이다. 신사참배를 국가의식으로 받아들인 교단은 천주교, 감리교, 장로교였다. 장로교는 1938년 제 27차 총회 전 평양경찰서로부터 신사참배가 일종의 국가의식이라는 일제 당국의 입장을 전달받았는데 그 내용은 조선장로교 총회에서 조선인 대표가 국가에 대한 충성을 피력하기 위해 신사참배 결의를 제안한 것에 대해 국적이 다른 선교사측에서 이를 저지한다는 것은 타당하지 않을 뿐 아니라 당국에서도 이를 인정하기 어렵다는 것이었다.[2] 1938년 9월 10일 총회에서 평양노회장 박응률이 평양, 평서, 안주의 3개 노회 출석자 32명을 대표하여 신사참배는 국민의 당연한 의무임을 이야기 하였다.[3]

그리고 다음과 같은 내용으로 긴급동의를 진행하였다. 우리는, 신사는 종교가 아니며 또 기독교의 교리에 위배되지 않는다는 참뜻을 이해할 뿐 아니라 애국적 국가 의식임을 자각한다. 따라서 솔선수범하여 신사참배를 행하고, 자진하여 국민정신총동원운동에 참가함으로써 비상시국 하에서의 총후 황국 신민으로서 충성을 다한다고 결의하였다.[4]

이와 같이 장로교 제27차 총회는 일제가 강요한 신사참배가 국가의식이라는 것에 교단적으로 적극 동의했다. 이 일은 일제가 정치적인 통치 수단으로 신앙의 자유를 탄압한 것을 수용한 신앙적 훼절이었다. 장로교는 총회 결의를 통하여 신사참배를 애국적 국가 의식으로 받아들인 것이다.

조선 장로교 총회의 결의가 있기 9개월 전 일본인 오다 목사의 경고가 있었다. 1937년 12월 한국전도로 유명한 일본인 오다 목사(고영복)는 평양숭실대학 강당에서 강연할 때 신사참배는 최악의 죄가 됨을 언급하였다. 여러분은 술을 마시거나 담배를 피우는 것을 죄라고 생각하지만 그것은 아무것도 아니오. 최악의 죄는 하나님 외에 다른 신(신사참배)을 경배하는 것으로 십계명 중 제1과 제2의 계명을 파계하는 것이라고 하였다.[5] 이어서 그는 한국 민족에게 있어서 불구대천의 적은 조선침략을 강행한 도요토미 히데요시라고 지적하며, 그 침략자의 영을 제사하는 신사에 한국민족을 참배케 하는 것은 역사를 역행하는 언어도단의 처사라고 비난했다.[6] 이러한 발언을 한 오다 목사는 강연이 끝나자마자 숭실대 강당 문 앞에서 대기하고 있던 사복 경찰관들에게 연행되어 평양 경찰서에 구류되었다.[7]

2. 우상 숭배인줄 알면서도 굴복할 것인지 항거할 것인지

둘째, 신사참배가 우상 숭배인 줄 알면서도 일제의 강압과 폭력에 굴복할 것인지, 항거할 것인지에 대한 것이었다. 타교단은 일제의 강압과 폭력에 의해 어쩔 수 없이 우상 숭배인줄 알면서도 굴복을 했다. 그러나 침례교는 신사참배가 우상 숭배라는 것을 교단적으로 분명히 했다. 이 일로 인하여 침례교는 일제의 탄압을 당하였지만 이에 굴복하지 않고 맞섰다. 이것은 결국 국체인 천황을 거부하는 것이었으며, 일제의 적으로 간주되어 가차 없이 박해를 당해야만 했다.

3. 교단적인 선택인지 개인적인 선택인지

셋째, 신사참배가 교단적인 선택이었는지 아니면 개인적인 선택이었는지에 대한 것이다. 침례교의 신사참배 거부는 교단적인 것과 개인적인 것이 함께 있었다. 교단의 지도자들이 신사참배 거부를 선택하자 교인들도 그대로 따랐다. 이 신사참배 거부는 죽음을 눈앞에 둔 형극의 길임과 동시에, 하나님의 백성으로 유일하신 하나님을 믿는 특권이자 영광이었다.

4. 단순히 신앙적인지 또는 항일독립운동인지

넷째, 신사참배 거부가 신앙적 차원이었는지 독립운동에 관한 것이었는지에 대한 부분이다. 신사참배 문제를 단순히 종교적 또는 신앙적인 것으로 제한하려는 경향이 있다. 이것은 개인의 선택이었다면 신앙적인 차원으로 제한을 할 수 있다. 그러나 이 신사참배 강요는 일제가 조선 식민지 지배 통치 정책으로 사용한 국가적인 정책의 강요였다. 개인의 선택은 일체 허용되지 않았다.

국가적인 정책으로 국체는 천황이었으며 이 천황을 우상으로 숭배하는 것에 순응하는 충량한 신민을 만들기 위한 일종의 정치적 도구였다. 또한 황국신민화, 내선일체와 함께 국가적인 차원에서 시행된 강압적인 통치 정책이기도 하였다. 이러한 신사참배 강요를 거부한다는 것은 반일운동이자 항일운동, 민족운동, 독립운동이 될 수밖에 없었다. 어떠한 이유도 신사참배를 거부하는 것은 통하지 않았다. 신사참배를 거부하는 조선인들에게는 치안유지법 위반을 적용하여 탄압하였다. 이런 측면에서 침례교가 신사참배 강요를 거부한 것은 항일독립운동에 참여한 것이라고 하지 않을 수 없다.

제2부

신사참배 강요와 침례교단 거부

제1장

일제는 식민지 조선을 어떻게 통치했는가?

일제의 식민지 조선 통치 정책은 조선 사회 전반에 변혁을 가져왔다. 그런데 그 변혁이라고 하는 것이 단순히 식민지를 통치하는 차원이 아니었다. 조선을 일본이라는 국가의 일원으로 편입하기 위한 동화 정책이었다. 이 정책은 종교 정책과 동일선상에 놓여 있었다.

1. 대한제국 멸망과 한일병탄: 한국에서 조선으로 격하, 총독이 통치하는 나라

한국은 1910년 8월 29일 일제에 의해 강제적으로 '한일병합에 관한 조약'을 맺었다.[1] 이 조약은 '병합'이나 '합병' 또는 '합방'이라고 불렸다.[2] 이것은 합방도 합병도 병합도 아니다. 그것은 강제적, 강압적, 폭력적, 침략적인 병탄이었다.[3] 그런데 이것이 일제의 강제에 의한 것이었음에도 형식상으로는 한국의 황제가 일본의 황제에게 병합을 먼저 요청하여 일본 황제가 그 요청을 수락했다는 것으로 되어 있다.[4]

한일병합에 관한 조약 중 일부을 인용하면, 한국 황제 폐하와 일본국 황제 폐하는 두 나라 사이의 특수하고도 친밀한 관계를 원하여, 상호 간 행복을 증진하며 동양의 평화를 영원히 확보하기 위해서 이 목적을 달성코자 하여 한국을 일본 제국에 합병함이 가장 좋은 길임을 확신하고 이에 두 나라 사이에 합병 조약을 체결하기로 결정하니, 이를 위해서 한국 황제 폐하는 내각총리대신 이완용을, 일본제국 황제는 통감 자작 데라우치 마사다케를 각기의 전권 위원으로 임명하였다. 위임에 따라 위의 전권은 회동 협의하여 아래의 조목들을 협정하였다.

제1조. 한국 황제 폐하는 한국 전체에 관한 일체의 통치권을 완전히 그리고 영구히 일본국 황제 폐하에게 양여함.

제2조. 일본국 황제 폐하는 전조에서 말한 양여를 수락하고 한국을 일본 제국에 합병함을 승낙함이라고 되어있다"[5]

이 조약과 함께 천황은 한국병합칙서, 전 한국 황제를 권하여 왕으로 하는 조서, 이강 및 이희를 공으로 하는 조서 등을 내었다. 또한, 일본은 한일병합과 동시에 천황이 한국의 국호를 고쳐 조선이라고 칭하는 칙령 제318호를 공포하였다.[6] 이로써 대한제국(한국)이라는 국가의 이름은 사라져 버린 것이다.[7] 이후 조선이라는 국호가 사용되었는데, 이것은 경술국치 이후 대한제국이 사용하던 '한국'이라는 국명을 조선왕조가 사용하던 옛 국명인 조선으로 고친 뒤 일본의 일개 지방 이름인 일본제국령조선 혹은 일본령조선으로 격하시킨 것이었다.[8] 이런 방법으로 조선총독부는 조선을 통치하기 시작하였다.

일제는 소위 한일병탄(병탄=필자의 견해 사용)이란 절차를 강행하며 무단정치에 착수하였다. 이것은 군사적 침략에 바탕을 둔 단순한 정치 지배 체제의 형성과정에 그치지 않고, 경제적 침투를 목적으로 문화적 침식이 병행되면서 정치, 군사적 침략과 경제적 침투 그리고 문화적 침식이 유기적으로 관련되어 자행된 것이었다.[9] 일제는 식민지 조선에 천황 직속의 조선총독부를 두고, 조선은 총독이 관할하게 하는 칙령과 법률을 시행하게 하였다.[10] 조선총독부는 조선의 사법, 행정, 입법의 삼권을 한 손에 쥔 황제 격이었다.[11] 식민지 조선의 통치는 조선총독이 전권을 쥐고 통치하도록 법률이 제정되었으며, 그에 따라 시행하게 되었다.

2. 일본제국주의의 한국인식: 본래 한국 땅은 일본 땅

일본제국주의에게 조선은 어떤 나라로 인식되고 있었을까?

1909년 7월 6일 일본 내각 회의를 통하여 결정한 '한국병합에 관한 건'을 살펴보면, 한국을 병합하여 제국판도의 일부로 하기 위해 반도에 있어서 우리의 실력을 확립하기 위한 가장 확실한 방법으로, 제국이 내외의 형세에 비추어 적당한 시기에 단번에 병합을 실행해서 반도를 명실 공히 우리 통치하에 두고 한국과 여러 외국과의 조약을 소멸시키면 제국 백년의 장계(長計)가 될 것이다고 하였다.[12] 한국 침략은 천황제 일본 정부에 있어서 일본 제국 백년의 장기적인 계획 중 하나였고, 일본 제국 판도의 일부로 해야 하는 대상 외에는 아무것도 아니었다.[13]

일본의 한국병탄에 관한 일본의 여론이 어떠했는지는 그 당시 일본의 신문 제목들을 보면 파악할 수 있다. 당시의 신문은 모두 '병합의 세론'이라는 제목으로 한국 문제에 관계가 깊은 정치가와 학자의 담화를 연재했다.

그것에 따르면 사이고 다카모리(西鄕隆盛)와 함께 정한론의 급선봉에 섰던 이타가키 다이스케(板垣退助)가 정한론을 회고하여 오늘날과 동일한 이유하에서 우리의 대한경영의 근본적 해결을 지면으로 알렸던 것은 지금으로부터 실로 36, 7년 전의 옛날이었다고 말하며 병합을 환영하고 있는 것은 물론 한국에 대해 온화주의자였다고 하는 이누카이 쓰요시, 방곡령사건 당시의 주한공사 오오이시 마사미, 그밖에 다수의 정치가들이 입을 모아 한국병합을 외치고 오히려 그 시기의 늦음을 꾸짖고 있다.

'연대'인가 '침략'인가에 대해 그 평가를 둘러싸고 누차 논의의 대상이 되었던 자유당 좌파의 지도자, 대판사건의 오오이 겐따로도 한국병합에 관하여 지금도 시기가 무르익어 연달아 병합의 쾌사에 접하던 지나간 일을 회고하면 환희의 정이 스스로 남다른 바가 있음을 느낀다고 말하고, 또한 『대동합방론』의 저자 다루이 도끼치도 병합의 시기에는 한국의 일본에의 흡수, 병합을 긍정하고, 아울러 한국병합을 전면적으로 지지했다.[14]

일찍부터 일한동조론을 주창한 문학박사 쿠네 쿠니따까는 한국병합이라고는 하지만 실은 한국땅이 원래대로 복귀된 데에 불과하다라고 말하고, 마찬가지로 문학박사 유시다 데이요시는 한국병합은 실로 한일관계가 태고의 상태로 복귀하는 것이다라고 서술했다. 언어학자 가나자와 쇼자부로(金澤庄三郞)는 한일양언어는 정확히 그 뿌리를 같이하고 있다고 일한동조론을 전개하여 병합의 정당성을 이론화했다. 정치가와 학자들뿐 아니라 일반 국민도 한국병합을 열광적으로 환영했다.[15] 당시의 일본은 병합조약을 공포한 8월 29일부터 30일에 걸쳐 동경을 비롯한 전국

각지에서 제등행렬, 기행렬을 행하고 폭죽을 쏘아올리고 축하회를 여는 등 한국병합을 축하했다.

그 해 8월 30일자 동경조일신문은 한일병합조약 공포 날의 동경시내의 현지보고를 게재하고 있는데 그것에 의하면 소학교 교사차림의 사내가 기자에게 '드디어 병합했네요. 점령한 것이지요. 이것으로 제국의 판도는 대폭 넓어지고 세계지도를 아동에게 보이는 데도 마음 든든합니다'라고 말한 것을 비롯, 병합을 알리는 호외와 더불어 사람들은 일본의 국기를 게양하여 '이곳에 들어왔을 때 국기는 대나무숲을 이루고 있었다'는 것, 더욱이 어린아이들이 놀 때 '이렇게 병합해서 놀지 않을래' 등 이미 병합이란 말을 사용하고 있다는 열광적인 시민의 상황을 전하고 있다.

이들 신문이 일제히 벌인 캠페인은(각 신문이 대개 같은 풍의, 같은 내용의 담화를 게재하고 있는 점이 주목되는데) 그 자체가 한국병합을 미화하기 위한 사상동원을 권력측이 노렸던 점을 명백히 보여 주고 있다. 그렇지만 동시에 그것은 국민 각 계층의 사상 상황도 명백히 보여 주고 있다.[16] 이와 같이 일본인들은 한국병탄에 대하여 환영하는 일색이었으며, 자연스러운 일이었다고 여론이 형성되어 있었다.

3. 일본 지배계급의 한국 민족에 대한 인식: 다른 나라의 모조품, 한국에게 영광과 은혜를 베풀었다

일본제국주의에서 나타나는 특징은 국민 각 계급, 특히 지배 계급에서 한국과 한국민족을 독자적인 국가와 민족으로서 인정하지 않는다는 점이다. 이것은 정치가 이누카이 쓰요시가 한국병합은 흡사 폐병환자가 마침내 눈을 감는 것처럼 확정적으로 그렇게 될 문제였으므로 그 형식 및 조건을 문제 삼아 지금 새삼스런 일로 새롭게 떠들며 내세울 문제가 못되고 … 중략 … 한국민은 원래 시기와 의심이 많을 뿐만 아니라 뇌물수수 등에 교묘히 의존하기 때문에 이들에게 참정권을 부여하는 것은 마치 의회에 바이러스균을 뿌리는 것과 같은 일이라면서 단호히 이것을 허락해서는 안 된다고 주장하는 것에도 나타난다.[17]

동경조일신문은 병합된 한국이라는 제목의 논문에서 더욱 노골적으로 한국은 다른 나라의 모조품이라며 '신라, 고려, 조선 등이라는 것'과 같은 표현을 사용하면서 한국은 중국의 법제를 빌려서 그 외피를 장식했으니 잠시 나라인 것처럼 보여도 실은 우습게도 한 개의 가짜 물건이고, 봄베이의 박물관에 진열된 것과 비슷한 모조품이 일본의 이웃에 존재하게 한다면 국제관계도 밀접하게 되지 않고, 결과적으로 교통무역에 도움도 되지 않으며, 동양인종의 치욕이 된다고도 하였다.[18] 일본의 지배 계급이 한국에 대하여 품고 있는 인식은 한국이 하나의 국가로서 이웃에 존재하는 그 자체가 일본에게 있어서 치욕이라는 것이었다.

이와 같은 사상은 당연히 약육강식의 침략사상과 결부되고, 앞에 기록한 동경조일신문의 논설은 강자의 번영, 약자의 비애라는 이법으로서 누구도 이것을 좌우할 수 없었다. 또한 한국의 멸망을 위로해야 하겠지만 한국은 원래 독립국으로서 존재해야 할 만큼 탄탄한 나라가 아니었다고 주장했다.[19]

그런데 일본 국민이 침략사상, 민족적 우월의식, 한국에 대한 멸시적 사상 등을 원래부터 가지고 있었던 것은 아니었다. 오히려 막부, 명치 초기의 선각자와 자유민권운동가 중에는 구미 자본주의의 침략에 의해 식민지, 반식민지의 위기에 처해 있는 아시아 국가들의 독립을 지키지 않으면 안 된다는 의식이 있기도 했었다.[20]

하지만 천황제 일본 정부는 한국침략을 발판 삼아 강대국이 되려고 하였고, 정한론, 강화도조약, 청일 전쟁, 러일 전쟁 등을 바탕으로 식민지를 소유한 제국주의 국가가 되어 갔다. 아시아의 국가들 중에서도 특히 한국에 대한 침략의식과 멸시가 강했다.[21] 이와 같은 일본 제국주의 사상의 형성과정에서는 이전부터 일본 국민들 사이에 널리 퍼져 있던 신공황후의 삼한 정벌, 도요토미 히데요시의 한국 정벌 등의 꾸며낸 이야기가 최대한으로 활용되었다. 또한, 청일, 러일의 양 전쟁에서 한국을 위해 일본인이 피를 흘렸다고 하는 그릇된 역사가 널리 퍼졌다. 그래서 일본침략에 반대하는 한국 민중에 대해 은혜를 모르는 무리들, 은혜를 원수로 갚는 다고 보는 인식이 강해졌다.[22]

이미 일찍이 1876년 강화도조약 이후 부산에서 일본인과 한국인의 충돌사건이 일어난 것에 대해 자유민권파의 근시평론(같은 해 10월 21일) 조차도 일본이 강화도조약으로 한국에게 영광과 은혜를 주었는데도 은혜에 대한 보답을 원수로 갚는다고 비난을 공격적으로 퍼붓기도 하였는데 이러한 사상은 그 후에 더욱 강화되고 만연해 갔다.[23] 이와 같이 일본의 한국에 대한 침략사상, 우월의식, 한국멸시사상은 천황제 제국주의 때부터라는 것을 알 수 있다.

4. 일제의 식민지 조선 통치 정책: 조선 총독의 강력한 무단정치

1910년 경술년 8월 29일은 일제가 대한제국의 통치권을 일본에 양여함을 규정한 한일병합조약을 공포한 날이다. 국권피탈, 국가적 치욕이라는 의미에서 '경술국치'라고 부르기도 한다. 그리고 일제는 한국의 국권을 침탈한 자신들의 행위에 정당성을 부여하기 위해 '한일합방'이라는 용어를 사용하였다.

1910년 8월 22일, 대한제국과 일본제국 사이에 병합조약이 강제로 체결되었다. 대한제국의 내각총리대신 이완용과 제3대 한국통감인 데라우치 마사타케는 형식적인 회의를 거쳐 병합조약을 통과시켰으며, 8월 29일 이 조약이 공포되면서 대한제국은 국권을 상실하게 되었다. 이로써 1905년 을사늑약(을사조약) 이후 실질적 통치권을 잃었던 대한제국은 일본제국에 편입되었고, 일제강점기가 시작되었다.[24]

한일병탄이 공포된 8월 29일 대륙 낭인(국제 옹호의 사명감을 가지고 대륙 진출의 목표를 위하여 중국 대륙에서 활동한 민간인 지사)의 주축이었던 39세의 우찌다 료헤이는 이 날의 기쁨을 자축하며 다음과 같은 자작시를 읊었다.

"한의(韓衣)는 일본 옷으로 변하고/오늘부터 압록강에서 목욕하고/'아마테라스 오미까미(天照皇大神)'의 그림자를/우러러보리."[25]

이로써 한국의 국권은 상실되고 일본의 식민지 조선이 되었으며, 일본제국주의의 식민지통치기관이던 조선통감부는 조선총독부로 명칭이 바뀌었다.

제3대 통감 데라우치 마사타케는 그대로 초대 조선총독이 되었다. 이 시기는 일반적으로 무단정치기라고 불리워지는데, 강대한 권력에 의한 노골적이며 폭력적 지배가 가장 강했던 시기이다. 그 권력 하에서 식민지 조선 지배의 기초작업이 수행된 것이다.[26] 조선의 지배통치는 조선총독부가 전권을 가지고 시행하게 되었다. 조선총독은 조선의 사법, 행정, 입법의 3권을 한 손에 장악했다.[27]

5. 조선총독부 무단정치의 지속: 조선은 군영화로 변화

일제의 식민지 조선지배는 조선총독부의 관할 하에 시행되었다. 조선총독부의 정치적 성향에 따라 통치 스타일이 약간 달랐을 뿐 무단적이며 폭력적인 성향은 일관된 것이었다. 초대 총독이었던 데라우치 마사타케는 무단정치로 정평이 나 있었다. 그는 일반 국민의 자유를 구속해서 조선은 마치 완전히 군대가 주둔하는 곳처럼 변화되었다.[28]

마사타케는 조선의 군영화(軍營化)를 위해 몇 가지를 시행하였는데, **첫째**, 일진회, 대한협회, 서북학회, 국민동지찬성회, 국민협성회, 유생협동회, 합방찬성건의소, 진보당, 정우회, 평화협회, 국시유세단, 국민대연설회 등의 정치결사를 1주일 동안의 잔무 정리 유예 기간을 주고 해산시켰다.[29]

둘째, 일체의 정치집회, 강연회, 연설회를 금지했다.

셋째, 신문의 발매를 금지시켰다. 단순히 기사의 취체뿐만이 아니라 어용신문 이외의 신문을 조선으로부터 일소해 버리려고 한 것이다. 그러기 위해 우선 가장 강경한 반일신문이었던 대한매일신보를 경영자 어니스트 토머스 베델(한국명은 배설: 1872-1909)이 죽은 후 바로 매수해서 경성일보라는 어용신문으로 만들어 버렸다.[30]

또한, 서울프레스라는 대외 선전용 어용 영자신문을 만들었으며, 조선인이 경영하는 매일신보도 어용신문으로 만들었다. 이로써 총독부는 일본인용, 조선인용, 대외선전용의 세 가지 어용신문을 만들었다.[31] 조선총독부는 먼저 언론을 탄압하며 무단정치의 포문을 열었으며, 이후 각 분야에서의 탄압이 속속 진행되었다.

6. 일제의 식민지 조선 정책은 실패한 프랑스 식민지 동화 정책 선택: 르네 지라르 이론 도입

일반적으로 식민 정책의 방침은 종속, 동화, 자주의 3주의로 개괄된다.

첫째, 종속주의는 식민지의 이익을 무시하고 오로지 식민국의 이익만을 위해서 식민 활동을 규제하는 주의이다. 이것은 정치적으로 정복된 속령으로서 주민의 참정권을 인정하지 않고, 경제적으로는 본국의 이익에 적합하도록 산업과 무역상의 제약을 가하며 원주민의 사회생활에 관하여는 교화(敎化)를 염두에 두지 않는다. 그러나 원주민들이 계발되고,

개화됨에 따라 무단적 전제만으로는 지배가 유지되지 못하는 한계에 부딪혀 결국 반란을 초래하게 된다. 미국독립이나 3.1독립운동이 그 좋은 예이다.[32]

둘째, 동화주의는 본래 프랑스에서 발생한 것이다. 이것은 식민지에 대하여 본국과 완전히 동일한 대우를 부여하여 식민지를 본국의 연장으로 만드는 것이다. 프랑스의 역사가이며 파리대학교 국제관계 교수인 르네 지라르(Rene Girault)의 이론에 의하면, 종속주의는 식민지의 반란에 의하여, 자주주의는 식민지의 독립에 의하여 결국 본국이 그 식민지를 상실할 위험이 있기 때문에 동화주의를 최고의 식민지 통치 정책이라고 주장하였다.[33]

즉, 만인동권의 사상에 의거하여 식민지 원주민에 대해서도 본국과 동일한 대우를 부여하고자 하였다. 그러나 종래 동화 정책의 대표적 식민국으로 알려진 프랑스에서조차 20세기 이래 이에 반대하는 학자가 나와 그 실패를 공인하는 경향이 나타났다.[34] 이러한 실패의 예로 알제리를 비롯한 프랑스의 몇몇 식민지를 들 수 있을 것이다. 이와 같이 실패한 식민지 동화 정책을 식민지 조선에 같은 정책으로 도입한 것이었다.

셋째, 자치주의는 동화주의에 대한 반항에서 발생한 것이다. 프랑스의 동화주의는 원주민의 특수적 존재의 사실을 무시하기 때문에 그 결과가 좋지 않았으며, 원주민의 사회생활에 대한 압박에 의하여 그들의 불만과 반항을 격화하였다. 이로 인하여 식민지의 자주적 발전을 중심으로 하는 정책이 나오게 되었다.[35] 이러한 예는 캐나다의 자치령화를 비롯하여 아일랜드, 인도, 아프리카 등지에서 자치권의 확대가 시행된 것이다.[36]

일제는 이러한 세 가지 유형 중에서 실패한 프랑스 형 동화 정책을 선택한 것이다. 일제는 한일병탄 이후부터 시종일관 동화 정책을 식민 통치의 근본방침으로 삼았다. 그것은 프랑스 형과는 본질적으로 상이한 한 민족말살 정책이었으며, '동화'라는 이름으로 한민족 그 자체를 지구상에서 소멸시키려고 한 기만책이었다.[37]

7. 교육의 동화 정책: 언어와 역사를 무지막지하게 변조하여 시행

일제의 동화 정책은 교육을 통하여서도 실시되었다.

첫째, 조선에는 대학을 두지 않았고, 조선인의 일본 대학 입학을 허락히지도 않았다. 정치, 경제, 문학, 철학, 미술, 음악 등의 전문 기관의 설립을 불허하고, 다만 저급의 기술에 대하여서만 허락하였다.

조선의 역사, 국어, 국문을 가르치는 것은 엄중히 금지하였다. 이에 대한 생생한 증언의 기록으로 한 가족의 삶에 드리운 『100년 동안의 폭풍우』라는 가족사가 최근에 발표되었다. 저자인 김영란 박사는 일제강점기에 한국에서 태어나고 성장기를 보낸 한 가족사의 삶에 드리운 생존의 몸부림의 기록인 이 책에서 다음과 같이 말하였다.

> 1939년이 되자 많은 한국인들은 한국식 이름을 일본식 이름으로 개명(창씨개명)을 하라고 요구를 받게 되었다. 공식적으로는 희망자에 한한 것으로 되어있지만 실제로는 창씨개명을 하지 않는 사람들에게 강제와 협박 그리고 차별대우가 가해졌다. 나의 가족도 성인 김을 일본식인 오

모토로 바꾸어야 했는데 이 바꾼 이름은 우체부나 기타 일반 사람들이 볼 수 있도록 문패로 대문에 게시해야 했다. 당국에 의해 한국어로 된 책은 불태워지고 학교에서는 오직 일본글자만 교육되게 되었다. 마치 한국이라는 나라는 역사에 존재했던 일이 없었던 것처럼 한국어로 된 역사책들은 불태워졌다. 일본인들은 철저하게 한국의 역사를 변조해 갔다. 그들은 자국의 어린 세대들에게도 거짓된 자신들의 역사를 가르치는데 이미 익숙해 있는 사람들이었다.[38]

또한, 당시 최창식이라는 교사가 있었는데, 그는 몰래 국사를 편저하여 서랍에 감춰두고 교재로 사용하였는데, 이것이 일본인에게 발각되어 잡혀 금고 1년의 형을 받았다.[39] 각국의 혁명사, 독립사, 위인 역사 따위까지도 모두 엄금하였다. 가요, 패관소설(민간의 이야기나 전설을 모아 놓은 책) 등도 그것에 역사적 의미가 조금이라도 있으면 명백한 문서의 명령으로 금지하였다.

각 학교에 경찰을 배치하여 교사의 언동이 조금이라도 국가 정책의 기본 방침에 반대하면 반드시 구속하여 처벌하였고, 한인 아동이 일본인 학교에 들어가는 것도, 조선인이 학교를 설립하는 것도 허가하지 않았다.[40]

소위 '수신' 교과서란 것은 일본어로 만들고, 일본인 교사가 가르치기 때문에 조선의 어린이들은 절대로 조상 때의 위대한 사업이나 아름다운 말과 착한 행실의 이야기를 들어볼 수가 없었다. 종족의 계통에 대하여도 거짓으로 꾸며내어 조선 민족의 시조가 저희들 시조의 아우라 가르쳤다. 또한 일본의 천조대신이 조선인의 시조라고도 하였다.[41]

역사 교과서에서는 한민족의 옛날부터 현재까지의 크고 거룩하고 영광스러운 실적은 모두 말살해 버리고 다만 일본의 황령(皇靈), 국위(國威), 인물, 문화를 과장하여 일제를 숭배하게 하는 사상을 주입하였다. 교과서의 삽화들도 아동이 순사를 향하여 공손히 몸을 굽히거나 일본인 교사를 향하여 몸을 굽히고 훈계를 듣는 것, 아동이 부모에게 일본식 인사를 하는 모습과 일본의 고적, 신무천황이 용족을 토벌하는 내용이었고, 창가는 조선말로 부르는 것을 허락하지 않았다.[42]

일제의 동화 정책 중에서도 일본어의 보급에는 온 힘을 쏟았다. 일본어를 국어라 일컫고, 한국어는 조선어라 하였다. 보통학교와 고등보통학교의 여러 교과서에는 조선어와 한문독본 한 가지를 제외하고는 오로지 일본어를 사용하였다. 매일 아침 교원의 교실 안 한담에도 반드시 일본어를 사용해야 했다. 만약 조선인 교원이 학생을 상대로 하여 무의식 중에라도 조선말을 하는 것은 반드시 견책을 당하였다.[43]

한 줄의 조선어도 사용하면 안 되었고, 일본인 선생에게 빠따를 맞다가 아파서 무의식적으로 '엄마야' 외마디 비명을 질러도 조선어를 사용한다고 일으켜 세우고 사정없이 따귀를 올려붙이기도 하였다.[44] 이와 같이 일제의 동화 정책은 학교 교육을 통하여 강제적으로 철저히 무지막지하게 시행되었다.

8. 일상생활 속의 풍습과 종교와 언어 동화 정책: 일상이 감시받는 불신 사회 상황

일제는 일상생활 속에서도 조선인을 일본인화하는 정책을 시행하였다. 학교에서는 신사 중심으로 애국반이 편성되고, 신사참배, 궁성요배, 국기게양, 황국신민서사 제창 및 근로 봉사의 월례행사 등이 강요되고, 각 가정에 강제로 신붕(神棚, 신을 모시는 선반)을 설치하게 했으며, 이 세 신궁의 부적을 강제로 배포하였다.[45]

경찰 내에 감시대를 조직하여 매일 아침 배례를 잘했는지 사찰하고, 애국 반원 중에 밀고자를 만들어 보고하게 하였으며, 곡물이나 고무신 등의 배급에 차이를 두는 등 온갖 수단을 동원하였다. 또한, 일제는 황국신민화 정책에 따라 남녀노소를 막론하고 유치장에 면회를 오는 사람들은 일본말을 한마디라도 사용하지 못하면 면회를 시켜주지 않았다.

한 사례로 신사참배 거부로 인하여 안이숙이 평양형무소에 수감 중일 때 그의 어머니가 면회하기 위하여서는 일본어를 한마디 사용해야 했다. 그래야 면회가 되었다. 그 일본어 한마디가 '요강께 데스까?'였다. 그것은 겡끼 데스까?(건강하냐?)라는 일본어를 뜻하는 것이었다.[46] 이러한 일상생활의 철저한 감시는 같은 조선인들끼리도 믿을 수 없는 불신 사회 상황이었다. 숨소리 외에는 모든 것을 일본인화하는데 혈안이 된 일제의 광기가 번득이는 식민지 조선 일상이었다.

9. 동화 정책의 기본은 내선일체: 조선인의 완전한 일본인화 원칙으로 황국신민화

일제의 식민지 조선에 대한 통치는 기본적으로 무단통치였고, 일본 자본주의의 발전과 침략전쟁 수행을 위해 조선을 수탈하기 위한 경제 정책이 존재했으며, 이에 더해 일본은 조선인들의 민족성과 민족의식을 파괴하여 완전한 일본인으로 만들려는 동화 정책을 관철시켜 나아가고 있었다.[47]

일제의 조선인에 대한 동화 정책은 다른 어떤 제국주의 국가의 식민지 통치에 있어서도 찾아보기 어려운 것으로 조선 민족의 완전한 말살을 의미하는 것이었다. 조선인의 완전한 일본인화라는 원칙은 조선 민족에 대한 일제 식민 통치의 기본 입장이었다.

이것은 일제 식민지 통치에 대한 가장 대표적인 저항운동이었던 3·1 운동 직후인 1919년 8월 19일 일본의 대정(大正) 천황이 조선인과 일본인을 천황의 적자로서 전혀 차별하지 않고, 일시동인(一視同仁)의 입장에서 통치하겠다는 요지의 조서를 발표하면서부터였다. 이어 1920년 원경 수상이 조선 통치 문제에 대한 개인적인 의견을 통해 조선에서의 식민지 통치의 원칙으로 동화주의, 즉 내지연장주의(內地延長主義)를 내세우며 공식화하였다. 이것이 1937년 중일전쟁을 계기로 하여 내선일체론으로 전환되었다.[48]

이러한 내선일체는 먼저 '국체의 본의의 구현'으로 강조되었다. 즉, 만세일계의 천황을 살아있는 신으로 받들고, 만민보익(모든 백성에게 도움)의 신절(신하가 지켜야할 절개)을 완수하는데 힘쓰는 사람 모두가 일시동인의 천황의 은혜을 입은 황민으로서 추호의 차이가 없다는 것을 일본 국체의 본질적인 의의로 내세웠다. 이를 근거로 하여 조선인들로 하여금 진정한 황국신민이 되고, 더 나아가 대동아공영권의 추진력이 될 것을 요구하였다.[49]

또한, 이것은 '조국(肇國, 나라를 비로소 세움)의 정신'으로서 강조되었다. 일본의 역사는 선주자(先住者)와 외래자(外來者)를 불문하고 모두 일본 신민으로 만드는 황국신민 창성의 역사라고 단정하였다. 그러므로 내선일체는 필연이고 또 유일한 목표이며, 장래의 목표일 뿐 아니라 과거의 역사가 실증하는 엄연한 사실이라고 주장하였다.[50]

일제는 내선일체에 대해 세계적인 추세라고 하며, 독일, 이태리와 더불어 삼국동맹을 결성한 일본이 담당한 임무는 대동아공영권의 건설에 있었다. 그 근본정신은 어디까지나 동아시아의 옛날부터 현재까지의 사회사상에 근거하고 있는 것이라고 하였다. 작게는 가족, 크게는 국가로 나아가는 국가 본위의 정신으로, 그 가운데서도 일본은 일대가족국가(一大家族國家)로서 천황과 신민과의 관계를 의(義)는 군신(君臣) 간의, 정(情)은 부자(父子간의 기본으로 이것을 겸하는 것이 그 본질이라고 하였다.[51] 이 내선일체는 필연적이므로 이에 대한 확신을 가질 것을 요구하였고 그 근본 전제를 황국신민화에 두었다.[52]

이러한 내선일체론은 내선문화(內鮮文化)의 종합이다. 이것은 일본 문화의 일방적인 이식을 의미하는 것으로 일본 황족들이 많이 다니는 사립학교 가쿠슈인대 동양문화연구소 객원연구원인 미야타 세쓰코는 조선 문화 정책의 근본은 일본 문화의 조선에의 배양에 있으며, 일본 국민도덕이 조선 반도에 침투하여 속속들이 뚜렷하고 철저하게 함을 꾀하여 충군애국의 숭고한 의리 인정의 기운에 도달하기까지 조선 민중으로 하여금 올바르게 이해하고 맛을 보게 하여 그 성격을 발전시키고, 그 정신과 감정을 순화함과 동시에 과학, 언어, 문예, 취미, 오락 기타 생활 양식의 전반에 걸쳐 일본 문화의 우수하고 아름다운 것들을 반도에 심어 번성하고 번창시키지 않으면 안 된다고 하였다.[53]

이와 같이 내선일체론은 일방적인 동화를 전제로 하였다. 일제는 조선을 통치하는데 있어서 내선일체론에 입각하여 조선인의 사상과 정보를 완전히 통제해 나아갔다.

10. 내선일체는 황민화 정책: 천황을 위해 죽을 수 있는 조선 병사로 개조

일제의 식민지 조선지배의 기본방침으로서 내선일체을 제창한 조선총독 미나미 지로가 정의한 바에 따르면, 내선일체란 조선 사람을 충량(충성스럽고 선량한 신하)한 황국신민으로 만드는 것을 의미한다. 그것은 사상적으로 명확한 체계를 지닌 것이 아니라 오히려 정치적 슬로건으로서 외쳐졌다.[54] 이것은 조선인을 더욱 완벽한 일본인으로 만들려는 극적인 생각이었으며, 황민화와 조선인의 황민화 정도 사이의 모순과 괴리 속에서 탄생하였다. 동시에 한국병탄 이래 일본이 조선지배의 기본 방침으로서 일관되게 채용해 온 동화 정책의 필연적 귀결이기도 했다.[55]

여기서 말하는 충량한 황국신민이란, 1911년에 공포된 조선교육령 제2조는 충량한 신민 교육의 이념을 명문화하며 교육에 관한 칙어의 취지에 따라 '충량한 국민을 육성함'을 본의로 하였고, 이것은 조선교육령 법안을 만들 때 호즈미 야츠가의 의견에 강조되어 있는 것과 같다.[56]

그는 당시 학무국장 세기야에게 보낸 서한에서 무릇 조선에 있어서의 교육은 우선 우리 황실을 숭경하는 정신을 심어 뿌리를 박게 하여, 특히 질서를 중시하고 규율에 복종하는 관념을 기르고, 이리하여 일상생활에 필수적인 지식과 기술을 베풂으로써 한 몸과 한 집안을 다스리는 일을 얻게 하면 족하다고 하였다.[57] 이렇게 함으로써 조선인은 최저 수준의 초등 교육을 고려하면 되지 깊이 있는 학문연구란 불필요한 것이며, 황실을 숭경하는 정신을 뿌리박아 심겠다는 것이 그 의도였다.

미나미 지로는 내선일체의 최후 목표를 조선인의 완전한 황민화에 두고 통치목표에 따라 아무런 사심 없이 천황을 위해 죽을 수 있는 조선 병사의 출현을 기대하였다. 이런 관점에서 보면 조선인의 황민화 정도는 끝없이 불완전하므로 조선인의 황민화를 위한 노력도 무한히 강요해야만 하는 성질의 것이었다.[58]

또한, 이것의 궁극적인 목적은 내선의 무차별평등에 도달하는 것이라고 언명하였다. 뿐만 아니라 일제는 조선인으로부터 황민화에 대한 자발성을 끌어내기 위해 이 내선(內鮮)무차별평등, 즉 일본인과 조선인은 무차별평등이라는 한마디를 의도적으로 사용하였다. 그것은 어디까지나 조선인을 황민화시키는 수단으로써만 썼던 것이다.[59]

11. 황민화 정책 세 기둥의 궁극적인 목표: 천황에게 절대 순종하는 황군병사

황민화 정책의 세 기둥은

첫째, 1938년 2월의 지원병제도,

둘째, 같은 해 3월의 제3차 조선교육령 개정,

셋째, 1940년의 창씨개명이 유기적으로 관련된 것을 총칭한다.[60]

그러면 황국신민이란 구체적으로 어떠한 인간상인가를 우선 질문해 보아야 할 것이다. 왜 일본인화나 제국신민화가 아니라 황국신민화여야만 했을까.[61] 황민화 정책의 궁극적인 목표였던 황국신민이란 어떠한 인간상이었는가.

그것은 천황 폐하를 중심으로 받들고 천황에게 절대 순종하는 길이다. 절대 순종은 자신을 버리고 자신을 떠나 오로지 천황에게 봉사하는 것이다. 이 충(忠)의 길을 가는 것이 우리들 국민의 유일한 생존의 길이며 모든 힘의 원천이다. 그렇기 때문에 천황을 위해서 신명을 바치는 것은 이른바 자기 희생이 아니라 개인을 버리고 위대한 천황의 위엄과 권위에 살며 국민으로서의 진정한 생명을 기운으로 떨쳐 일으키는 것을 만드는 것이었다.[62]

이러한 인간상은 자기를 무(無)로 여기고 천황을 위해 웃으면서 순국하는 인간이라는 의미이다. 이것은 또한 일본군 병사들에게 있어서도 이상적으로 여겨지는 것이었다. 황군 건군의 기초인 영원토록 계속되는 우리 국운을 몸과 목숨을 바쳐 보필하는 마음이야말로 황국병역의 근본의(根本義)이기 때문이다. 황국신민의 내실은 동시에 천황 친솔(親率)의

신병(神兵)에 어울리는 황군병사였다.[63]

황민화 정책이란 일반적으로 조선인을 황국신민화하기 위한 여러 가지 정책을 총칭하는 것으로 이해되었다. 이것은 신사참배, 궁성요배, 국기게양, 황국신민선서 제창, 기미가요 보급, 일본어 보급, 지원병제도 실시, 제3차 교육령 개정, 창씨개명 등을 말하며, 이것들은 모두 조선인을 충성스럽고 선량한(충량한) 황국신민으로 만들어가기 위해 전개된 정책들이었다.[64]

제2장

일제는 식민지 조선 종교를 어떻게 요리했는가?

일제의 통치 정책을 알아야 종교 정책에 대해 이해할 수 있기에 먼저 서술을 한 것이다. 일제의 조선 통치는 말이 좋아서 정책이라는 단어를 사용하는 것이지 실은 후라이팬에 올려놓은 음식재료들을 마음대로 요리하는 것과 같이 했다. 일제의 정책은 정책이라기보다 정책이라는 말을 걸어놓고 천황의 이름으로 마음대로 조선인을 인간 취급하지 않고 조선인을 요리하듯 했다. 이제부터는 일제의 종교 정책을 서술한다.

1. 일제의 불교 정책: 사찰령을 통한 사원 재산 경제적인 통제

일제의 종교 정책은 불교와 천주교 그리고 기독교에 대한 것으로 구분할 수 있다. 먼저 불교 정책에 대해 살펴보면, 일제는 천황제를 기본 중심으로 근대 국가 체제를 수립하고 군사적, 정치적, 경제적으로 한국을 침략하였다. 그 침략을 합리화하고 또 침략에 저항하는 한국 국민들의 민족의식을 탄압, 유화시키는 역할은 문화, 종교 정책이 담당하였다. 구미 여러 나라가 식민지 침략에 기독교를 앞장 세웠던 것처럼, 일본도

종교에 의한 정신적, 문화적 침략을 계획하였고 우선적으로 불교를 이용하고자 하였다.[1]

조선총독부는 불교계를 통제하기 위해 1911년 6월 3일자로 제령 제7호로 사찰령을 공포하였다. 사찰령과 사찰령 시행규칙은 식민지 시기 동안 몇 차례 통제가 강화되는 방향으로 부분적인 개정은 있었으나 일본이 패망하는 순간까지 그 기본 골격은 변하지 않았다.[2]

이 법은 원활한 식민 통치를 수행하기 위해 불교계를 통제하려는 의도에서 만들어진 악법이었다. 조선총독부는 사찰령을 시행하며 한국 승려들을 직접 이용하였고, 이 사찰령은 시기가 지날수록 보다 더 강화되었다. 1912년 7월 2일 조선총독부에 의하여 선교양종법찰대본사해인사본말사법(=本末寺法)이 제정되었고, 1915년 1월 16일 30본사 주지들이 스스로 조선사찰각본사연합제규를 제정함으로 불교계는 조선총독부의 완전한 통제 하에 들어갔다.[3] 이렇게 불교 규제가 쉽게 성과를 거둘 수 있었던 것은 조선총독부가 인적 규제와 함께 사찰령을 통하여 사원재산을 관리함으로써 경제적인 통제가 가능하였기 때문이었다.[4]

2. 일제의 천주교 정책: 기독교를 조선 문제와 유리시켜 간섭을 배제

일제의 종교 규제 정책은 불교처럼 조선인이 관할하는 종교에서부터 시작되었다. 이러한 종교들에 일제가 취한 규제 정책은 모두가 경제적인 통제를 통한 것이었다는 공통점이 있다. 경제적인 규제를 시작으로

그들의 통치 목적에 부합되는 방향으로 종교단체들을 관리한 것이다.[5]

그러나 기독교는 사정이 달랐다. 그것은 기독교의 관할권이 외국인 선교사들에게 있었기 때문이다. 기독교 규제는 기독교의 후원자인 서구 세력에 대한 규제를 의미하였다. 그리하여 일제가 기독교를 규제하기 위해 채택한 방법은 기독교를 조선 문제와 유리시켜 일제의 조선 지배에 기독교 세력의 간섭을 배제하는 것이었다. 선교사들이 조선인들에게 미치는 영향력과 더불어 그들의 국제적인 위치를 고려하지 않을 수 없었기 때문이었다.[6]

한일병탄 당시 한국에는 270여 명의 선교사들이 선교 활동을 펼치고 있었고, 그들 대부분은 일제의 한국 강점을 지지하거나 묵인하였다. 그들은 일제의 식민 통치로 조선에서 기독교가 더 발전할 것을 기대하였으며 조선인들에게는 자주독립의 능력이 없으니 일제의 통치를 받는 것이 오히려 다행스럽다고 인식하고 있었다. 조선인 신자들에게는 일제에 반항하지 말 것을 권고하였고, 만일 조선인 신자들이 정치적 경향성을 나타내면 교회의 책임 있는 위치에서 멀어지게 하였다.[7]

결국, 사회 참여적이고 민족의식이 강한 조선인 신자들이 교회 내에서 차지할 수 있는 영역은 축소되었다. 이런 이유로 한일병탄 이후 교회의 책임자들 가운데 정치적인 의견을 분명히 표명하는 자를 찾기가 어려운 것이다. 일제의 천주교회에 대한 태도가 강경해지자 천주교 측에서도 선교 권을 보장받기 위한 방향으로 태도를 전환하였다. 일제의 한국 강점 당시 한국 천주교회는 프랑스를 모국으로 하는 파리외방전교회 선교사들이 관할하고 있었는데, 그들은 일제의 한국 강점을 환영하였다.[8] 그들이 바랐던 것은 일본 제국헌법이 인정하는 종교의 자유를 실제로 누리게 되는 것이었다. 그러나 그것은 일본제국헌법에 보장되어 있는 선교의 권리와 예배의 자유를 인정한다는 것이 아니었다.

한국을 강제병탄한 지 12일만 인 1910년 9월 10일, 총독부는 종교적인 내용으로 국한하지 않는 한 신문발행을 계속할 수 없다고 경향신문사에 통고하였다. 경향신문은 조선총독부의 계속되는 사전검열과 원고삭제로 인하여 폐간할 수밖에 없었다.[9] 그러나 조선총독부는 천주교회의 재정 문제에는 관여할 수 없었다. 조선 천주교회의 운영자금 대부분이 프랑스 등 외국으로부터 온 것이었고, 그 자금에 간섭할 경우 외교문제가 될 수 있었기 때문이었다.[10]

1911년 5월 24일 조선교구장 뮈텔 주교와 드망즈(1875~1938) 신부는 데라우치 총독을 방문하여 드망즈 주교 취임식에 총독과 총독부 직원들을 초대하였으나 몇 명밖에 참석하지 않았다. 주교 취임식 후 서울교구장 뮈텔 주교와 대교구장 드망즈 주교는 다시금 총독을 방문하였고, 총독과 총독부 직원들의 불참에 서운함을 표시하였다.[11]

그리고 천주교 선교사들은 일본을 조선의 합법적인 정부로 인정하며, 신자들에게도 그렇게 가르쳤다. 선교사들은 천주교의 계명을 들먹이며 신자들에게 일제의 지배에 순종할 것을 권하였다. 1912년 8월 메이지 천황이 사망하자 기도문까지 반포하며 이것은 국가적인 장례이니 애도하며 장례일까지 매주일 성당에 모여 기도문을 바쳐야 한다고 강권하기까지 하였다.[12]

1910년대의 일제의 종교 정책은 서구계 종교와 비서구계 종교로 나누어 시행되었다. 조선인이 관할하는 종교는 인적 규제와 함께 경제권을 장악함으로써 통제 정책이 진행되었다. 반면 서구세력과 연계되어 있는 기독교에 대해서는 정교 분리 정책이 채택되었다. 조선인이 관할하는 종교를 규제하는데 성공한 일제는 서구계 종교에도 규제를 가하기 시작하였고, 그것은 일종의 조선을 완전히 지배하겠다는 의지를 표명한 것이었다.[13]

3. 일제의 기독교 정책: 박멸, 감시 탄압 대상으로 예속화, 신사참배 문제가 결정적인 탄압의 단서로 제공

일제는 기본적으로 기독교에 대해서 호감을 가지고 있지 않았다. 그 근본적인 이유로는 다음의 세 가지를 들 수 있다.

첫째, 천황 숭배와 신사신앙을 축으로 하는 그들의 정치적, 문화적, 종교적 사상이 기독교와는 조화, 공존할 수 없기 때문이었다. 초기 식민지 교육 정책 수립에 영향을 주었던 일본의 법학자이며 천황주권설을 제창한 호즈미 야츠카(穗積八束)는 기독교계 학교와 관련하여 말하기를,

> 예수교의 근본 취지는 원래 국체와 도덕의 근본과는 서로 합일하는 것이 아니라는 것을 고백하지 않을 수 없다. … 충효의 대의를 근본 축으로 한 도덕과 박애 인도를 대본으로 한 도덕과는 근저에 차이가 있다. 인간을 평등이라 하여 존귀의 차별을 비리로 하는 교의와 황위를 신성한 것으로 여기고 군부를 존경하며, 조상에 예배하는 교의와는 전혀 그 주의를 달리한다고 하였다.[14]

이와 같이 기독교의 교의와 일본의 국체는 근본적으로 차이가 있다. 이러한 차이 때문에 일제는 항상 기독교에 대해서 의구심을 품고 감시를 게을리 하지 않았다. 조선의 일본 신사행정에 관여하였던 오야마 후미오(小山文雄)는 그의 저서에서 국체는 신황신앙 위에 서 있다. 그러므로 국민으로서 국가적 신도를 거부하는 것은 국체를 무시하는 것이요, 국민으로서의 의무를 거부하는 것이라 단정하지 않을 수 없다.[15] 국민으로서 기독교를 믿는다는 이유로 국체신도를 받들지 않는 자가 있다고 한다면 그것은 분명히 반국민적이라고 언급하며 기독교의 반일성을 지적했다. 따라서 일제는 이러한 조선의 기독교에 대하여 백방(百方)으로 박멸책을 강구하지 않을 수 없었다.[16]

둘째, 조선교회가 민족운동 내지 독립운동과 깊은 연대를 가진 가장 큰 배일적 세력이었다는데 있다. 이것에 관하여 기독교 탄압의 선봉에 섰던 조선총독부 검사국의 보고서에 나타나있는 것을 보면, 한편 조선인 기독교도에는 왕왕 종교의 영향에 빠져서 민심을 움직여 불온사상을 고취하며 민족운동의 지도자로 자임하는 풍조가 있고, 메이지 43(1910)년 데라우치 총독 암살사건에는 평북 기독교도가 중심이 되어 책동하였다.

다이쇼 8(1919)년 만세 소요사건은 평양, 원산, 정주, 의주 등의 기독교도들이 천도교와 함께 획책한데에 기인하여 전조선을 모두 소요케 하였으며, 그 후에도 각종 민족운동에 그들이 개재되지 않음이 없고, 전도회, 사경회 등에서도 누누이 불온의 언동을 하는 자가 있다. 또 그들은 최근 농촌의 교화를 표방하고 지방 농민을 그 손안에 넣어 훗날에 대비하고, 혹은 장로파 미국인 선교사 등이 그 경영 학교 생도의 신사참배를

거부케 하는 태도 같은 것은 통치상 경시하기 어려운 것으로 항상 주의 중에 있다고 하였다.[17]

이 보고서처럼 기독교가 각종 민족운동과 항일운동에 관련됨으로 인하여 일제의 미움을 사면서 철저한 감시와 탄압의 대상이 되고 있었다.

셋째, 기독교가 선교사들을 매개로 그들과 경쟁 내지는 적대관계에 있는 영, 미 등 서구 여러 나라들과 연결되어 있었고 더불어 세계 여론과도 연결되어 있어서 통제 내지 예속화하기 어렵다는데 있었다. 1930년대 이전의 일제와 선교사와의 관계는 반드시 적대적인 것만은 아니었다. 20세기 초 조선을 식민지화하던 과정에서나, 식민지 지배 체제를 확립해 가던 과정에서는 일본이 서구 여러 나라들과 협력관계에 있었고, 선교사들의 도움이 필요했으므로 이들을 후대하여 회유, 이용하고자 했다.[18]

그러나 1930년대에 들어와 영국, 미국과의 관계가 악화되고, 외부의 지지 없이도 식민지 경영이 가능하다고 판단되자 선교사는 오히려 짐이 되었다. 이에 따라 차츰 선교사들을 적대시하여 조선교회와 분리시키려는 분열 정책과 탄압 정책을 실시하였다. 그리하여 그들의 영향력을 배제시키고 통제를 강화하여, 이미 통제에 순응하고 있는 일본 기독교에 예속시키고자 한 것이다. 이러한 과정에서 특히 신사참배문제는 결정적인 탄압의 단서를 제공하였다.[19]

이와 같이 조선교회에서 선교사의 영향력을 완전히 배제시킨 일제는 교회에 대한 예속과 통제를 강화하여 그들의 통치에 이용하고자 하였다. 그들에게 굴복한 친일적 기독교 지도자들을 포섭하여 일본적 기독교의 확립이라는 명목하에 기독교의 변질을 강요하였을 뿐만 아니라 종교보국이라고 전쟁협력을 강요하였다. 신사참배문제가 절정에 이르렀

던 1938년 2월의 조선총독부는 이른바 기독교에 대한 지도 대책이라는 것을 마련하였다.[20]

이것에 따르면 탄압과 회유로 기독교가 일제의 시책에 순응하게 하고, 거부할 경우에는 처벌하는 것이었다. 그리고 이른바 국체에 적합한 예수교를 만들게 함으로써 기독교의 변질을 강요하여 그들의 침략 정책 수행에 이용하고자 하였다. 이러한 기독교에 대한 정책은 1940년에 일제 검찰이 마련한 기독교에 대한 지도방침으로 더욱 강화되었다.[21]

위에서 언급한 기독교에 대한 지도 대책과 방침의 근본적인 의도는 기독교에 대한 억압과 통제의 강화였다. 이런 정책은 모두 기독교를 노골적으로 억압하여 서구 선교사와의 관계를 끊게 하고 고립시켜 일제의 황민화 정책 및 침략전쟁 수행에 순응, 협력하도록 하기 위한 것이었다. 일제는 이러한 정책을 바탕으로 소위 일본적 기독교라는 명목하에 기독교 신앙의 본질까지 변질시켰고 기독교가 그들의 정책을 원활하게 수행하도록 충실히 순응, 협력하는 일종의 어용 교화 기구로 삼으려는 정책을 강력히 추진하였다.[22]

심지어 일제의 패전 직전에 일본 군부 지도부는 연합국 군대가 상륙하여 공격할 때 한국 기독교인들과 지식인들이 연합국을 도와줄 것을 두려워하여 조선 기독교인들을 포함한 지식인들을 1945년 8월 중순경에 학살할 계획까지 세우고 있었다.[23] 일제의 기독교 정책은 1910년대는 종교탄압 정책기, 1920년대는 종교회유분열 책동기, 1930년대는 종교억압 정책기, 1940년대는 종교말살 정책기로 구분된다.[24] 이러한 시대별 구분을 통하여서도 알 수 있듯이 일제의 기독교에 대한 정책은 탄압으로 일관하였다.

제3장

일제의 국체와 신사참배 그 본색은 무엇인가?

일제강점기에 자주 등장하는 말 중에 국체와 국체명징이라는 것이 있다. 이것이 의미하는 것이 무엇인지를 알아야 일제의 기본 정체 이념을 알 수 있다. 국체라는 것은 국가의 형태나 국가의 체면을 의미하는 것이다. 일제 시대의 국체는 사회 기본 이념으로 일본 천황이 통치하는 국체를 의미했다. 국체라는 말은 일정한 의미를 가지지는 않지만, 국체명징은 1938년 기준으로 <만세일계의 천황이 일본에 군림하고, 천황의 군덕(君徳)이 천양무궁(天壤無窮)히 사해(四海)를 덮고, 신민도 천황의 사업을 협찬하여, 의(義)는 군신과 같고 정(情)은 부모자식같이 하여, 충효일치에 의해 국가의 진운을 부지(扶持)하는, 일본 독자의 사실(事実)>을 의미했다.

다시 말하면, 일제강점기 식민지 조선의 국체는 천황이 국가의 형태를 이루고, 국체명징은 천황의 명령을 신민들은 무조건 따라야 한다는 의미로 사용되었다. 이러한 국체에 대한 것을 바르게 이해하려면 일본 제국주의 헌법을 알아야 하는 것이 필수이다.

1. 일본제국 헌법과 천황: 국체는 천황이며 천황은 통치자이며 최고 신(神)

일제 식민지 시기는 일본제국주의 헌법에 의하여 통치되던 시기였다. 그 헌법에 명시된 내용은 일제의 정체성과 통치성을 나타내 주고 있다. 일제는 그 헌법에 따라 조선의 모든 정치, 사회, 문화, 종교를 지배하였다.

제국헌법은 제1장에서 천황에 관한 사항을 규정하고 있는데, 제1조에는 일본제국은 만세일계의 천황이 통치한다. 제3조에는 천황은 신성하므로 침략할 수 없다는 내용을 담고 있다. 일본제국헌법의 신성불가침 규정은 천황 자체가 지니고 있는 종교적 권위의 절대성을 기초로 하고 있다.[1] 제국헌법은 천황의 정치상의 절대 권력과 군사상의 통수권을 규정하고 있다. 따라서 제국헌법에 있어서의 천황은 국가원수로서 정치적으로 최고 권력자임과 동시에 최고 지위의 군인으로서 육군과 해군을 통솔하는 정치, 군사의 대권을 한 손에 거머쥔 존재였다. 이것이 얼마만큼 거대한 권한이었는가를 살펴보면 그 위상을 알 수 있다.[2]

첫째, 일본제국의회는 입법부로서 귀족원과 중의원으로 구성되어 국가의 법률을 제정하는 곳이었다. 그런데 천황은 법률과 동등한 효력을 갖는 칙령을 발표할 수 있었다. 이 칙령이라는 제도에 의해서 천황의 권한은 입법부를 초월하는 성격을 갖게 되었다. 또 행정부에 해당하는 내각은 헌법상의 제도로서는 규정이 없고, 다만 천황이 행사하는 정치대권을 보필하고 대행하는 기관으로서의 위치에 놓여 있었다.[3]

둘째, 천황은 제사대권이라는 국가 최고의 제사로서 국가의 제사를 집행하는 권한을 가지고 있었다. 오직 천황만이 국가의 제사를 주관할 수 있었으므로 그 역할 면에서 국가신도의 정점에 있는 대신주(大神主)였던 것이다.[4] 천황은 정치, 군사상의 세속적 차원의 대권과 종교적 차원의 제사대권을 한꺼번에 쥐고 있었으며, 본인 자신도 살아있는 신이라고 천명할 정도였다.[5]

셋째, 현인신이라는 점에서 천황은 정치, 군사상의 어떠한 사태에 관해서도 책임을 지지 않는 면책특권을 향유하는 위치에 있었다. 책임을 지는 쪽은 언제나 천황의 명을 받아서 보필의 임무를 수행하는 내각총리대신 이하 신하들이었다. 이 규정은 패전 후의 극동국제군사재판에서 천황이 전쟁책임을 면하게 된 법적 근거가 되었다. 이와 같이 제국헌법은 모든 것이 천황에게 집중되는 구조를 갖고 있었던 것이다.[6] 곧 일제의 천황은 국가의 통치자인 동시에 종교적인 최고 신(神)이었다.

2. 일제의 국체와 국체사상: 종교의 일본화

일본제국주의의 중심에는 언제나 국체라는 말이 등장하는데 이것은 신성불가침의 영역에 속한 것이었다. 1929년 5월 31일자 판결에 나타난 대심원 판례는 만세토록 한 가계인 천황이 군림하고 통치권을 총람하시는 국병(國柄, 나라의 특질), 요컨대 제국헌법 제1조와 제4조의 규정을 가지고 정의하고 있다.[7] 1937년 문부성이 낸 국체의 본의에는 그 서두에서, 대일본제국은 만세일계의 황조(皇朝)의 신칙(神勅)을 받들어 영원히 통치하신다. 이것이 만고불변의 국체이다라고 쓰여 있다.[8]

1944년 신지원(神祇院)에서 출간한 『신사본의』에는 그 서두에는 대일본제국은 두렵게도 황조천조대신께서 비로소 내려주신 나라로서 그 신의 후예이신 만세일계의 천황이 황조의 신칙대로 아주 먼 옛날부터 무궁하게 다스리신다.[9] 이것이 만방에 비길 데 없는 우리 국체이다라고 하였고, 이 존엄하기 비길 데 없는 국체에 의거하여 … 안팎으로 다스려 어그러짐이 없는 도(道)야말로 유신(惟神)의 대도(大道)이다. 유신의 대도가 … 존귀한 모습으로 나타나는 곳에 신사가 있다.[10]

유신의 대도는 안팎으로 선양되지 않으면 안 되고, 천황은 황조와 황종의 신위를 봉재하여 황군을 거느리고, 천업을 널리 펴고 … 끊임없이 원수들을 무찔러 … 만방을 얻고, 널리 신위를 빛냄으로써 황국의 세계적 사명은 달성되는 것이다. 국체의 교의는 확실히 침략의 교의였다. 그리고 신민의 길은 이 국체에 따르고, 경신의 본의에 철저하며, 그 성심(誠心)을 일체의 국민생활에 구현하는 것이었다.[11]

이와 같이 국체란 만세일계의 천황이 군림하여 통치권을 총람하는 국가 체제를 의미한다.[12] 이 용어는 치안유지법에서 처음으로 법률용어로 바뀌어 사용되었다. 즉, 고도로 정서적이고 애매한 용어를 법률용어로 채택함으로써 일제는 군국주의 체제에 저항하는 좌경사상이나 불온사상을 통제할 수 있었다. 사회주의나 공산주의 등의 급진좌경사상을 통제하기 위한 것이었지만, 국체에 어긋나는 행위는 무엇이든지 처벌할 수 있게 확대、적용되었고, 종교운동도 이 법의 적용을 받았다.[13]

이와 같은 맥락에서, 일본은 천황이 직접 통치하고 천황에게 무조건적으로 충성을 다하는 것이 신민된 자의 절대적 의무라고 보는 것이 국체사상이다. 이 사상은 어떠한 종교를 갖고 있든지 종교인이기 전에 일본의 신민이라는 것을 잊어서는 안 된다고 경고한다. 이는 종교의 일본화이며, 일본적 종교를 요청하는 것이다. 이것이 소위 황도주의(皇道主義)였다.[14] 즉, 국체인 천황에게 일본의 통치하에 있는 자는 누구든지 신사를 통하여 참배를 함으로써 천황의 신하와 백성이 되게 하고자 하였던 의도가 국체사상이었다.

3. 일제의 국체와 황국사관: 일본에는 오류가 없음을 전제

일제의 식민지 조선 통치의 중심에는 국체와 국체사상이 있었고, 이와 함께 등장한 것이 황국사관이다. 이것은 그 당시 일본 사회를 휩쓸던 신풍조인 자유민권사상과 함께 민주주의, 사회주의, 무정부주의, 공산주의 등의 사상이 물밀 듯이 들어와 사회가 요동을 치고 있는 것을 극복하기 위해서였다. 이들 사상은 모두 서양 근대사상의 밑바탕인 개인주의를 기본으로 한 것으로 일본의 전통사상과는 융합될 수 없는 것이었다.[15]

당시 일본 지도층은 이러한 위기 상황을 타개하기 위해서 일본 독자의 입장으로 돌아가 만고불변의 국체를 천명하는 것이 필요하다고 느꼈다. 일본 사회의 사상적인 혼란을 극복하기 위해서는 국체에 근거를 둔 일본 역사를 명확히 설명하여 국민들을 깨우치고 인식시키는 것이 무엇보다 긴급한 일이라는 절체절명의 사명감을 갖고 등장한 것이 황국사관이었다.[16]

국체의 본의는 국체와 함께 이 대의를 근간으로 일대 가족 국가의 성원인 모든 국민이 모두 한마음으로 천황의 뜻을 받들고, 국체에 대한 충성과 효도의 미덕을 잘 발휘하는 것을 국체의 정수라고 명시했다. 이것은 그 속에 천황 통치의 정통성과 영원성, 그리고 가족국가관에 따라 국민은 무조건 천황 아래 귀속 통합되어야 한다는 논리를 규정하고 있다.[17]

이에 따라 황국사관은 그 관점이 처음부터 사실을 무시한 독선적인 특성이 있는 것으로 개인적인 사상이나 신앙의 자유 등이 일체 허용되지 않았다. 정권 스스로가 국체를 개입시켜 개인의 사상, 종교, 윤리관을 통제하고 독점했다. 그리고 권위에 대해서는 비판이 일체 허용되지 않았다.[18]

만약 이에 대항하는 존재가 있으면 그는 치안유지법에 따라 여지없이 탄압당하였다. 이 황국사관은 국체의 덕을 절대적으로 우러러 칭송하고 오류가 없음을 증명하는 것을 목표로 하고 있다. 이처럼 이것은 일본 국민을 효율적으로 통제하기 위한 기능 외에도 제국주의적 침략과 다른 민족에 대한 식민 통치를 위한 전쟁 등을 정당한 것으로 미화했다.[19]

일본 역사는 황국사관을 따르기 때문에 일본에는 오류가 없음을 전제로 한다. 그래서 정의는 항상 일본 측에 있고, 상대방은 언제나 불의, 반윤리적 존재라는 논리를 앞세운다. 일본 중심의 역사관 때문에 타민족 지배를 둘러싼 일본 측의 불법행위 등은 모두 일본 역사 서술의 범위에 포함시키지 않는다.[20]

이와 같은 일본의 황국사관의 논리로 인하여 일제가 조선을 식민지로 지배하면서 내선일체, 황국신민화 등을 내세우고, 그 논리에 따라 학교에서 조선어를 금지하고, 신사참배와 창씨개명을 차례로 강요했던 것도 이에 근거를 두고 있다.

4. 일제의 신사참배 강요 정책: 일본제국의 신민들로 만드는 가장 강력한 도구

신사참배는 신사의 종교 의식에 참여하여 절하고 예를 올리는 행위를 말한다. 신사는 일본 고유 종교인 신도(神道)의 신령을 모시고 제사를 지내는 장소이다. 먼저는 부산 용두 산에, 한일병합이 되던 1910년에는 대구, 평양 등지에 11개의 신사를 세웠고, 1919년 말에는 36개의 신사(神社)와 46개의 신사(紳祠)를 세웠다.[21] 그리고 1918년 서울 남산에 조선신궁이라 부르는 거대한 신사를 착공하여 8년 만인 1925년 6월에 완공했다. 이를 기점으로 조선 총독부는 일본제국헌법을 근거로 모든 종교는 최고의 신(神)인 천황 아래서만 자유롭게 활동할 수 있다고 선언하였고, 이와 더불어 신사참배를 요구했다.[22]

이 선언에 대해 기독교를 비롯한 전문학교 학생들이 강력히 반대를 하자 다소 자유롭게 하도록 규정을 완화하는 듯 보였지만 1931년, 만주사변 이후 일본은 또 다시 관공서를 비롯한 학교 학생들에게 의무적으로 신사참배를 강요했다.[23]

이로 인해 미국 북장로교회와 남장로교회 선교부가 세운 학교들은 신사참배를 거부하다가 폐교되거나 자진 폐교하는 일들이 속출했다.[24] 1937년 9월 중일전쟁을 앞둔 일본은 모든 한국인에게 전쟁의 승리를 기원하는 신사참배를 강요했다. 이로 인해 국내의 종교 단체들은 결단을 내려야만 했다. 이때의 강요로 안식교회나 성결교회, 감리교회, 천주교회, 장로교회 등은 신사참배를 수용하였다.[25]

일제의 신사참배 강요는 일본의 식민 통치를 정당화시키고 조선을 일본의 황국신민으로 만들려는 목적을 가지고 시작되었다. 신사참배 강요가 본격적으로 진행된 것은 1931년 이후이지만 그 준비 작업은 일제의 조선 식민 통치의 역사와 함께 시작되었다. 침략 과정에서부터 신사참배를 강요함으로써 천황제 이데올로기를 정치원리로 확립하고, 궁극적으로 한국민족을 일본화시키겠다는 발상에서였다.[26]

신사야말로 자신들이 지배하는 민족 모두를 법적으로나 심리적으로 표준화된 일본제국의 신민들로 만드는 가장 강력한 도구라고 판단했기 때문이다. 이 과정에서 제일 걸림돌이 되었던 것이 바로 그 당시 조선인들 가운데 자리하고 있었던 기독교, 불교, 유교 등의 종교였고, 1910년 한일합방 직후부터 종교를 강하게 탄압하기 시작했다. 1911년 6월 3일 사찰령을 발포하여 조선의 불교를 통일하고 그 일체를 조선총독의 강력한 통제아래 두었다.[27]

5. 일제의 신사참배 무단강요(武斷强要): 동아일보 무기정간 본보기

본격적인 교회에 대한 신사참배 강요는 미나미 지로가 새 총독으로 조선에 부임하면서부터였다. 그는 1936년 8월에 새 총독으로 부임하며 강권 정치를 펼쳐 나갔다.[28]

미나미 지로는 1936년 8월 26일에 부산에 도착하였고, 27일 총독 취임에 즈음하여 담화문을 발표하였는데 그 내용은, 현재 세계의 형세는 매우 악화되고 제국의 형편 역시 쉽지 않아, 안으로 크게는 국민정신의 도야, 경제 실질의 강화를 …중략… 그와 함께 일만일체(日·滿一體)의 위업을 달성하고 양국 공통의 실력을 기르는 것을 필수적이며 중요한 과업으로 인적이며 물적인 양 요소에 걸쳐 내선일여(內鮮一如), 선만상의(鮮滿相依)의 경지를 통찰하여 그 현상으로 향하는 길은 다시금 위대한 황도국가(皇道國家)의 본연을 인식하고 …중략… 이로써 물심양면에 완전을 기하는데 있음은 두말할 나위도 없다고 하였다.[29]

이러한 그의 담화 후에 미나미 지로 조선총독의 통치 방향을 보여 주는 것으로서 동아일보를 무기정간 처분함으로 내선일여의 실상을 짐작하게 하였다.[30] 일제의 통치 방향에 일치하지 않으면 영향력 있는 언론이라 할지라도 가차 없이 처벌한다는 본보기를 보여 준 것이었다. 이어 9월 24일에 첫 도지사회를 소집하고 훈시를 통하여 조선총독으로서 처음으로 신사참배 문제를 구체적으로 거론하였다. 그는 계속하여 긴박한 국제 정세에 따른 불온한 책동을 미연에 방지하도록 지시하였고, 국체명징의 철저한 독려를 하였다.[31]

그의 계속된 강경책은 조선 강점 초기의 무단 정치와 동일한 형태로 이루어졌으며 군국주의 정치 체제를 더욱 굳건하게 하는 방향으로 진행되었다. 조선총독부는 이른바 황민화 정책을 강행하며 조선 민족말살 정책을 시행하였다. 그는 친일단체를 통하여 기독교 지도자들을 회유하고 신사참배에 앞장서도록 하는 전략을 펴나갔지만 별다른 효과를 거두지 못하자 강압적 태도로 신사참배를 강요하기 시작하였다.

그는 1938년 2월에 교회에 대한 시정 방침을 결정하고 신사참배를 강요하게 되었는데 그 내용이다.

1. 시국인식 철저를 위하여 기독교 교역자 좌담회를 개최하여 지도 계몽에 힘쓸 것.

2. 시국인식의 철저를 위한 지도와 실시.

(1) 교회당에 국기 게양탑을 건설할 것.

(2) 기독교인의 국기 경례, 동방요배, 국가봉창, 황국신민서사 제창을 실시할 것.

(3) 일반 신도의 신사참배에 바른 이해와 장려를 힘쓸 것.

(4) 서양 달력의 사용을 삼갈 것.

3. 외국인 선교사에 대해서는 이상의 것들의 실시에 관하여 자각시킬 것.

4. 찬송가, 기도문, 설교 등의 불온 내용을 검열, 임검 등으로 보다 엄중히 지키도록 통제할 것.

5. 당국의 지도에 따르지 않는 신자는 법적 조치를 취할 것.

6. 국체에 맞는 기독교의 새로운 건설운동은 이를 적극 원조할 것 등이다. 이와 같은 일제의 강요 앞에서 신앙을 지키려는 이들이 있었고, 서서히 변질되며 붕괴되기 시작하여 변절하여 복종하는 이들이 생겨나기 시작했다.[32]

6. 신앙의 변절

일제의 신사참배 강요로 인해 일어난 쓰라리고 슬픈 이야기를 안이숙은 그의 저서 『죽으면 죽으리라』에서 말하기를, 이 온 세상 심지어는 교회의 목사들까지도 직장과 명예와 지위를 위해서 죄를 죄로 인정하지 않고, 우상 숭배에 정신이 없는 것을 생각하면 주님 마음이 아프실 생각을 해서 가슴이 아프고 분하기만 했다.

또 일단 신사참배에 항거하다가 경찰에 잡혀서 매를 맞고 멸시를 받고 견디다못해 경찰에 굴복하고야만 이들도 많았다. 어떤 신사참배를 한 목사와 장로와 집사들은 결국은 신사참배를 하지 않고 반대하는 성도와 신자들을 미워하여 그들을 경찰에 잡아넣어서 신사참배를 시키려고 하며 신시참배를 선동하는 이들도 있었다. 그래도 그들은 부족한지 짜 가지고 스파이가 되어 기어이 숨어있는 신앙가들을 잡아주려고 한다는 사실을 들을 때 내 가슴은 너무도 분함에 못견디어 심장이 터질 듯이 아팠다. 그러므로 내가 무서워하는 것은 일본인이나 형사뿐만 아니라 신사참배를 권하는 이들과 또 그와같은 신자들이었다. 그래서 숨어다니는 사람들도 현실 교회와 믿는 이들을 형사들만치나 무서워했다. 원수는 세상에 가득해졌다고.[33]

7. 귀신 상자(가미다나=神棚)

또한, 일제의 신사참배 정책은 조선인의 가정에 가미나다라고 하는 귀신상자의 설치를 강요했다. 군청, 경찰서, 면, 파출소, 동, 애국반 등을 통하여 목재가 부족하여 종이 공급이 어려운 중에서도 군인과 경찰의 합작에 의해 지정된 상인으로 하여금 천조대신(天照大神) 등 야릇한 글자를 쓴 종잇조각을 조잡한 작은 상자 안에 집어넣고 집집마다 비싼 값에 배급하고, 그 대금을 강제로 징수하는 한편 그 상자와 종잇조각의 글자를 각자 주택의 높은 곳에 모셔놓고, 아침마다 두 손바닥을 쳐서 딱딱 소리를 내면서 절을 하라고 강요하였다.[34]

그렇게 가미나다 배례를 강요하기 위하여 조선인 유력자와 고관들의 가정에 일본 경찰의 탐정꾼을 배치하여 매일 아침 절을 올리는지를 확인하는 사찰을 하며, 애국반원 중에서 그들의 앞잡이들로 하여금 누구는 힘써 행한다. 누구는 가미나다에 절을 하지 않는 비애국민이다 등을 보고하게 하여 그것으로서 양곡, 고무신 기타 각종 물자의 배급 및 제반 대민관계에 있어서 여러 가지 제한을 하다 보니 견디지 못한 조선인의 가정에서 아침마다 헛손벽 치는 소리가 일어나기 시작하였던 것이다.[35]

8. 호랑이 굴로 찾아간 안이숙

제7대 조선총독 미나미 지로의 신사참배 강요는 가히 살인적인 무단정치였다. 안이숙은 이렇게 극한적인 조선인의 고통을 일본정계의 인물들에게 호소하고 경고하면 들어주리라는 심정으로 동경으로 건너가 죽으면 죽으리라는 결단을 하고, 1939년 2월 박관준과 일본 동경으로 건너가 일본 정계 요인들을 만나 신사참배 강요 저지를 호소하였다.[36]

이와 관련된 일체의 여행 경비는 안이숙이 자금을 대었다. 그가 만나 호소하고 경고한 요인들은 구세군 총본영의 최고 지도자인 야마무로(山室軍平) 중장, 전 조선총독 우가키 가즈시게(宇垣一成, 제 6대 조선총독) 대장, 히비끼(日疋亮) 중장, 일본의 국회 중의원(하원)의 대의사(국회의원) 마츠야마 츠네지로(松山常次郞) 등이다.[37]

안이숙은 전 조선총독 우가키 가즈시게 대장에게 찾아가서 말하기를, 나는 왕족과 귀족도 아니며 다만 일본서 공부를 한 여성으로서 하나님의 부르심을 받아 큰 사명을 띠고, 생명을 걸고, 일본 나라를 경고하러 왔습니다. 그리고 이 박 장로도 역시 같은 사명을 받았는데 일본 말을 몰라서 나와 동행해 온 것입니다. 대장께서 조선총독 재임 당시와 오늘은(제 7대 조선총독 미나미 지로) 너무나도 딴 세상이 되었습니다.

그때에는 모든 사람들이 자유로이 예수를 믿고 교회마다 큰 부흥이 일어나고 방방곡곡에 교회가 서고, 주일이면 각 곳에서 예배당 종소리가 흘러넘쳤습니다. 그러나 오늘날은 크리스천은 살인 죄수와 같이 악형을 받고, 더욱이 믿음을 지키려고 애쓰는 목사와 장로들은 감옥에서 무서운 고문에 쓰러져 죽습니다. 요행히 경찰의 손을 피한 사람들은 산과 들에서 헤메고 이들의 식구들은 산산이 헤어져 유리 방황하니 진실한 크리스천들은 살 수 없는 세상이 되고 말았습니다.

어린 양같이 순하고 정직한 교역자들은 억지로 일본 신사에 절을 시켜서 그들의 신앙을 유린하고 이중 성격자로 만들어 스파이로 삼고 신실한 자들에게 함정을 놓아 빠지게 해서 의인들은 잡아 가두고 갖은 악행을 다 겪으며 병신도 되고, 죽기도 합니다.

이같이 하는 일본 나라가 과연 하나님께 용서받을 수 있을까요?

대장께서는 나라나 백성이 천지를 지으신 하나님을 거역하고, 그 신자들을 핍박하고도 망하지 않는 일이 있을 것으로 믿으십니까. 하나님의 부르심을 받아서 일본의 집권자에게 일본이 회개하지 아니하면 머지않아 하나님이 보내는 유황불로 심판을 받게 될 것을 경고하러 왔습니다라고 하였다.[38]

안이숙이 호소 겸 경고하러 찾아간 전 조선총독 우가키 가즈시게 대장은 미나미 지로의 신사참배 강요를 지지하는 인물이었다. 안이숙은 호랑이 굴에 직접 들어가 그 호랑이가 하는 일을 하지 말라고 경고한 것이었다.

9. 일제의 신사참배는 우상 숭배

신사참배란 무엇인가에 대한 정의를 내리고자 한다. 이에 대한 정의가 애매모호하기에 혼돈이 오는 것이다. 일제가 주장한 대로 신사참배를 국가의식이라고 받아들여야 할 것인지 아니면 신사참배는 우상 숭배라는 입장을 취해야 할 것인지에 대한 것이다. 신사참배 문제에 대한 정확한 정의는 신사참배 문제를 풀어가는 핵심이 되는 것으로서 이에 대해 살펴 본다.

1935년, 장로교회 측은 이 신사문제에 대하여 직접 총독부 학무국에 교섭하기로 결정하고, 여러 가지 방법으로 노력해 보았다. 마침 그때 총독부 외사과(外事課)에 근무하고 있었던 일본인 기독교인 오다(大田) 씨가 총독부의 대표 격으로 교회 지도자들을 찾아와서, 총독부가 요구하는 신사참배는 애국적인 행동인데, 왜 거절하는가 하고 질문했다.[39]

그 질문에 대하여, 교회 측에서는 만일 총독부가 신사에는 영(靈)이 없고, 그 신사를 참배하는 것이 다만 애국적인 행동일 뿐이라는 성명서를 낸다면 우리는 참배할 것이라고 대답하였다. 그러자 그는 '영(靈)은 있다'라고 대답했기 때문에 의견이 서로 엇갈리어 헤어지게 되었다.[40] 이 일은 일제가 우상 숭배라는 것을 알면서도 애국적인 행동으로 거짓 포장하여 강요한 것을 밝힌 것이다.

10. 동아일보와 우상 숭배: 일반 국민들의 생각도 우상 숭배라는 것을 반영

기독교에서 정식으로 신사참배가 우상이냐 아니냐를 가지고 쟁론하기 전에 이미 일반 사회에서는 우상 숭배에 대한 것을 언론 사설을 통하여 명확하게 정의를 내리고 있었다. 1920년 9월 25일자 동아일보의 사설인 일명, "삼신기(三神器) 모독 사건"이다. 동아일보는 우상 숭배에 대하여 '제사문제를 재론하노라(2)'를 통하여 이미 발표하였는데 다음과 같은 내용이다.

> 오인(吾人=우리)은 차(此=이것)를 논판(論判=논쟁)하기 전에 위선(爲先=먼저) 우상 숭배란 무엇인가를 명백히 할 필요가 있다 하노니 대개 이에 대한 명확한 지식이 무(無)하면 또한 조선기념(祖先紀念=조상기념)과의 분별을 명백히 하지 못할 것이로다. 우상 숭배의 제일 현저한 자(者)는 목조니소(木彫泥塑=목각인형에 진흙칠을 한 것)하고 분면금신(粉面金身=전신에 분칠을 한 것)하여 신(神)이 자(玆=이에)에 재(在=있다)하며 혹 영(靈)이 자(玆)에 재(在)하다 하여 이를 숭배할 뿐 아니라 유시호(有時乎=어떤 때에는) 이에 대하여 강상강복(降祥降福=좋은 것이 내려와 복을 받는 것)을 기도함이니 이는 확실히 우상 숭배라 할 것이요. 설혹 인신(人身)을 모작한 우상은 무(無)라할지라도 혹은 경(鏡=거울)으로 혹은 주옥(珠玉=구슬)으로 혹은 검(劍=칼)으로 그타(他) 하등 모양으로든지 물형(物形)을 작(作)하여 혹처(或處=어떤 장소)에 봉치(奉置=받들어 두는 것)하고 신(神)이 자(玆)에 재(在)하며 혹이 영(靈)이 자(玆)에 재(在)하다 하여 이에 대하여 숭배하며 혹 기도함은 일체 우상 숭배라 할 것이니 대개 차리(此理=이것을 처리하는 것은)는 지자(知者=아는 사람)를 대하여 비로소 알바가 아니라.[41]

즉, 동아일보를 통해서 알 수 있는 것은 기독교에서 논란거리가 되고 있던 우상 숭배에 관한 것을 이미 일반 국민들의 생각이 반영된 정의라는 점에서 주목할 만한 것이었다. 우상 숭배란 목각인형의 전신에 분을 칠하고, 그것에 신(神)과 영(靈)이 있다면서 숭배하고, 때로는 강신강복을 기도하는 것이다. 또한, 사람의 몸을 본뜬 것이 아니더라도, 거울이나 구슬이나 칼 기타 어떤 모양이나 물건의 형태를 만들어 일정한 곳에 모시고 이것에 대해 숭배하거나 기도하는 것도 모두 우상 숭배라 할 수 있다.

이 사설로 말미암아 동아일보는 무기정간을 당하였다가 1921년 2월에 복간되었으나 영업국장이 책임을 지고 사임을 하였다. 이것은 일제의 신사참배가 통치 정책으로 정의한 국가의례가 아니라 우상 숭배라는 것을 드러낸 저항이었기에 언론 기관이 처벌을 받은 경우였다.

제4장

신사참배 강요에 대한 기독교계 대응의 진실은 무엇인가?

신사참배를 기독교에게 강요하는 것은 전방위적으로 행해졌다. 그 순서를 따라 신사참배 강요에 관하여 어떻게 대처했는지를 살펴보는 것은 각 교단의 처지를 이해하는데 도움이 될 것이다.

1. 로마가톨릭은 애국적 행사이므로: 신사참배를 이단으로 규정하였다가 갑자기 태도를 바꿈

로마가톨릭은 1918년, "신사는 다른 신들을 위하는 곳이므로 참배할 수 없다"는 조선 천주교 장정(章程)을 작성하였고, 신사는 종교임을 명시한 일이 있었다. 또한 1925년, 조선신궁 진좌제(鎭座祭) 때만 해도 개신교와 더불어 신사참배를 이단으로 규정하고 일제에 저항하였다.[1]

그러나 독일, 이탈리아, 일본이 3국 동맹을 맺은 후에는 갑자기 태도를 바꾸었다.[2] 1936년 5월 26일[3] 교황 비오(Pius) 12세는 포교성을 통하여 "신사참배는 종교적 행사가 아니고 애국적 행사이므로 이를 용허한다"라고 하면서, "일본 제국 안에서 의식서는 신자에게 다음과 같이 가르친다. 즉, 신사에서 행하는 의식은 국민으로서의 의무이다. 교육받은 자의 상식에 의하면, 신사의식은 단순한 애국의 표현이며 황족과 국가의 훈공자에 애친의 마음을 표하는 것이다. 그러므로 이 같은 의식은 시민으로서의 가치를 갖는 것뿐이며, 가톨릭 신자는 이들에 참가하는 것을 허용한다."[4] 따라서 신사참배의 허용여부에 대해 시대의 변천과 일반 사람들의 의견에 따라 달라지지 않으면 안 된다는 것이었다.[5]

이후 천주교회는 신자들에게 신사참배를 허용하는 길을 넓게 열어 두었을 뿐만 아니라 일제에 최선을 다해 협력하는 각종 행사를 하였다. 천주교회 총동원경성교구연맹은 일제에 협력하는 의미에서 1937년 10월 3일부터 9일까지 '총후후원(銃後後援) 강화주간'을 실시하고, 그해 말 자신들의 협력사항을 결산하였다.

1937년 7월부터 1939년 12월 말까지 총동원경성교구연맹이 경성교구 49지방[본당]에서 이룩한 성과는 다음과 같았다. 동양의 평화, 황군 무운장구, 전몰장병의 위령을 위한 각종 기원미사 29,622회, 동 목적을 위한 기도 55,452회, 국방헌금 3,624원 23전, 일선 장병 위문금 932원, 병기 헌납 보조금 422원, 제일선에 보내는 위문주머니 691개, 시국강연회와 각종 좌담회 11,592회, 출정 장병 가족 위문 151회, 부상 장병 위문 37회, 기타 각종 행사 165회였다.[6]

2. 감리교단 총독부의 협박에 순응: 총회에서 가결하지 않고도 순응함

감리교단은 신사참배 문제에 대하여 당국의 간섭이 심하게 되자 감리회보 제39호(1936년 4월)에 '신사문제에 대한 통첩'이라는 제목을 실었다.[7] 그 내용은 이렇다. 신사와 종교관계에 대하여. 신사의 본질을 설명하여 종교와 혼동하지 않도록 하라는 취지이다.

첫째, 신사의 봉사(奉祀)는 종교가 아니다. 신사와 종교의 주관부서가 다르다는 설명(종교-문부대신, 신사-내무대신).

둘째, 각 개인의 신교(信教)는 자유다. 신사참배는 조금도 신앙의 자유를 침해하지 않는다는 역설.

셋째, 대마봉제(大麻奉齊)에 관한 건. 대마(大麻), 신붕(神棚)(일본건국 공신의 위패)의 봉배(奉拜)는 희망자에게 구입케 한다면서 실은 강제로 하였다고.[8]

이후 감리교에서는 1936년 6월에 신사참배 요구에 순응하기로 방침을 세웠고, 1938년 9월 3일에는 총독 당국에 그렇게 하겠다고 통고문을 올렸다.[9] 1938년 10월 5일부터 모였던 기독교조선감리회 제3회 총회에서, 악명 높았던 조선 총독 미나미 지로는 대일본의 국민된 자는 그 종교여하를 불문하고 한결같이 천황을 존영하고 선대 조상의 신을 공경하며 국가에 충성을 다해야 함은 말할 필요가 없다며 신사참배를 거부한다면 존립시킬 수 없다고 협박하였다.[10]

총회 셋째날인 10월 7일 오후 배제학교 운동장에서 애국일 행사가 거행되었다. 총회에 참석한 총대는 물론이고, 서울 시내 감리교회 목회자와 평신도, 감리교 계통 학교 학생들이 총동원되어 일본 국가 봉창, 동방요배, 국민서사 낭송을 한 후 전체 참석자들이 총독부까지 행진하여 미나미 지로 총독의 훈시를 들은 후 남산에 있던 조선신궁으로 가서 참배하였으며, 저녁에는 총독부 사회교육과장 김대우와 윤치호의 시국강연을 들었다.[11]

이와 같이 감리교단은 장로교단처럼 총회에서 신사참배를 가결하지는 않았지만 다른 어떤 교단보다 일찍이 순응하는 자세를 보여 준 것은 사실이다. 이렇게 양주삼 총리를 비롯한 총대 일동이 동방요배는 물론이고 총독부에 가서 총독의 훈시를 들은 후 남산의 조선신궁을 참배하고 돌아와 회의를 진행하는 비굴한 모습을 보여 주었다.[12]

3. 장로교단의 굴복 국가의식이라고 선언: 일본 경찰 동원 총회에서 가결

장로교단은 끝까지 신사참배를 반대하며 많은 고초를 겪고 있었다. 이에 일본은 강하게 반발하던 주기철, 이기선, 김선두 목사 등을 사전에 구속시키고, 신사참배에 협조적인 목사들을 선동하여 1938년 9월 9일 평양 서문밖교회에서 열린 조선예수교장로회 제27회 총회에서 신사참배를 결의하게 만들었다. 당시 일본은 경찰을 동원하여 교회 밖을 에워싸고 97명의 경관들이 교회 안 강단 위와 193명의 목사들 사이사이에 앉아 신사참배를 강제로 결의하게 하였다.[13]

결국, 총회 이틀째 되는 날 오전 10시 40분 평양노회장 박용률씨가 신사참배를 제안했고, 평서노회장 박임현 씨의 동의와 안주노회장 길인섭 씨의 재청에 총회장 홍택기 목사가 가만 묻고 부는 묻지도 않은 상태에서 전격적으로 통과시킴으로써 공식적으로 신사참배를 결의하기에 이르렀다. 방위량(William Blair), 한부선(Bruce Hunt)을 비롯한 30여 명의 선교사가 강력히 항의하며 단상으로 향했으나 모두 일본 무술 경관의 제지에 막혀 교회 밖으로 끌려 나와야 했다.[14]

이에 총회장 홍택기 목사는 신사는 종교가 아니며 기독교 교리에도 어긋나지 않는 애국적 국가 의식이기에 솔선해서 국민정신 총동원에 적극 참가하여 황국신민으로서 정성을 다해 달라는 취지의 선언문을 채택하였다.[15] 그 선언문은, "아등은 신사는 종교가 아니오, 기독교의 교리에 위반하지 않는 본의를 이해하고 신사참배가 애국적 국가의식임을 자각하며 또 이에 신사참배를 솔선여행하고 추히 국민정신총동원에 참가하여 비상시국 하에서 총후 황국신민으로서 적성을 다하기로 기함. 소화 13(1938)년 9월 10일"이라고 되어 있다.[16] 이와 같이 대한예수교장로회 총회는 신사참배에 대한 정부의 압력에 복종하고, 공식적으로 신사참배를 하기로 선언하였다.[17]

총회의 이러한 결의는 한국 기독교 역사에 돌이킬 수 없는 부끄러운 흔적을 남겼고, 비록 소수이기는 하지만 권찬영 목사 외 26명의 항의문, 선교사들의 항의문도 아무런 효력을 발휘하지 못하고 일제의 계획대로 추진되었다. 평양기독교친목회 회원 심익현은 총회원 신사참배 즉시 실행을 특청하였고, 부회장 김길창의 인솔로 전국 23개 노회장들이 총회를 대표하여 평양신사에 참배하였다.[18] 이 일로 인하여 한국의 장로교는 내부에 갈등이 생겼고 또 신사참배를 거부하는 사람들이 모이는 장소가

따로 생기게 되었다. 이른바 재건파, 고려파는 이때부터(1938년) 싹이 트게 되었다.[19]

4. 성결교단 이명직 목사의 굴복과 해산 성명서: 시키는 대로 했지

일제 말 일본의 종교 정책 가운데 하나가 조선의 여러 교파를 통합하여 하나로 만들어 통치하려는 것이었다. 일본은 이미 자기 나라와 만주에서 모든 개신교파를 하나로 만들었다. 원래 일제강점기에는 장로교와 감리교가 연합하여 조선 기독교연합공의회를 만들어 활동하였다. 여기에 성결교회를 비롯한 작은 교단들은 가입하지 않았다. 하지만 1938년 일본은 조선 기독교를 재구성하려는 의도로 조선 기독교연합회를 만들어서 성결교회를 비롯한 다른 교단들도 가입하게 했다.[20]

일제는 조선의 여러 교파들을 통합하여 통치하려고 했고, 그리하기 위해서 1940년 일본 기독교연합회장인 감리교 감독 아베가 조선을 방문하여 기독교의 황민화와 교파합동에 대해서 역설하였다.[21] 그러나 일본 정부가 의도하던 교단합동과 신학교합동은 실패로 돌아갔다. 그래서 1943년 5월 장로교는 일본 기독교조선장로교단으로, 같은 해 8월 감리교는 일본 기독교조선감리교단으로 개칭하였다. 여기에 성결교회도 1943년 5월 5일 이른바 기구를 쇄신하여 일본 기독교조선성결교단으로 이름을 바꾸었다.[22]

조선성결교회가 일제의 종교 정책과 대결한 것은 재림의 문제이다. 이 문제의 시작은 일본에서 비롯되었다. 1942년 6월 일본은 사상통제

정책을 발표했고, 여기에 의해서 모든 일본의 성결교회 교역자들은 검거되었다. 처음에 일본교역자들은 그들이 신사참배를 거부했기 때문이라고 생각했다. 일본성결교회는 처음부터 신사참배를 거부했다.[23]

그러나 경찰관의 질문은 전적으로 재림교리 때문이었다. 성결교회의 재림교리는 하나님의 주권을 강조하기 때문에 천황의 신성을 모독하고, 하나님의 나라의 도래를 말하기 때문에 일본제국주의를 무시하고, 이스라엘의 회복을 말하기 때문에 시온주의라는 것이다. 이렇게 해서 시작된 일본성결교회의 박해는 계속되었고, 이것이 조선에도 영향을 미침으로 일본 경시청으로부터 같은 계통인 조선성결교회도 폐쇄하라는 지령이 조선총독부에 내려왔다.[24]

일본 경찰은 성결교회의 교리가 일본 국체와 어떻게 다른지를 알기 위해서 신앙, 사상, 교리의 세 부분과 30여 항의 세부항목으로 나누어 약 8개월 동안 조사했다. 그 결과 그리스도의 재림, 시온주의, 유일신 사상 등이 일본의 신도와 천황 체제에 위협이 되는 교리라는 것이 드러나게 되었다. 결국 1943년 12월 29일에 조선성결교회를 폐쇄시켰다.[25] 「조선검찰요보」에는 조선성결교단사건으로 해체[26]라고 표기되어 있다.

성결교회는 이러한 교단적인 운명에 맞서 목숨을 걸고 신앙을 지키지 못하였다. 조선성결교회의 해산으로 말미암아 성서의 권위를 중요시해온 교단의 명예는 추락되었다. 그들에게 있어서 성서의 권위는 단지 교리에서 나오는 신조가 아니라 목숨을 걸고 지켜야 하는 신앙이었다.[27]

이 해산의 과정이 자의냐 강제냐 하는 논란이 있다. 이에 대하여 당시 소장 목사였던 김정호 목사는 신문에서 해산성명서를 보고, 이명직 목사에게 항의하기 위하여 만났다. 이명직 목사는 "그걸 말하면 뭘 해. 내가 말하면 변명이 될 텐데. 처음에 쓰라고 해서 썼지. 고치라고 해서 고쳤지. 그것도 부족해서 나중에 저희들이 자기들 뜻대로 마구 써 가지고 와서 성명서를 내 보내더군."하고 말하였다는 것이다.[28]

당시 이명직 목사는 옥중에 있었는데 취조관이 제 마음대로 작성한 해산 성명서를 이명직 목사의 이름으로 발표하게 하였다.[29] 그 과정이야 어떻든 성결교회는 스스로 해산하면서 성명서를 발표하였는데 그 내용은, 다음과 같다.

> 우리 조선예수교 동양선교회 성결교회는 조선에 포교 이래 삼십오륙년 그간 장기에 걸쳐서 미국인 선교사의 지도를 받은 것뿐이 아니라 재정적 기초도 역시 미국에 의존하여 왔기 때문에 부지부식 간에 적(敵) 미, 영 사상의 포로가 되어 지금도 그 잔재를 말살키 어려움은 유감으로 생각하는 바다.
>
> 더구나 교리로서 신생, 성결, 신유, 재림의 네 가지 가운데 복음을 고조하여 왔는데 그 가운데 재림의 항은 기독이 가까운 장래 육체로써 지상에 재림하여 유태인을 모으고 건국하여 그 왕이 될 뿐 아니라 만왕의 왕인 자격으로서 전 세계 각국의 주권자로부터 그 통치권을 섭정하여 이를 통치한다는 것으로 근본적으로 국체의 본의에 적합하지 못할뿐더러 신관에 대하여도 성서의 해석에 기초하여 '여호와' 이외에 신이 없다는 사상을 선포하여 온 것은 현재 우리들의 심경으로 보면 실로 국민사상을 혼미에 빠뜨린 것으로 그 죄를 통감하는 바이다.
>
> 우리들은 최근 이 점에 깊이 깨달은 바 있어 여하히 하여 성서의 해석을 우리 국체의 본의에 적합케 할 것이냐에 연찬(硏鑽)을 거듭하여 봤으나,

필경 성서는 그 기지(基址)를 유태사상에 두어 우리 국체의 본의에 배반하는 기다적(幾多的) 치명적 결함을 포장하는 것으로서 성서 자체로 부터 이탈치 못한다면 완전한 국민적 종교로서 성립하지 못할 것으로 결론에 도달하였다. 다수 유력 신도 간에는 현 시국에 감(鑑)하여 우리들의 전시(前示) 소견과 동일 소견 하에 자숙 자계 교단의 자발적 해체의 요망이 있자 이를 신도의 총의에 응하는 것은 우리들 교단 간부에게 부하(負荷)된 책무인 것을 통감하고 이에 우리들은 단호히 조선예수교 동양선교회 성결교회(개명 일본 기독교 조선성결교단)를 자발적으로 해체하게 되었다.

우리들은 오랜 세월동안 부지부식 중에 그와 같은 불온한 포교를 하여온 책임을 통감하고 이제 맹서하여 결전 하 황국신민의 자격을 실추지 않을 것을 기함이라고 하였다.[30]

이와 같은 해산 성명서를 발표함으로써 선교에 대한 마음이 뜨겁고, 열정적이었던 성결교회가 일제 앞에 힘없이 무너지고, 이에 굴복한 교회 지도자들의 나약한 모습을 볼 수 있었다.[31] 이렇게 해산된 성결교회는 총독부 명령으로 예배당과 교역자의 사택이 대부분 경방단(警防團)의 사무소로 쓰이게 되었으며 교회의 기지와 건물은 적산(敵産)으로 팔려 넘어갔다.[32]

5. 성공회의 선교사 추방으로 인한 해산: 성공회 수장을 일본인으로 교체

일제의 성공회에 대한 압력도 예외가 아니었다. 여러 형태의 탄압이 가중되어 마침내 성공회가 부설로 세운 학교들도 1930년을 전후하여 폐교당하는 경우가 많았다. 이런 상황에서 조마가 주교의 뒤를 이어 제4대 주교가 된 사람은 이미 1908년부터 한국에 와서 선교 활동을 한 구세실(Cecil Cooper) 주교였다.[33]

그는 1931년 6월 11일 런던 성바우로 성당에서 주교서품을 받고, 조마가 주교가 의도했던 여러 가지 선교계획을 이어받아 추진하게 되었다. 그러나 일제의 선교사들에 대한 압력도 대단해서 영국인 성공회 선교사들도 연행, 감시를 당하고 심지어 고문을 당하기도 하였다. 특히, 1940년 평양교회에 근무하던 차애덕(A. E. Chadwell) 신부는 평양감옥에 일경에 의해 투옥되었다가 1942년 추방당했다.[34]

제2차 세계대전이 터지자 그들의 반영(反英) 감정은 노골화되었고, 이에 따라 1941년 초에는 모든 주교를 포함한 선교사들이 추방을 당하고 말았다. 조마가 주교 당시부터 총감사제 등을 역임한 바 있는 민재은(Drake) 신부는 70세 고령으로 끝까지 남아 있다가 결국 1942년 7월에 이 땅을 떠나고 말았다. 이로 말미암아 조선 성공회는 완전히 공백상태와 같이 되었다.[35]

이렇게 해서 성공회는 일본인 구토요시오 총감사가 교권을 거머쥐었다. 일제는 교회의 성격상 서구 교회와 직접 연관이 있는 성공회의 수장을 서양인으로 놓아둘 수 없었기에 선교사들을 추방시키고 그 자리에 일본인을 앉게 함으로써 성공회를 정부의 통제하에 두었다. 성공회는 교리적으로 신부 없이는 교회가 유지될 수 없음으로 자연히 교회가 해산되는 지경에 이르게 되었다.[36]

6. 안식교단의 보안법 위반으로 강제 해산: 설교를 트집삼아 총회 임원 전부 구속

비록 기독교로부터 정통 교회로 인정을 받지 못했지만 일찍이 한국에 들어와서 의료사업과 문서선교로 그 교회의 존재를 확인해 왔던 안식교회도 일제의 마수에서 벗어날 수는 없었다. 교회 이름 자체가 '제7일 안식일 예수재림교회'로 예수재림을 중요 교리로 다루고 있는 교회가 일제의 눈 밖에 났을 것은 당연지사였다.

> 1941년 안식교 중선대회(中鮮大會)가 충남 청양군에서 모였을 때 회장 정동심 목사가 '때가 가까웠으니 준비하자'라는 제목으로 설교를 했는데 이를 트집 잡아 소위 보안법 위반이라 하여 총회 임원 전부를 구속하였다.[37]
>
> 1943년 12월 28일 일제에 의해 강제 해산이 되면서 교회해산 성명서를 발표하였는데 그 내용은, 본 교회는 미국 선교사들의 손에 의하여 창립되었으며 이래 40여 년간 직접 그 지도를 받아 왔음과 동시에 그 재정적 기초도 전혀 미국 선교사에 의존했었다. 따라서 우리들은 부지불식간에 적(敵) 미(米), 영(英)적 사상에 감염되어 그들 양이(洋夷)의 풍속 습관이 반

(半) 신앙화되어 동양고유의 순풍미속은 점차 파괴되고 있었다. 그뿐 아니라 본 교회의 교리 가운데는 개인주의를 강조하는 나머지 국가의 존재를 경시하고 자유주의의 미명하에 국가의 존엄을 모독하는 듯한 혐(嫌)이 없다고 할 수 없다. … 또한 일상생활에 있어서 양이의 풍속을 청산하고 나아가 적(敵) 미, 영적 사상의 구각(舊殼)으로부터 선탈(蟬脫)하여 심신이 함께 동아(東亞)에 돌아와 대일본제국의 황민으로서 소생하려 한다. … 이에 우리들은 본 교회의 구각인 제칠일안식일예수재림교 조선합회 및 그 재원(財源)인 제칠일 안식일예수재림교 조선합회 유지재단을 자발적으로 해산하고 우리들의 새로운 결의를 표명하려 한다. 그 위에 우리들은 교단 사람의 지위로부터 일개의 자연인으로 돌아가 천황폐하의 적자로서 국가에 충성을 다함은 물론 황국신민으로서 대동아전시하 시국적 요청에 순응하여 일의정신(一意挺身)으로서 국은에 보답할 것을 맹세한다는 것이었다.[38]

이와 같은 해산성명서는 자의가 아닌 강제적인 것이었음에도 불구하고 그렇게까지 친일적 문구를 동원하지 않으면 안 되었는가에 대하여 비애를 느낀다.[39] 안식교의 해산은 「조선검찰요보」에는 1943년 12월 29일로 표기 되어 있다.[40]

7. 구세군의 순응과 몰락: 처음부터 순응

구세군도 일제의 신사참배 강요에 대하여 처음부터 순응했다. 유기 헌납으로 교회 종을 떼고, 등화관제 반공연습으로 밤과 오후 예배가 없어지고, 주일학교는 수련회가 되었다. 1943년 일기교단 조선 혁신교단이 생겼고, 장로교 감리교 구세군만 합동준비를 하였다. 1944년에는 서대문영도 폐쇄되고 영천으로 합하였다. 후루가와 교사가 구본영 상업부한 구석에 교회를 유지하며 예배를 계속하였지만 교회는 몰락하였다.[41]

8. 침례교 교단적인 신사참배 거부: 교단 명칭 변경 요구부터 시작, 포교규칙 불응, 강경교회 압수

캐나다 출신 독립 선교사 말콤 펜윅(Malcolm C. Fenwick, 1889-1935)에 의해 시작된 기독교한국침례회의 전신의 명칭은 첫 번째가 대한기독교회(1906-1920)였다.[42] 이에 대해 조선총독부에서 교단 명칭을 망국의 국호인 '대한제국'에서 '대한'이란 명칭을 교회라 할지라도 사용할 수 없다고 금지했다. 이로 인해 교단의 명칭은 두 번째로 동아기독교회(1921-1932)가 되었다.[43] 세 번째로 당시 기독교의 세속화 경향에 따라 하나님의 성별된 양의 무리를 뜻하는 '대(隊)'라는 명칭의 동아기독대(1933-1939)로 변경하였다.[44] 네 번째로 동아기독교(1940-1948)로 변경하였다.[45] 태평양전쟁 준비에 광분하던 일본군은 군대를 황군이라 하였는데, 전시의 시국적인 상황에서 교단 이름이 '동아기독대'인 것은 탄압의 구실을 제공하는 결과라 하여 이름을 변경하였다.

1915년부터 시작된 포교규칙에 불응함으로써 교회는 수난을 겪었고, 김영관 감목은 1935년 10월 5일자 전국에 보내는 「달편지」에서 신사참배와 황궁요배의 부당성과 그것들의 강요에 불복했다.[46] 1939년에는 강경침례교회 부지를 강경신사 확장 때문에 압수당하였다. 1942년 6월 10일부터 동아기독교 지도자 32인은 체포 구금되어 함흥형무소에서 옥고를 치렀다. 목사 9인은 '치안유지법위반'으로 기소되었고, 전치규 목사(1888.1.5~1944.5.13)는 신사참배 불복에 의한 혹심한 고문으로 함흥형무소에서 1944년 2월 13일 죽음을 맞이하였다.

연이어 1944년 5월 10일 동아기독교에 대한 해체령이 내려졌다. 요지는 동아기독교는 신사참배와 황궁요배를 거부함으로 일제의 천황을 모독했으며 교단의 교규 내용이 국체명징에 위배되는 불온사상을 지닌 교단이라는 죄목에 대한 판결이었다. 이날 원당침례교회 종탑도 압수당하였다. 교단적으로 신사참배를 거부한 침례교는 이 날로 해체되고 성도들은 뿔뿔이 흩어지고 해방이 될 때까지 기다리고 있었다.[47] 침례교의 항일운동 신사참배 강요 거부에 대한 것은 다음 장에서 더욱 상세히 다루고자 한다.

제5장

일본의 기독교는 조선의 기독교와 어떻게 상호 작용을 했는가?

조선의 기독교가 일제에 의해 신사참배를 강요당할 때 일본의 기독교는 어떤 생각을 가지고 있었을까. 그들도 같은 기독교인으로서 조선의 기독교인들에게 어떤 희망이라도 줄 수 있었을까를 생각해 보지 않을 수 없다.

1. 일제의 황민화 정책에 호응한 일본 기독교

3.1 독립운동 이후 조선총독부는 문화정치를 실시하고 조선인에게도 일본인과 동일한 방침으로 임하였고, 정치참여의 길을 열어 주었다. 그러나 이 일시동인은 동화 정책의 하나에 지나지 않는 것이었으며, 이미 뿌리를 내리고 있던 조선인에 대한 일본인의 우월감과 경시하는 태도는 변하지 않았다. 정치참여에 있어서도 조선총독부가 회유했던 조선인에게만 문호를 개방하였다. 헌병은 뒤로 물러났지만 경찰관의 수는 증가했다.[1]

1930년대에 일본이 중국 대륙에 대해 군사적 침략을 감행하고 있을 때 조선은 그 병참기지가 되었고, 이 일을 위해서 농업진흥, 공업화가 시행되었으며, 이 이익의 대부분은 일본의 것이 되었다. 러일전쟁으로부터 태평양전쟁에 이르기까지 조선인은 전시목적으로 강제동원되었다. 즉, 내선융화 이름 하에 황민화 정책이 진행된 것이다.[2]

이 진행은 신사참배의 강제, 황국신민의 서사 강요(1937. 10), 학교 교육에 있어서 조선어 사용금지(1938. 3), 창씨개명 강요(1939. 11) 등을 통해 보는 대로였다. 일본은 조선인을 전쟁에 동원하기 위해서 육군지원병제도(1938. 11), 해군지원병제도(1943.5), 징병령(1943. 8)을 실시했으며, 노동력으로 이용하기 위해서 국민징용령(1939. 7) 이후 여러 가지 방법으로 강제연행을 실시하였다.[3] 조선인은 같은 황국신민으로서 동등하다는 이름 하에 그들을 동원하고 가장 위험한 장소에서 무보수로 가혹한 중노동을 하게 하였다. 이러한 황민화 정책에 일본 교회도 호응하였다.[4] 이것은 아래의 실례에서 확인할 수 있다.

2. 일제의 신사참배 활동을 설득하는 일본 기독교

일본 교회는 조선의 신사참배 활동을 설득하였다. 총독부는 3.1운동 후 사상 선도 정책의 하나로서 1919년 9월에 조선신사(1925년에는 신궁[神宮]으로 개칭)를 서울 남산에 설립하였다. 그러나 조선인 기독교인들에게 있어서 신사참배는 기독교에 대한 배신행위이며, 민족적 굴욕의 행위였다.[5]

일본의 경성기독교교연합회는 1925년 7월 신사참배는 문제가 된다고 하면서 신사와 종교의 구별에 대한 당국의 견해를 관계자에게 확실하게 해 달라고 요망하였다. 이것은 신사 비종교를 주장하면서 참배를 강요하고 있는 당국의 방침에 반 정도 가담하는 견해였다.1930년대에 와서 총독부는 모든 학교에 신사참배를 비롯하여 국기게양, 궁성요배 등을 강요하였다.[6]

1935년 11월에 평양 숭실전문학교장 매큔(McCune, 1873-1941), 숭의여학교장 스눅(Snook, 1866-1960) 선교사가 기독교 학교로서 신사참배를 거부했기 때문에 다음해 1월에 교장 직에서 해임되었다. 그러나 조선에 있는 일본인 교인들은 이미 미지근한 생각을 갖게 되었다.[7] 경성일본인교회 목사 아키즈키(1878-1963)의 기록 근황보고에 의하면 신사참배 문제는 일본인에게는 용이하게 이해가 되지만 조선인에게 같은 것을 요구한다는 것은 곤란하다고 하면서 총독부가 신사 비종교, 신교의 자유를 주장하는 등 현명한 처치를 하고 있는 바 그것은 환영하고 싶다고 말하였다.[8]

3. 일본 기독교회의 재일 조선 기독교회 통합: 재일 조선 기독교회 완전 해체

일본 교회는 일본 기독교회의 재일 조선 기독교회를 통합하는 것이었다. 재일 조선인에게 기독교를 처음으로 전도한 것은 본국에서 파견되었던 전도자였지만 1927년 캐나다장로회 선교사 영(L. L. Young, 1875-

1950)이 일본선교회를 창설하고 일본에 와있는 조선인 교인들을 결집시켜 더욱 활발하게 전도하였다.[9]

1930년대에 와서는 5개 중회(中會)로 교회 수는 약 60개, 교인 수는 4천 명이나 되었다. 이들은 우선 일본 기독교연맹에 가입할 것을 생각했는데 그 가입이 제14회 연맹 총회(1936. 11)에서 승인되었다. 이후 그들 사이에는 일본 교회와 전면적 합동을 주장하는 측과 그것을 반대하는 측이 생겨났다. 이들 간에는 국가의 기독교에 대한 통제, 또 조선인 감시 정책에 대한 위기감과 일본 교계를 포함한 일본 사회에 대한 불신감이 교착되어 있었다.[10]

가입 후 활동에 대하여 제도적으로 유사한 일본 기독교회와 전면적 합동이다. 전면적 합동은 아니다 하는 의견으로 나뉘게 되었다. 이 의견에 대하여 소속 교회 대부분이 오사카에 있기 때문에 료쇼큐(浪速)중회를 통해서 교섭하기로 하였다. 중회는 이 문제를 교회 전체에 물어보기로 하고, 제52회 대회(1938. 10)에 재내(在內) 조선인 교회에 관한 건의를 제출하였는데 그 내용은, 이 제52회 대회의 방침을 근거로 해서 제62회 료쇼큐중회(浪速中會, 1939. 4)는

(1) 일본 기독교회 신조에 복종할 것,

(2) 전도에는 일본어를 사용할 것,

(3) 현재 목사에게 재시험을 치를 것 등을 가입의 조건으로 결정하고 이것을 조선 측에 통고하였다.

조선 측은 이것은 공평한 합병이 아니라고 생각하여 (2), (3)은 삭제하고 (4) 기존의 조선 기독교대회를 하나의 중회로 인정해 줄 것을 주장하며 그것을 교섭하였다. 그러나 중회 측은 (2)의 일본어 사용은 3년간 유

예하고, (3)의 목사 재시험은 형식적으로 하지만 될 수 있는 대로 전원 합격을 시키고, (4)는 인정할 수 없다는 입장으로 조선 측의 양해를 계속 구하였다. 제53회 대회(1939. 10)는 이 양해보다도 더욱 강력한 특별위원회 보고를 승인하였다.

이것은 (1) 가입은 일본 기독교회 헌법 규칙에 의한 정규의 수속을 따르며, (2) 집회는 일본어를 사용하는 것을 원칙으로 하지만 단지 장소에 따라서 일본어를 한국어로 통역한다. 특히, 지정된 집회에서 조선어를 사용하는 것이 가능하다. (3) 목사는 대회가 정한 규칙에 의해 전입된다. (4) 관계된 선교회는 전도지역을 이양, 협조, 선교회의 규약에 의해서 처리를 한다라고 했다.[11]

이것은 재일 조선 기독교회가 완전히 해체되고 통합되는 것을 의미했다. 이 가입으로 인해서 재일 조선 기독교회는 완전히 해체된 후에 다시 통합되어 일본 기독교회를 이어서 일본기독교단 교회가 되었다. 이에 따라 일본의 교회는 재일 조선인과 그 교회의 고난을 함께 느끼고 함께 짊어질 각오를 가진 것처럼 되지만 서로 간의 교섭에 관해서는 거의 알고 있지 못하였다.[12]

4. 일본 기독교와 조선 기독교와의 합동: 조선 기독교연합회 결성하고 일본연맹과 결합

일본 기독교는 일본 정부의 조선에 대한 황민화 정책, 종교 통제와 동원에 호응하여 여러 가지 활동을 하였다. 1938년 5월부터 조선에 주재하는 일본인 교인과 조선인 교인에 의해 각지에 조선 기독교연합회가 결성되고, 1939년 4월에는 같은 이름으로 하나의 조직이 되었다. 그와 별도로 조선의 교회 연맹이었던 조선 기독교연합공의회(1924 결성)를 해체하고 이것을 흡수하였다. 일본의 연맹은 이 연합회와 결합하고 내선일체의 국책(國策)에 봉사하게 되었다.[13]

또한, 장로교회도 같았으며, 감리교회도 일본과 조선 간의 합동 문제가 거론되었다. 제9회 총회(1939. 10)에 보고되었던 '일본 조선 감리교 합동문제위원회협의요람'에 의하면 조선 측은 제3회 총회(1938. 10)의 결의로 특별위원을 선출해서 일본 측의 위원과 합동을 협의하고 일본제국 내의 감리교회에 유효한 방침을 결정한다는 것을 통고하였다. 일본 측도 다음 해 5월에 합동협의특별위원회를 열고 교섭하였다.[14] 그 결과로 두 교회의 완전 합동이 바람직하지만 언어, 역사, 조직 현상 때문에 즉시 실현한다는 것은 곤란하였다.

여기에 당분간 현재 상태 그대로 운영하고, 두 교회 감독은 상호 총회원의 권리를 갖고 두 교회 감독이 지명하는 1인은 상호 중앙기구의 명예회원이 되며, 두 교회가 외국에 대표자를 보낼 때는 두 감독이 협의 결정하는 일, 두 교회가 정부관청과의 사이에 중대한 절충을 필요로 할 때는 두 감독이 협의하고, 일본 측 감독이 주로 절충하는 일, 두 교회는 목사의 교환, 전도의 협력을 하는 일, 합동 문제에 관한 위원은 금후에도 존속하며 더 긴밀한 관계에 있어서는 상호 협의하기로 의견 일치를 보았다.[15] 종교단체법(1939. 4 공포)은 조선에서도 적용되었다.

이 법은 1940년대 전반에 성결교회, 안식교회, 침례교회 등 여러 교파는 재림사상 때문에 해산 명령을 받았다. 장로교회도 감리교회처럼 제각기 일본 기독교에 예속되는 교단을 결성하는 움직임에 일본 교회 지도자가 관여하였다.[16] 결국, 1945년 8월 1일 국가권력의 강제지도로 일본기독교단 조선부가 만들어지고 이 일에 반대하는 교역자는 활동금지, 직위박탈, 투옥당하지 않으면 안 되게 되었다. 여기에 큰 역할을 한 일본기독교단이 지닌 문제성은 이 사실 속에서도 명백한 것이라고 할 수 있다.[17]

5. 일제의 신사참배에 동참할 것을 독려하는 일본기독교단: 일본화된 기독교

일본기독교단은 일본화된 기독교였다. 일본 정부가 조선에 강요하는 신사참배에 대하여 조선 기독교인들이 동참해 줄 것을 강요하는 편지를 보냈다. 이것은 1944년 부활절에 '일본기독교단으로부터 대동아공영권에 있는 크리스천에게 보내는 서한'이라는 형태로 일본기독교단 통리자 도미다 미쓰루(富田滿)가 발표한 것이다. 이 서한 중에는 조선인이 천황에게 복종하고 충성할 것을 요청하고 있다.

그 내용은 이렇다.

> 처음부터 우리 일본 제국은 만세일계의 천황이 통치하시고 국민은 황실을 종가로서 바라보며, 천황은 국민을 돌보아주는 것을 부모가 자녀에 대해서 하시는 것과 같은 자애로 하시고, 국민은 충효의 고원한 덕에 살고, 이 미덕을 옛날의 조상부터 끝의 자손에게 전하고 있는 일대 가족 국가

입니다.

우리 국민은 우리를 생각하시며 우리에게 평안이 있기를 비시는 천황의 덕에 응해서 이 대군(大君)을 위해서는 자기는 물론 부모도 자녀도 주인도 아내도 집도 고향도, 모든 것을 바쳐서 충성을 다하려고 밤낮 염원하고 있는 것입니다. 이 사실은 여러분이 벌써 대동아전쟁 때에 황군(皇軍)이 세계를 놀라게 하는 용맹 과감한 일을 보아서 그 배후에 숨은 신비스러운 힘을 느끼게 될 것이지만, 한 번이라도 우리나라의 역사를 펼쳐 읽은 사람은 그 각 페이지가 이 정신으로 가득 차 있다는 것에 경이를 느낄 것입니다.

형제들이여! 여러분은 사도가 무엇에든지 옳으며, 무엇에든지 정결한 것이라고 말할 때 단지 교회 안의 제덕(諸德)에 대해서 언급하는 것이 아니라 교회 바깥에서의 일반 사회 안에 있는 것을 생각하라, 정결케 하라고 말하는 것을 잘 아시리라 믿습니다. 이 미덕을 그리워하는 감정에 있어서 여러분들은 우리와 하나일 것입니다. 분열, 붕괴의 전야에 있는 개인주의 서구문명이 아직 한 번도 알지 못했던 무엇에든지 정결한 것이 동양에 남아 있습니다.

우리는 이 동양적인 것이 금후의 전 세계를 이끌고 건져나갈 것이라는 희망과 신념에 있어서 여러분과 일치하고 있습니다. 온 세계를 참으로 지도하고 구제할 수 있는 것은 세계에 솟아있는 만방무비(萬邦無比)한 우리 일본의 국체라는 사실을 신앙으로 판단하시고 신뢰하기 바랍니다.[18]

이와 같은 일본기독교단의 신사참배에 관한 입장은 일본 정부와 동일하였다. 조선 기독교인을 같은 기독교인 형제라고 불렀지만 그것은 전혀 다른 시각이었다. 일본기독교단에 조선기독교단이 같은 기독교인 형제로서 일본 정부가 조선인에게 신사참배를 강요하는 것에 대하여 도움을 요청할 수 없었다.

6. 일본 기독교의 일본 국가에 대한 태도와 조선에 대한 태도: 천황을 따르고 전쟁에 협력

일본 기독교와 조선 기독교는 같은 기독교라고 볼 수 있을까 하는 의문이 있다. 그것은 국체에 대한 태도와 신사참배에 대한 태도에서 극명하게 나타나고 있다. 이에 대하여 일본 주류 기독교에 대하여 일본 역사 신학자이자 개신교 목사인 사와 마사히코(澤正彦)는 말하길,

일본 교회의 주류인 일본기독교단의 여러 교회는 타협과 배신에 가까운 길을 걸어왔다고 할 수 있다. 일본 교회의 비주류에 있는 저항자, 수난자는 원칙적으로 개인적인 차원에서이지 그들이 속한 교단, 교회 전체로서 일본 국가 체제에 대항하지는 않았다. 즉, 일본 기독교는 교파와 교단 차원에서 저항한 예는 없었다고 하였다.[19]

일본의 전쟁 중의 기독교란 1931년 만주사변 시작부터 1945년 종전까지의 기독교를 말한다.[20] 이 기간 동안에 일본 정부는 일본 기독교를 줄곧 사탕과 매질로써 지배 아래 두려고 노력을 해왔다. 기독교인은 기독교인을 싫어하는 일반 국민의 감정이 두려워 정부가 때때로 베푸는 사탕발림에 달라붙어서 자기 세력의 안정을 확인하려고 했다. 이러한 일본 기독교인의 감정주의는 메이지 초기부터 패전 직후까지 계속되었다. 이러한 예는 1912년에 정부가 불교, 신도, 기독교 3교의 대표자를

불러 일본 정신계의 선도를 요청했을 때 기독교인들은 정부가 기독교를 불교, 신도와 같이 일본의 3대 종교 중 하나로 생각해 주는 것을 순진하게 기뻐했다.[21]

그러나 기독교인이 이 사탕발림을 고맙게 생각하는 만큼, 정부가 내리는 다른 한편의 매질을 받도록 되어 있었다. 정부가 내민 종교단체법은 기본적으로 정부 입장에서의 종교단속법이었다. 1939년 종교단체법이 국회를 통과하자 교회는 의회를 통과한 종교단체법에 어떻게 맞추어 갈까에 급급할 수밖에 없었다. 이 종교단체법의 목적은 국민정신 선도에 종교의 역할을 평가하고, 종교의 지위를 명확히 하며, 종교를 보호한다는 미명 아래 종교를 국가 규제 아래 두려는 것이었다.[22]

불교, 신도, 기독교 3대 종교 가운데 기독교가 국가의 인정을 받고 보호받는다는 사탕발림은 국가 정책(천황 중심에 의한 아시아 침략)에 기독교가 보조를 맞추지 않을 때에는 언제든지 교회 목사, 집회를 제한하고 활동을 중지시킨다는 매질의 측면도 가지고 있었다. 일본 기독교는 일본 정부의 단체통치의 편의상 기독교는 하나로 합동할 것을 요구받았다.[23] 1941년에 문부성의 교단인가를 얻었지만 외관상의 합동에 지나지 않았다. 전쟁 중의 일본 교회의 자세는 표면상 국가를 추종하는 화려한 면과 침묵으로 조용하게 교회생활을 해나가는 두 면이 있었다.

일본합동교단 성립 전후에 일본 교회가 발표한 성명문은 그리스도의 주권을 믿고 복음 전도에 전념하는 교회 본래의 모습과는 멀다.[24] 비교회적 문구로 장식하고, 일본 파시즘에 몸을 팔아 맡긴 돌이킬 수 없는 잘못을 보여 주었다. 1937년 청일전쟁 발발에 일본기독교연맹은 성명서를 통해 우리들은 정부 성명의 취지를 이해하고 협력, 일치하여 진

충보국(盡忠報國)을 수행한다고 말했으며, 성공회 문서에는 이번 사변은 성전(聖戰)이다라고까지 했다.[25]

1940년에 교회 합동을 단행한 계기를 만든 황기 2,600년 기념대회에서는 기미가요 제창, 궁성요배를 하고, 정부 수뇌, 도쿄 도지사의 축하가 있었으며, 천황(국체)에 대하여 기독교인도 합동 일치하여 국민정신의 대업에 참가하고, 더욱더 진충보국한다고 하는 성명서를 채택하기도 하였다. 1945년 8월 15일 패전에 이르기까지 교단은 대동아전쟁을 지지하고, 천황 중심의 국체 아래 스스로 종교보국을 말하면서 살아나왔다.[26]

일본 기독교계의 교회사가인 이시하라 겡은 교단 성립 이후의 교회에 관해서 다음과 같이 말하였다.

> 교회는 벌써 기독교복음의 장소가 아니었다. … 전 교파 교회 합동의 원칙만은 공적으로 선언되었으나 본질적으로는 기독교 복음의 신앙을 희생하여 묵과한 이교적 구책의 맹종이며 … 일본은 다시금 여기 쇄국, 금교의 시대로 돌아갔다고도 생각할 수 있다.[27]

그뿐 아니라 일본 지도급 목사는 전쟁 중에도 중국, 조선, 대만을 순회하여 예수 그리스도의 이름으로 전쟁 협력을 호소하고, 거국일치를 설명했다. 종교단체법은 조선에도 영향을 미쳐 일본 기독교조선교단도 강제적으로 만들게 했다. 일본보다 치열한 신앙 투쟁을 하여 옥에 들어간 조선 성직자들과 고난 중에 있는 조선 교회에 대해 교단은 아무 것도 할 수 없었을 뿐 아니라 그 상처를 한층 더 아프게 하는 방향으로 밖에 움직이지 않았다.[28]

일본 기독교는 국체인 천황을 충성스럽게 따르는 일본화된 이름뿐인 허울 좋은 기독교였다. 예수 그리스도를 따라야할 중심에는 천황이 자리하고 있었다. 이렇게 일본 기독교는 충성스럽게 천황을 따르는 종교신하로서 그 역할을 하고 있었다. 조선의 기독교는 일본의 기독교와 그리스도 안에서 한 형제애를 가지고 어떤 협력을 구할 수 있는 것은 전혀 불가능했다.

제6장

신사참배 강요에 대한 침례교단 거부와 항일의 전말은 무엇인가?

말콤 펜윅 선교사는 캐나다로부터 개인 자격으로 1889년 12월 11일 26세의 청년으로 조선 부산에 도착하여 1897년 대한제국 시대와 1910년 8월 29일 일제강점기 식민지 조선에서 1935년 12월 6일 원산에서 별세할 때까지 46년동안 사역을 하며 한국침례교의 효시(嚆矢)가 되었다. 그는 조선인에게 조선인답게 살아가는 기독교 신앙을 전수해 주었다. 그로 말미암아 일제의 신사참배 강요를 교단적으로 거부하는 지도자를 양성하는데 기여하였다.

펜윅의 신앙은 침례교단 지도자들에게 전수되었고, 그 신앙의 순수성은 일제의 신사참배 강요가 진행될 때 나타났다. 그때 침례교는 교단적으로 신사참배 강요를 거부하였다. 타 교단은 신사참배 강요를 자발적으로 순응하기도 하고, 거부하기도 하였지만 결국 굴복을 당한 경우이다. 교단이 강제로 해산되면서 성명서를 발표한 것이 자발적인 형식이라고 하였지만 이것은 일제의 강압에 의한 굴복이라고 보아야 한다. 타 교단에서 일제의 신사참배 강요에 대하여 순교를 당하면서 거부한 일부 지도자들도 있었지만, 신사참배를 적극 협력하는 교단 지도자들에 의해서 교단이 성명서를 발표하고 해산하였을 뿐만 아니라 또한 협력하였다.

그러나 침례교 지도자들은 '황국신민화' 정책과 '내선일여' 정책을 따르지 않았을 뿐만 아니라 전국에 공문을 보내 신사참배를 하지 말라고 독려했다. 그뿐만 아니라 신사참배 강요를 거부하면서 교단 지도자나 교인이나 어느 누구도 신사참배에 동참하지 않았다. 검거, 투옥이 되면서도 굴복 성명서도 발표하지 않았을 뿐더러 친일 협력도 하지 않았고, 고난과 형극의 길을 가는 순교자의 길을 택하였다. 침례교는 전국적으로 신사참배 강요를 거부하는 항일운동으로 일관하였다.

이에 대하여 허긴은 그의 저서 『한국침례교회사』에서, 조선 교회는 1930년대 중반부터 1945년에 해방될 때까지 일제의 전시 체제와 조선 민족말살 정책 아래서 극심한 박해와 탄압을 받아 왔다. 일제는 이때부터 전시 비상시국이라는 명분 아래 기독교를 완전히 세계 교회로부터 고립시키고 자신들의 세력 아래 두어 교회의 변질을 획책함으로써 전쟁 협력의 도구로 사용하고자 했다.[1]

경찰력과 군사력에 의한 폭력적 억압만으로는 식민 지배의 성공을 얻기 어렵다고 판단한 일제는 조선 민족의 정신 내부까지 침투하여 민족의 독자성을 말살하고 일본화시킬 방책을 강구하기 시작했으니 이것이 곧 황국신민화 정책에 의한 내선일체론(內鮮一體論)의 작업이었다.[2] 이 작업은 바로 신사참배 강요, 황궁요배의 강요, 창씨개명 강요, 일본어 사용 강요 등으로 시작되었다. 이때부터 일제의 신사참배 강요와 이에 대한 동아기독대의 공식적 반대 표명과 거부행위는 교단 산하의 전국 교회와 신도들 및 교단의 사역자들에게 이루 다 말할 수 없는 핍박과 고난의 시련을 몰고 왔다고 하였다.[3]

1. 일제의 포교계 제출 명령을 거부함으로 교회 집회 금지와 교단 책임자 구금(1916년)

제11회 대화회가 1916년 경상도 새원(新院)에서 소집되었다. 이 회의에서 결의된 중대한 교단적 사안은 일제의 포교계 제출에 대한 것을 거부한 것이다. 1910년 한일병탄 이후 일본 정부는 종교 법안을 선포하고 각 교단에 포교계를 제출하도록 명령했다. 대한기독교회에서는 하나님의 교회 일을 일제에 제출할 이유가 없다고 거부할 것을 결의했다. 이 일로 말미암아 이때부터 박해는 노골화되어 집회를 금지하고 교단의 책임자인 이종덕 목사을 구금하기까지 했다.[4]

2. 일제의 교단 명칭에 대한 압박과 탄압(1921-1940년)

기독교한국침례회의 전신인 교단 명칭들은 여러 번 변경되었다. 이것은 자의적인 것이 아닌 일제의 강압에 의한 것이었다.

첫째, 대한기독교회(1906-1920)였다. 이에 대해 조선총독부에서 교단 명칭을 망국의 국호인 '대한제국'에서 '대한'이란 명칭을 교회라 할지라도 사용할 수 없다고 금지했다.[5]

둘째, 이로 인해 동아기독교회(1921-1932)로 변경하였다.

셋째, 당시 기독교의 세속화 경향에 따라 하나님의 성별된 양의 무리를 뜻하는 '대'(隊)라는 명칭의 동아기독대(1933-1939)로 변경하였다.[6]

넷째, 동아기독교(1940-1948)로 변경하였다. 태평양전쟁 준비에 광분하던 일본군은 군대를 황군이라 하였는데, 전시의 시국적인 상황에서 교단 이름이 '동아기독대'라 하는 것은 '군대'를 연상시키는 것이라 하여 조선총독부에 지목이 된 교단으로 탄압의 구실을 제공하는 결과라 하여 이름을 변경하였다.

3. 일제에 대한 포교 규칙 불응으로 항거(1922년): 전국 소식지 「달편지」

교단의 전국 소식지인 「달편지」는 동아기독교 총부에서 발행하여 교단 산하의 개 교회로 매월 보냈다. 이 「달편지」가 언제 창간되어 언제까지 존속했으며 발행기간 동안 계속 되었는지 혹은 정간이나 휴간이 되었는지 사실 여부를 알 수 없다. 이것은 보존된 부분적인 자료에 의해서만 기록한 것이다. 당시 모든 간행물은 펜윅 위주의 것이었으나 「달편지」만은 유일하게 역대 감목들의 정신과 소신 그리고 역대 감목 외에 저명한 분들의 글을 실어 교단의 사상을 전해 주는 매개체로 사랑을 받아왔다.[7]

이 「달편지」는 여러 가지 내용을 수록한 월보이다. 주필은 펜윅과 역대 감목들이었다. 순수한 한글로 쓰인 「달편지」는 36×25센티 크기의 갱지로 대개 5,6매 정도였는데 기사에 따라 그 매수는 달랐다. 주필이 직접 써서 등사한 「달편지」는 매월 수백 부씩 발행된 것 같다. 그 내용은 그때마다 교단 내의 소식이며 공지사항 그리고 신앙적인 내용이었으며 자료에 의하면 로마서 강해가 연재되었고 이것이 영문화되어 외국에

도 보내져 적지 아니한 호응을 얻은 것 같다.[8]

1922년 4월 20일자 이종덕 목사가 쓴 광고에 포교계에 대한 내용을 살펴보면, 이 광고란에는 당시 포교계가 발표된 것에 대한 교단의 대응 방침이 신중히 결정된 것과 반대결정으로 인하여 당한 교회의 수난과 포교 규칙의 영향 등이 기록되어 있는데 그 내용이다.

① 펜윅은 포교 규칙이 발표되기 전에 이 사실을 미리 알고 감목에게 언질을 주었던 것 같다.

② 포교 규칙 위반으로 교회의 수난이 극심하자 다시 신중히 검토한 것을 말해 주고 있다.

③ 포교 규칙 불응으로 관청의 보호를 거의 받지 못하여 교회재산 유지에 어려움이 있음을 실제적으로 말해 주고 있다.

④ 포교 규칙이 1915년에 시작되어 8년이 지나는 사이 교단 전체의 어려움과 개 교회 수난을 구체적으로 설명해 주고 있다고 되어 있다.[9]

4. 일제의 황국신민화 교육을 거부한 펜윅의 학교 교육 폐지령 (1926)

펜윅은 1926년 전 침례교회에 교단적으로 학교 교육 폐지령을 내렸다. 이 발표가 나기 전인 1925년 9월 28일자 「달편지」에 그는 '아는 바 열매(선악과, 善惡果)는 교만케 하는 것이요(창세기 3장 22절), 의심은 죽게(고린도후서 3장 6절) 하는 것으로 주님 오실 때가 이미 가까웠으니' 하는 내용을 언급하였다.[10]

그리고 1926년 펜윅은 학교 교육을 금지하라고 하였다. 그 이유는 세상 사람들이 배우는 학교에 자녀를 보내어 공부하는 것이 신앙생활 심령에는 불가하다고 전제하고, 임원들 자녀부터 솔선해서 학교에 보내지 말고, 성경 많이 보는 진실한 사자로 양성하라고 지시하면서 지식 많은 사람 중에 고맙게 믿는 사람이 대단히 귀하다는 것이고, 지식보다 구원이 귀하다는 것을 강조함으로 온 교회들은 자녀 교육에 등한시하고 또는 단념하였던 바도 있었다.[11]

그런데 선교 초기 펜윅은 성도들은 세상 사람보다 우월해야 한다는 신념으로 교육을 권장하였다. 그런 펜윅이 학교 교육 폐지령을 내린 것은 놀라운 일이었다. 그 이면에는 복합적인 이유가 있다.[12] 펜윅이 1922년 귀국 후 조선에 왔을 때 일부 원로 교역자들이 진화론을 가르치는 세속 교육의 부당성을 자주 거론한 데다 펜윅 자신이 우상을 섬기며 약소민족을 압제하고, 선교 활동을 박해하는 일제를 좋게 여기지 않았다. 뿐만 아니라 그들의 교육을 받는 것이 옳지 않다는 생각이었던 같다.[13]

펜윅이 침례교에 교단적으로 학교 교육 폐지령을 내린 데에는 일제강점기 박해 시대라는 종말론적인 신앙을 가질 수밖에 없는 상황이었다. 그것은 조선총독부가 1911년 8월 23일에 공포한 조선교육령 제2조에 조선인의 교육은 일제의 국체에 기초하여 충량한 국민을 육성함을 본의로 한다고 명문화되었다.[14]

또한, 조선총독부 정무총감이었던 야마가다 이사부로오(山縣伊三郎)도 조선총독의 담화와 동일한 취지를 1911년 8월 보통학교 교감강습회에서 피력한 내용은, 조선인은 폐하(陛下)가 애무(愛撫)하는 제국신민(帝國臣民)이다. 따라서 그 교육이 내지인교육(內地人敎育)과 같이 충량한 제국신민을 기르는데 있음은 물론이다. 그러나 역사를 달리하고 풍속을 같이 하지 않는 민중에 대해서는 … 서서히 이를 선도함이 긴요하다. … 제자(諸子, 모든 아들)는 늘 시세와 취향과 민도의 실제에 비추어 사회실무에 적응하는 인물을 기르는데 힘써야 할 것이다라는 것이었다."[15]

이와 같은 교육령과 담화의 기조에 따라 조선의 자주독립을 고취하고 교육하는 학교에 대해서는 폐쇄령을 내렸다. 일제가 의미하는 제국신민의 교육이란 한 마디로 일본인화 교육인 동시에 비조선인화 교육이라고 말할 수 있다.[16] 일제가 말하는 충량한 국민의 육성은 조선인으로 하여금 그들의 천황과 일본제국에 절대적으로 충성하고, 일본제국주의에 절대 복종하는 양순하고도 무기력한 그들의 노예로 만들겠다는 것이다. 시세와 민도에 적합한 교육은 일본 국민으로서 지켜야할 의무를 알리는 일과 저급한 근로자로서 그들이 사역할 수 있는 노무자로서 일할 수 있는 능력을 길러주는 저급의 실용 교육만을 시키겠다는 우민화 교육, 민족적 차별 교육을 뜻하는 것이었다.[17]

또한, 일본어를 보급하는 교육은 일본어를 통한 조선의 전통과 문화, 그리고 생활양식을 파괴, 말살하고, 일본의 언어와 문화 그리고 생활양식을 조선 민족에게 강요하여 동화시키겠다는 동화 정책이었다. 이와 같이 시세와 민도에 적합한 일본제국신민 또는 충량한 일본국민의 교육이란 조선인 청소년에게 일본인 천황제 사상을 주입시키고 일본어를 습득시키며 저급의 노동력을 양성하는 동화와 차별이라고 하는 두 개의 전제하에 자행된 것이 일본식민지주의 교육의 기본노선이었다.[18]

이와 같은 일제의 조선 학교 교육에 대한 정책 시행을 알고 있었던 펜윅은 학교 교육에서 매일 조회 때 진행되는 황국신민서사 제창, 동방요배, 일본어 모국어 교육, 신사참배 등을 통한 황국신민화로 영향 받는 것을 원하지 않았다. 또한 펜윅은 침례교인 자녀들이 학교에서 사상적으로 일본인화되어 가는 것을 원하지 않았다. 그리하여 침례교인 자녀들의 신앙의 변절을 예방하고, 조선 사람의 자주독립사상을 지켜주고자 하였다. 이러한 상황에서 침례교인들에 대하여 학교 교육 폐지령을 내린 것은 일제의 황민화 정책에 대한 특단의 조치를 취한 교육적인 항거라고 볼 수 있다.[19]

조선총독부는 내선일체, 황국신민화를 더욱 강화하기 위해 학교 교육의 연장선으로 일상생활에서 황국신민 서사를 외울 것을 강요했다.

1937년 10월에 제정된 것으로 아동용과 중등학교 이상의 학생과 일반용으로 두 종류가 있다.

첫째, 아동용이다.

① 나는 대일본제국의 신민이다.

② 나는 마음을 합해 천황폐하께 충의를 다한다.

③ 나는 인고단련하여 훌륭하고 강한 국민이 된다.[20]

둘째, 성인용이다

① 우리는 황국신민이며 충성으로써 군국에 보답하자.

② 우리 황국신민은 서로 신애협력하여 단결을 굳게 하자.

③ 우리 황국신민은 인고단련의 힘을 키워서 황도를 선양하자.

이 서사의 성인용은 조선총독부 사회교육과장 재임 시 조선인 김대우가 수도적으로 참여해 제정한 것이다. 초선총독부는 각 직장과 학교, 단체 등에서 매일 아침 이를 봉창하도록 강요했다.[21]

학교에서는 일본어를 사용하지 않은 경우에는 벌금을 물도록 강제했다. 성적이 우수한 학생이 무의식중에 조선 말을 입 밖에 내어 낙제하기도 했다. 조선인 교원이 말 상대가 노인이어서 일본어가 통하지 않기 때문에 조선 말을 사용했다가 교장에게 알려져서 즉각 좌천되기도 했다.[22]

학교에서 행해지는 황민화교육은 일본어를 모국어로 사용하게 하는 것이었으며, 매월 초하루마다 남산 신사에 올라가 참배하는 것이었으며, 매일 조회 때마다 동방요배와 황국신민서사를 외우는 것이었다.

이러한 사례는 안이숙의 경우에도 나타났다. 안이숙은 선천보성여고에서 교직생활을 하면서도 매일 행해지는 동방요배 조회와 신사참배 강요를 거부하였고, 학생들은 이에 동참하였다. 어느 날 강제로 매월 초에 행해지는 남산 신사참배에 참여하였으나 참배를 거부했음으로 인하여 일제 경찰에 체포 구금되었다.[23]

그뿐만 아니라 일제는 강압적인 황국신민화 정책을 시행하기 위하여 군인, 헌병, 경찰만이 아니라 문관까지도 권위의 상징으로 칼을 차고, 학교에서 남자 교사는 소학교에서 여학교에 이르기까지 검을 찼다.[24] 이렇게 조선 학교의 상황은 매우 살벌하였고, 그 상황 속에 자녀들을 보내면 황국신민화의 사상으로 물들 것은 자명한 이치였다. 이러한 시대 상황이었기에 학교에서는 살아남기 위하여 친일사상을 가진 친일파 자녀들이 양성되었다.

5. 일제의 신사참배를 전교단적으로 거부한다는 「달편지」 광고와 운동으로 항거(1935)

일제는 국체는 신황신앙 위에 서 있으며 국민으로서 신도를 거부하는 것은 국체를 무시하며 국민의 의무를 거부하는 것이므로 반국민적 행위로 다스려야 한다는 논리를 내세웠다. 이때부터 조선반도의 교회들은 혹심한 시련과 수난의 시기를 겪게 된 것이다. 이러한 교회의 현실에 직면한 김영관 감목은 1935년 10월 5일자 「달편지」를 통하여 전국 교회에 신사참배와 황궁요배의 부당성과 당국의 강요에 불복할 것을 당부하는 광고를 했다.

6. 눈물어린 심경의 불경죄

김 감목이 당부한 광고 내용은, 어떤 구역에는 관청 당국에서 황제에게 요배를 하라고 시켰사오나 그것에 대하여 결코 응할 수 없는 것은 가령 황제님 앞에서 절한다는 것은 옳지만 멀리서 보이지 않는 데서 절하는 것은 헛된 절이며, 곧 절반은 우상의 의미를 가졌으니 이것은 성경에 위배되는 것으로 우리 믿는 사람은 못할 일입니다.

이것을 하지 않는다고 황제께 불경한 죄라고 할 수 없는 것은 믿는 사람이 복음을 어기고 황제께 공경한다면 진정한 복음이라고 할 수 없고 따라서 복음을 어기고 자기를 공경하라고 명하실 황제님이라고 저희는 생각할 수 없습니다. 그래도 불경죄라고 책임을 지운다면 그 은혜 베푸

시는 대로 평계 없이 감당하기를 원하며…라는 것이었다.[25] 이것은 황궁요배를 거부하였을 때 불경죄라고 하여 책임을 지운다면 어떤 핑계도 대지 않고 감당하겠다는 눈물 어린 심경을 표시한 것이다.

7. 일제의 탄압은 1916년 포교계 제출 불응 때부터: 전 교단적 신사참배 거부운동 역사적 사건

일제의 침례교(동아기독교)에 대한 탄압의 시작은 이미 1916년에 침례교(동아기독대)에 조선총독부가 포교계 제출을 요구하였지만 이를 거부하여 일제로부터 요주의 교단으로 지목되었던 때부터이다.[26] 이 일로 전국의 교회는 폐쇄되어 예배가 금지되었던 전력을 가진 교단이었다. 1936년 8월에 조선총독부가 국체명징을 내세우며 신사규칙을 전면 제정하여 다시 참배를 강요하자 동아기독대는 「달편지」를 통하여 전국 교회에 신사참배와 황궁요배에 불복할 것을 재차 통고했다. 신사참배와 황궁요배는 우상 숭배이며 이것은 성서에 위배되며 믿는 사람이 취할 도리가 아님을 분명히 했다.[27]

또한, 일제가 이 일을 불경죄로 다스린다면 교인들은 성령의 인도하심에 따라 조용히 순교의 길을 택할 것을 당부하고 있다. 침례교(동아기독대)가 포교계 제출을 거부하고 신사참배 거부운동을 교단적으로 전개한 사실은 이들이 침례교인임을 만방에 입증한 역사적인 사건이었다.

왜냐하면, 포교계 제출 요구는 침례교인들이 주장하는 정교 분리 원리에 위배되며, 신사참배 요구는 침례교가 주장하는 신앙 양심의 자유

원리에 위배되기 때문이다.[28] 1910년의 3.1운동과 같은 거국적인 항일 운동에는 오직 침묵으로 일관했던 침례교(동아기독대)가 정교 분리 원리와 신앙 양심의 자유 원리를 유린하는 포교계 제출과 신사참배 강요에 대해서는 분연히 일어나 행동으로 항거하고 거부운동을 전개함으로써 신앙과 순교의 피로 맞섰던 것이다.[29]

이들의 결연한 신앙정신과 일치된 믿음의 용기 앞에 다시 한번 경악한 것은 일제의 관헌과 경찰들이었다. 이들은 서둘러 침례교(동아기독대)의 지도자들을 검속, 탄압, 협박으로 대응하고 나서서 거부운동의 확산을 차단했다. 이때 함경북도의 웅기(雄基)교회에서 이 「달편지」가 일제 관헌의 손에 입수되자 일제 경찰은 침례교(동아기독대)의 핵심적인 지도 인물인 김영관 감목, 백남조 총부서기, 이종덕 안사, 전치규 안사, 노재천 목사 5인을 원산경찰서에 구금했다.[30]

일제의 이들에 대한 추상같은 취조와 말할 수 없는 고문에도 불구하고 한결같은 신앙의 답변으로 초지일관하자 구치된 지 3개월 만에 5인의 교단 지도자들은 입건 서류와 함께 송치되어 5개월 동안 원산형무소에서 감옥 생활을 했다. 이후에 김영관 감목과 백남조 총부서기는 3년 집행유예로 그리고 나머지 3인은 기소유예로 석방되었다.[31]

하지만 이 사건은 침례교(동아기독대)의 교회와 교인들에게 말할 수 없는 괴로움과 엄청난 수난을 몰고 왔다. 교단의 방침으로 신사참배와 황궁요배 강요를 반대한다는 입장을 공표하자 일제의 관헌은 전국에 있는 침례교(동아기독대)의 교회와 교인들을 반국민 단체로 낙인찍고 혹독한 박해와 더불어 감시 감독을 강화하며 괴롭히기 시작했다.[32]

8. 일제의 침례교 원산 총회본부 수색 압수 소각 사건(1942년): 이종근 감목의 설교 치안유지법 위반으로 기소

일제는 1941년 12월 8일 태평양전쟁을 일으킨 후 조선인에게 황궁요배와 신사참배를 더욱 강요하였다. 이미 모든 기독교파들이 일제의 강압에 의해 굴복을 하였는데 침례교만이 불복하고 있었다. 교단의 규모나 조직으로 보아 대수롭지 않게 생각했던 교단이 항거하자 일제는 오히려 당황하기도 하였다.[33]

그뿐만 아니라 1941년 이종근(中山川行) 감목은 5월 15일부터 1942년 1월 상순경까지 3회에 걸쳐 한국 내 각 구역에 포교 자료인 동아기독교회편찬 성서 약 30부, 복음찬미 약 1,700부를 배포하고, 이 기간 중에 매주일, 수요일의 예배 시에 신자 김중출 외 30명에게 그리스도의 재림과 심판 및 천년왕국의 출현을 기원하는 내용의 설교를 하였다.[34]

이 일로 말미암아 이종근 감목 외 8명이 1942년 5월 24일 함흥지방법원에 치안유지법 위반으로 기소가 되었다.[35] 이렇게 되자 사건은 더욱 비화되어 1942년 6월 10일 일본헌병대는 원산총부를 수색과 함께 원산번역 신약성경 6,500권과 복음찬미 및 교단의 중요서류 일체를 압수 소각하였다.[36] 이 사건으로 말미암아 침례교단의 역사적 자료는 완전히 소실되는 비운을 맞게 되었다. 그래서 이 원산총부 수색사건은 제1차 원산사건으로 불리기도 한다.

9. 일제의 침례교 지도자 32인 구속과 심문을 통한 박해(1942년)

1942년 6월 10일에 원산의 헌병대는 원산총부를 불시 수색한 동시에 이종근 감목을 검거 구속하였다. 이들은 이 감목에게 침례교(동아기독교)의 교규에 명시된 몇 가지 사항에 대한 심문을 시작했다. 그 심문 조항은 다음과 같다.

문 1. 예수 재림 시는 그 지위는 어떠한가?

답. 만왕의 왕으로 왕국을 건설하고 등국(登國, 왕위로 오른다)하신다.

문 2. 천년왕국이 건설되면 일본도 그 통치하에 들어가는가?

답. 그렇다.

문 3. 일본 천황폐하도 불신 시는 멸망 받는가?

답. 성경에 그렇게 명기되어 있다.

문 4. 그때는 일본도 망하고 천황도 예수 통치하에 굴복하게 되는가?

답. 전 세계가 통일되는 동시에 예수님 아래에 있을 수밖에 없다.

문 5. 국체명징에 위반이면 불경죄에 범하는 것을 모르는가?

답. 신앙양심에서 답하는 바다.

문 6. 단체대표인 감목이 그렇게 답변할 때는 간부는 물론이고, 전 교단의 지도자들도 동일한 신조로 지도하고 있는 것이 아닌가?

답. 동일한 성경으로 동일한 신앙을 소유하는 것이 합치되는 이론일 것이다.[37]

이러한 집요한 심문 앞에 이종근 감목은 추호의 동요도 없이 단호하고, 침착하게 대답을 하였다. 이런 답변은 그들의 감정을 상하게 하였을 뿐 아니라 격분하게 하였다. 그들은 심문에서 자신들이 요구하는 대답이 나오지 않게 되자 다음 날부터 전치규 목사와 김영관 목사를 구속하며 차례로 전국에 있는 침례교(동아기독교) 지도자들을 검거 구속하였다.

이때 원산 헌병대 유치장에 수감된 교단 지도자는 모두 32명이었다.[38] 구금된 이들을 성직 급별로 분류하면 안사 1명, 감목 1명, 목사 11명, 감로 16명, 교사 2명, 평신도 1명이었다. 이들은 동방요배나 신사참배를 거부한 것이었지만 이것은 일제의 국체에 대항한 중죄, 즉 항일독립운동에 해당하는 것이다.

10. 일제의 침례교 지도자 9인 예심청구서에 나타난 치안유지법 위반으로 항거(1943년)

침례교(동아기독교) 지도자들은 황국신민화 정책의 수단인 동방요배와 신사참배를 거부한 것으로 인하여 치안유지법을 위반한 것으로 기소가 되었다. 다음은 1943년 5월 24일 함흥지방법원검사국 조선총독부 검사 와타나베 요시노스케가 함흥지방법원예심계 앞으로 청구한 예심청구서에 기록된 죄명은 치안유지법위반이며, 피고인은 이종근, 전치규, 김영관, 장석천, 노재천, 박기양, 백남조, 신성균, 박성도 이상 9인이다.[39]

이들에 대한 범죄를 지적한 내용은 다음과 같다.

동아기독교회는 명치 39년(1906)경 유태계[기소장에 잘못 기재된 오류] 캐나다인 선교사 고 말콤 C. 펜윅(조선명 편위익)이 충청남도 강경에서 가난한 자들에게 전도하여 얻은 OO신자 신명균 외 수 명 및 침례파 기독교도 약 200명과 협의하여 창립하였다.

펜윅은 신 · 구약 성경에 독자적인 해석을 시도하여 편성한 교리 신조를 믿는 자들로 하여금 조직한 종교단체로 총부(본부)를 함경남도 원산 영정에 두고, 원로 및 교우된 자로 하여금 조직한 것이 원로교우회이며 이 교우회에 의해 최고 간부인 감목 및 안사를 선임하였고, 포교 방침을 심의 결정을 하도록 하고, 감목은 포교 사무일체를 총괄하여 목사 이하의 역무원(직원)을 임면 지휘하고, 안사는 감목을 보좌하고, 함께 지방교회를 순회하여 포교하며, 상황의 감사 등에 종사하고, 목사는 감목의 명을 받아서 담임지구(구역이라고 칭한다) 내 포교의 책임을 지고, 감로 및 교사는 목사의 지휘에 따라 전도와 그 외의 의무를 협의하고, 총부로부터 동아기독교회편찬에 관계되는 독특한 신약전서 복음찬미 그 외의 인쇄물을 통하여 포교에 노력한 결과 소화 13년(1938)경부터 함경남도, 강원도, 평안북도, 충청남도, 전라북도, 경상북도 OOO 12구역 지방교회 총 94명의 교인(침례를 받은 신자의 뜻)이 3000명을 넘고, 또 만주국 내에 약간 수의 교회 교인을 얻었으며 현재에 이르고 있다.

그리하여 그 교리 신조의 특색은 그리스도를 절대유일의 권위자로 숭배하고, 그리스도는 수난 이후 부활하여 하늘 위에 있다가 말세에 이르면 지상에 재림하여 소위 천년왕국을 건설하고, 우리나라를 포함한 모든 민족 국가 위에 군림하여 소위 만왕의 왕이 되어 우선 심판을 행한다. 그때 이교도 및 유태민족을 박해한 국가는 준열한 처벌을 면할 수 없음은 물

> 론이고, 그리스도와 함께 신자는 황후의 지위에 올라 영생을 누리게 되는 것임으로 현재 세태의 혼란분규는 이를 테면 위의 지상왕국 출현의 징조임으로 신자는 더욱 열심을 바쳐 교세 확대를 꾀하고, 복음을 O기 해야 한다는 취지를 강조 선포하여서 그 필연적 결과로서 소화 20년(1937) 경까지 공공연하게 신자에게 지령하여 이방인(같은 국민이라고 하더라도 이교도로 모두 호칭)과의 교제 및 국가의 설립 감O에 관계되는 학교에 취학, 신궁신사의 예배를 엄금하고, 삼가 하기는 하였지만 관헌의 강력한 지휘에 저항하고 또 그 후는 표면을 호도하고 있음과 또 전에 가르치는 자 O 곡해에 기초하여 교리신OO OOO 즉 천양무궁의 광휘 있는 우리 국체를 부정하고 나아가서 황실의 존엄을 모독하는 조항을 유포하는 것을 목적으로 하는 것과 같은 것이다.[40]

이와 같은 기소 내용과 함께 함흥형무소에서 순교한 제2의 피고인으로 적시된 전치규(陽田宇成)의 범죄 사실은 다음과 같다.

> 제2 피고인 전치규(陽田宇成)는 어렸을 때 서당에서 수년간 한문을 익혀 오랫동안 농업에 종사하던 중 동아기독교회의 교리신조를 따라 명치 12년(1909)경 침례를 받고 교인이 되었고, 대정 4년(1915) 목사가 되었고, 대정 13년(1924) 감목으로 선임되고, 소화 9년 (1934) 사임 이후에는 안사로 천거되는 동시에 원로 겸 원산구역 명예목사가 되어 현재에 이른 자이다.

(1) 소화 16년(1941) 8월 중 감목인 피고인 이종근의 소집을 받아 전게 제1의 (1)기록 내용의 협의를 하였다.

(2) 소화 16년(1941) 5월 15일부터 소화 17년(1942) 1월 상순경까지 매월 2회 평균 전0 총부에서 예배할 때 신자 김중생 외 약 30명에게 전기와 마찬가지의 설교를 하였다.

(3) 소화 16년(1941) 8월 중 강원도 통천군 통천면 서리 소재 원산구역 내 서리교회에서 최명선 외 20명에게 침례를 베풀고 이를 교인으로 하였다.[41]

제7장

신사참배 강요 거부로 인한 피흘린 발자취를 따라서

1925년에 제정된 치안유지법은 단지 7개조로 이루어진 간단한 법률로 국체를 변혁하거나 또는 사유재산제도를 부인함을 금하는 것이 입법의 목적이었다. 바꾸어 말하면 천황제 국가와 자본주의의 부정을 단속하려는 것이었다. 그리고 위반자에게는 최고 10년 이하의 징역 또는 금고라는 엄벌로 대하고 있다.[1]

1. 치안유지법 위반 개정: 국체 변혁은 사형

1928년 다나카 내각은 긴급칙령에 의해 이 법률을 개정하였는데 개정의 요점은 한 가지뿐이다. 그것은 국체의 변혁과 사유재산제도의 부인이 같이 나열되어 있던 것을 고쳐 사유재산제도의 부인에 관한 벌칙은 종래대로 최고 10년의 징역 또는 금고로 바꾸지 않고 두었으나, 국체 변혁의 최고형을 사형으로 바꾼 것이다.[2] 이 사형에 해당하는 자는 국체 변혁을 꾀하여 소동을 일으키거나 안녕 질서를 해치지 않더라도 단순히

그러한 결사를 조직한 자, 결사의 임원이 되거나 지도자가 된 것만으로도 충분했다.[3]

1941년 5월 태평양전쟁 개전을 앞두고 정부는 다시 치안유지법을 개정하였다. 이번 개정은 대대적이었으며 종래 7개조박에 없던 것이 65개조로 거의 10배나 불어나고, 형벌의 대상도 광범위해진 것이 특징으로 아래와 같다.

① 국체의 변혁을 목적으로 한 결사의 관계자만이 처벌되었지만, 이번 개정으로 다음과 같이 주도 면밀한 망이 쳐지게 되었다.

② 위 ①의 결사를 지원하는 결사를 조직한 자 또는 임원, 지도자 -최고는 사형(이하 최고라는 말은 생략함)

③ 위 ①의 결사를 준비하는 것을 목적으로 결사를 조직한 자 또는 임원, 지도자 - 사형

④ 위 ① ② ③의 목적으로 집단을 결성한 자 또는 지도자 - 무기징역

⑤ 위 ① ② ③의 목적으로 협의, 선동, 선전한 자 - 10년 징역

⑥ 국체를 부정하고, 신궁(神宮) 또는 황실의 존엄을 모독할 사항을 유포할 목적으로 결사를 조직한 자, 임원, 지도자 - 무기징역

⑦ 위 ⑥의 목적으로 집단을 결성한 자 또는 지도자 - 무기징역

⑧ 앞의 각 항목의 죄를 범하게 하기 위해서 경제적 원조를 하거나 그 제안을 하거나 또는 약속한 자 - 10년 징역으로 구성되어 있다.[4]

⑥은 새롭게 추가된 범죄 조건으로 - 종래도 불경죄로서 또는 이 법으로 단속하고 있었지만 - 좌익운동과는 전혀 관계가 없는 소위 유사종교의 탄압에 적용되는 것이다. 이상의 조직자와 지도자의 양형만 기술

했지만, 지도자가 아니고 단순 가입자, 참가자 또는 그 목적에 도움이 되는 행위를 한 자도 2년 이상 또는 1년 이상의 유기징역에 처해졌다.[5] 국체 변혁의 냄새가 조금이라도 풍기는 듯한 자는 모두 이 법률에 의해서 체포할 수 있는 것이다. 치안유지법은 일본에서만 아니라 조선에서도 적용이 되었다.

조선에서는 1928년-1935년에 치안유지법 위반으로 검거된 사람은 16,000명 이상에 달하고 있다. 검거된 보통의 범죄자에 대하여도 자백시키기 위해 고문을 서슴지 않았던 일본 경찰은 치안유지법 위반의 용의자에 대하여는 모든 잔인한 고문을 자행했다.[6] 이 때문에 생명을 잃은 사람이 적지 않았다. 이 법이 침례교 지도자 9인에게 적용되었다. 침례교(동아기독교) 지도자 9인의 범죄 사실 죄명이 국체 변혁에 적용되는 치안유지법 위반 내용으로 자세하게 예심청구서에 나타나 있는데 그 일부는 다음과 같다.

"관헌의 강력한 지휘에 저항하고 또 그 후는 표면을 호도하고 있음과 또 전에 가르치는 자 O 곡해에 기초하여 교리신OO OOO 즉, 천양무궁의 광휘 있는 우리 국체를 부정하고, 나아가서 황실의 존엄을 모독하는 조항을 유포하는 것을 목적으로 하는 것과 같은 것이다."[7]

이와 같이 치안유지법은 사회주의 사상만이 아니라 모든 자유사상, 천황제가 허용하지 않는 종교 등을 탄압하는 데 적용되었고, 일본은 파시즘의 길로 돌진해 나갔다.[8]

2. 교단지도자 32인의 옥중 고난 생활: 원산헌병대와 함흥형무소에서의 잔인한 고문과 취조

일제는 원산헌병대 유치장으로 전국에 산재해 있던 침례교(동아기독교) 지도자 32인을 1942년 6월 10일 이종근 감목을 구속하는 것으로부터 시작하여 9월 11일까지 전원 검거 구속하였다. 이들은 동방요배나 신사참배를 거부한 죄밖에 없었다. 이 일로 인하여 고문과 취조로 고통을 당해야 했다. 그러나 일제 관헌들의 서류 미비로 인해서 몇몇 교단 지도자들이 구금 명단에서 누락이 되었으며, 특히 만주에서 활동하던 이종덕 안사와 최성업 목사는 만주교회에 소속되어 있었기 때문에 구속자 명단에서 제외되었다.[9]

일제의 취조관들은 지방에서 구속 송치되어 오는 도착 순으로 끌어내어 심문하였다. 매일 아침부터 시작된 심문은 고문과 구타로 일관하였다. 그들이 지적하는 죄상은 명백한 것으로 그들의 명령에 불복한다는 것이었다. 신사참배에 순응하고, 동방요배를 하고, 6개 조항 심문에 굴복하면 석방시킨다는 회유였다. 동아기독교 지도자들에 대하여 위협하고, 협박하고, 구타하고, 주먹질과 발길질로 시작하여 격검봉으로 팔이며 다리며 온 몸이 멍이 들도록 구타하였다.[10]

그래도 듣지 않으면 무릎을 꿇게 하고 혹은 의자를 들고 있게 하며 고통스러운 고문을 가하였다. 그들의 혹독한 심문과 고문은 한 사람씩 계속되었다. 어떤 사람에게는 더욱 가혹하게 고문했고, 혹은 다소 가볍게도 하였다. 주리고 목마르고 계속되는 심문과 고문으로 32명의 교단 지도자들의 옥중 고난은 이루 말할 수 없었다.[11]

그중 박병식 감로, 이덕여 감로는 병으로 신음하며 지냈고, 전병무 감로, 이상필 감로는 수염을 깎지 않는다고 헌병들에게 봉욕(棒辱)을 당하기도 하였다. 이렇게 원산 헌병대 유치장에서 겨울을 보내고 11개월의 모진 고문과 옥고에 시달리던 32명의 동아기독교 지도자들은 1943년 5월 1일 한 건의 서류와 함께 함흥형무소로 이감되었다. 이 함흥형무소에서 함흥재판소와의 거리는 십리가 넘는 곳이었다.[12]

그 다음 날인 5월 2일부터 푸른색 미결수복을 입은 32명의 지도자들은 오랏줄에 묶인 채 줄을 서서 일제 관헌들의 욕설과 발길질을 받으며 함흥재판소로 재판을 받으러 다녔다. 그중에서 노약해진 지도자들은 몇 번씩이나 기진맥진하여 넘어지기도 하였다. 그러면서도 동아기독교 지도자들은 모두가 신앙의 정절을 지키고, 오직 주님만을 생각하며 그런 고통을 감내하였다. 15일간의 재판결과 32명 중 23명은 1943년 5월 15일 기소유예로 석방되었다.[13]

당시 펜윅이 한국 조선 선교(1889~1935)를 마치고 별세한 이후 펜윅의 재산처리 위원으로 있던 안대벽 교사는 교단의 재산을 처분하여 국방헌금에 기부하라는 당국의 강요를 거부하였다. 그로 인해서 일제는 수감 중인 32인에게 더욱 가혹한 행위를 하게 되었다. 이를 알게 된 안대벽은 후에 재산 일체를 일제 당국의 요구대로 기부하게 되었다.[14] 안대벽은 옥중 고난으로 인하여 허약해 질대로 허약해지고 병들어 석방된 기소유예로 출옥한 23명의 침례교(동아기독교) 지도자들의 건강 회복을 위하여 섭생과 간호를 극진히 하였다고 전해진다.[15]

일제에 의하여 구속되었던 동아기독교 지도자 23명은 기소유예로 석방되었고, 나머지 동아기독교 지도자 9명은 예심에 회부되어 연장 구속으로 남아있게 되었다.[16] 옥중에 남은 9명의 지도자들은 여전히 고통을 당하고 있었다. 그러나 시간이 지나도 그들에게 일제가 기대하는 변화는 일어나지 않았다. 동아기독교 지도자들의 구속으로 동아기독교의 교단 활동은 거의 중단된 것이나 마찬가지였다. 일제의 심문과 고문도 동아기독교 지도자들에게는 별효과가 없다는 것을 그들은 알았다.[17]

그래서 그들은 동아기독교 지도자들을 구금 상태 그대로 두며 주어진 형기를 기다리는 수밖에 없었다. 옥중에 있는 9명의 교단 지도자들은 굶주리고 고통스러운 감방생활로 인하여 육체는 쇠잔해 지고 병이 들어 있었다. 그들의 고통과 고난은 오직 신앙의 정절만을 위한 것이었다. 그들의 몸은 점점 쇠잔해져도 주님을 향한 사랑과 정절은 더욱 빛나고 있었다.[18]

3. 전치규 목사 함흥형무소에서 옥중 순교

일제 당국은 이들의 처리가 난감해 짐에 따라 병보석으로 가출옥에 대해 궁리를 하고 있었다. 그러던 중 1944년 2월 13일 옥중 고문과 병고에 시달리던 전치규 목사가 함흥형무소 안에서 그 일생을 마치게 되었다. 그것은 처참한 옥중 순교였다. 옥중 고문과 영양실조, 여독으로 온 신병으로 인해 전치규 안사는 57세의 일기로 그의 생의 마지막을 옥중에서 맞이하였다.[19]

전치규 목사가 옥중에서 운명한 이틀 후인 1944년 2월 15일 교단 대표인 이종근 감목을 제외한 7명의 동아기독교 지도자들은 병보석으로 가출옥을 하였다. 이렇게 출옥한 이들 7명은 원산 반도의원의 차형은(車亨恩, 감리교 장로) 원장의 호의로 병원에 입원하여 여러 날 간호를 받았다.

그러나 이들의 건강은 단기간의 치료로 완쾌될 성질의 것이 아니었다.[20] 같은 해, 8월 초 병보석으로 출옥되었던 7명의 동아기독교 지도자들은 재수감되었고, 공판 결과 9월 7일 이종근 감목은 6개월 징역 언도를 받았다. 장석천 목사와 6인의 지도자들은 집행 유예 5년을 받고 출옥하였다. 이종근 감목은 그 후 출옥하여 만주 간도 성으로 이주하였다. 그곳에서 전도활동을 하는 중에 공산당의 박해를 받았다.[21] 그 이후의 행적은 알 수 없다. 동아기독교 지도자 7명이 출옥한 이후 지도자 몇 사람은 옥중 고문 후유증으로 주님의 부르심을 받았다.[22]

4. 일제 침례교(동아기독교) 해체령과 대학살

일제에 의한 침례교(동아기독교)에 대한 교단적인 대탄압과 교단 지도자들의 무더기 투옥 사건과 옥중 순교 전치규 목사 사건이 진정되기도 전에 1944년 5월 10일 함흥재판소에서는 동아기독교의 교단 해체 판결이 내려졌다.[23] 해체령의 요지는 동아기독교가 신사참배와 황궁요배를 거부하여 일제와 천황을 모독했으며, 교단의 교구 내용이 일제의 국체명징(천황 중심의 국가 체제를 분명히 하는 일)에 위배되는 불온사상을 지녔기 때문이라는 것이었다.[24] 당시 일본은 조선 내 서울에 최고 법정인 고등법원을 설치하고 있었다.

그런데 전국에 조직을 가지고 있는 한 교단의 해체와 같은 중대사를 고등법원도 아닌 지방법원에서 판결하여 해체령을 내린다는 것은 법질서에 있어서 상식 밖의 일이 아닐 수 없었다.[25] 이 불법적인 교단 해체령으로 말미암아 동아기독교는 원산의 총부뿐만 아니라 전국 교회는 예배 및 집회가 금지되었다. 교회 건물은 폐쇄되었고, 교회의 재산은 물론 종각까지 국방헌금 명목으로 강제 몰수당하였다. 그리고 이에 불응할 때는 소각해 버린다고 위협하였다. 한 순간에 교단 지도자와 교회의 건물마저 상실한 교인들은 갈 바를 모르고 산지사방으로 이산되었다.[26]

침례교인들(동아기독교인들)은 관헌들의 눈을 피하여 은밀하게 집에 모여 예배하였고, 그러다가 발각되어 수난당하는 이들도 있었다. 또는 다른 교회에 나가 예배를 드리기도 했으며, 어떤 이들은 차라리 아무 곳에도 기지 않고 기정 예배로 대체하는 이도 있었으며 경우에 따라서는 낙심하여 신앙생활을 포기하는 사람도 있었다. 동아기독교사상 최대의 암흑기를 맞은 것이다. 그것은 박해의 정도를 넘어선 교단 반세기의 뿌리를 뽑아놓는 대학살이기도 하였다.[27]

그런 소용돌이 속에서도 동아기독교인들은 그들의 독특한 신앙을 지키며, 정통성을 잃지 않고 도도히 그 역사를 이어왔다. 이사야 6장 13절의 하나님의 말씀인 "그중에 십분의 일이 아직 남아 있을지라도 이것도 황폐하게 될 것이나 밤나무와 상수리나무가 베임을 당하여도 그 그루터기는 남아있는 것같이 거룩한 씨가 이 땅의 그루터기니라"고 하는 것이 약속이 되었다.[28]

이와 같이 침례교(동아기독교)는 일제에 의해 교단 해체령이 내려지는 비운을 맞이하였지만, 이것은 그동안 갖은 협박과 모진 고문 그리고 투옥에도 불구하고 끝까지 일제의 신사참배 강요를 거부한 동아기독교에 대한 단말마의 최후의 조처였다. 그러나 이 날은 한국 개신교 역사상 유일하게 교단적으로 교회와 교인들이 한결같이 신앙 양심의 자유를 주장하며 총칼을 앞세운 일제의 강압에 끝까지 굴하지 않고 믿음을 지킨 동아기독교의 승리의 날이었다.[29] 동아기독교는 이때부터 1946년 2월 9일 충남 칠산에서 교단 재건 회의가 이루어지기까지 깊은 동면 상태로 들어갈 수밖에 없었다.

5. 일제 함흥지방법원의 침례교 해체령 후폭풍

일제의 침례교단 해체령이라는 교단에 대한 사형선고가 몰고 온 후폭풍은 처절했다. 이와 같은 상황은 사람의 힘으로는 감당하기 어려운 지경에 이르렀다. 전국에 있는 교회들은 폐쇄되고, 종탑은 전쟁 물자로 몰수되고, 교회 재산은 팔려나가고, 교회 땅은 압수되어 신사부지로 변하였다.

6. 공주침례교회 폐쇄

공주교회에도 교단해체령으로 인한 영향이 미쳤다. 공주교회는 현재 꿈의교회로 불리고 있다. 침례교 역사신학자 김용국은 그의 저서 『꿈의교회 120년사』에서 그때 상황에 대하여 말하길, 교회에서 예배드릴 때 일본 순경들이 칼을 차고 와서 교인들을 해산시키곤 했다. 그들은 신사참배하고 예배드릴 것을 강요했으나 성도들은 신사참배는 우상 숭배이기 때문에 절대하지 않았다고 한다. 그러나 침례교단 해체령이 내려지자 이때 공주교회도 강제적으로 폐쇄를 당하고 교인들은 흩어지게 되었다고 하였다.[30]

7. 원당침례교회 종탑 강제 몰수

교단해체령으로 인하여 일어난 그날의 생생한 현장 기록은 강남중앙침례교회 담임목사였던 김충기의 자서전 『나의 나된 것은』에 그 내용이 전해지고 있다.

> 이런 영향, 즉 교단해체령이 내린 어느 날 평온하던 동네가 갑자기 소란스러웠다. 여기저기 웅성거리는 소리와 거친 말소리가 뒤엉키면서 온 동네가 술렁거렸다. 분명히 교회 쪽에서 들려오는 소리였다. 어머니는 어린 충기를 데리고 교회로 향했다. 교회와 가까워질수록 사람들의 울부짖는 소리가 메아리처럼 하늘에 울려퍼졌다. 어머니는 충기의 손을 더욱 강하게 잡고 뛰기 시작했다. 교회가 보이자 어머니의 발걸음은 갑자기 속도를 잃어갔다.
>
> 소리없이 눈물을 흘리며 어머니가 바라본 것은 바로 교회의 종탑이었다. 나무를 메고 오다가 수없이 넘어져서 온몸에 멍이 들어도 기쁨을 감추지 못했던 성도들, 땀을 흘리고 고생했지만 우리들의 교회를 짓는다는 생각에 안 먹어도 배가 부르다던 성도들이었다. 그렇게 교회가 세워지고 종소

리가 울렸을 때, 온 동네 사람들이 서로를 부둥켜안으며 기뻐했던 모습이 어머니의 기억 속에 하나 둘 스쳐갔다.

한동안 몸이 그대로 굳어 움직일 줄 모르는 어머니의 손을 뿌리치고 충기는 교회를 향해 달려갔다. 교회 앞에 도착해 보니 그곳의 모습은 더욱 처절했다. 일본군들은 종탑을 무너뜨리기 위해 톱으로 종탑을 떠받치고 있는 나무를 자르려고 했고, 그들의 다리를 잡고 어떻게든 막아보려는 여집사들은 일본군의 발길질에 머리카락이 흐트러지고 코피가 나는 줄도 모른 채 안간힘을 쓰고 있었다.

"안 된다. 이놈들아! 나를 죽이고 가져가라 이놈들아! 나라를 빼앗아간 것도 모자라서 하나님의 성전까지 망가뜨린단 말이냐 이 못된 놈들아!"

울부짖는 집사님들의 모습에 어린 충기도 그 자리에서 그만 울음을 터뜨렸다. 도대체 일본군들이 왜 우리 민족을 못살게 구는 것인지, 교회의 종탑을 왜 뜯어 가는지 자세히 알지 못했지만 집사님들이 피를 흘려가며 온몸으로 저항하는 데는 분명한 이유가 있으리라는 걸 어린 충기도 헤아렸다. 우는 충기를 가슴에 묻고 어머니도 함께 울었고, 그날 원당리에는 슬픔의 눈물이 하루 종일 흘러내렸다.[31]

이와 같은 생생한 기록이 있기에 그날의 역사 현장을 기억할 수 있다. 역사는 있었지만 기록이 없는 역사는 존재하지 않았던 것과 같다고 볼 수 밖에 없다. 역사에 기록되어 교훈이 되는 내용은 오늘을 사는 이들에게 희망의 길을 열어 준다. 역사의 기록된 내용은 현재를 사는 이들에게 새 길을 열어 주는 문과 같다고 할 수 있다.

8. 강경침례교회 대지 압수 신사부지로 조성

폴링에 의해 조성된 옥녀봉 강경스테이션 구내의 면적은 모두 4,732평에 달한다. 일제는 1939년 9월 강경교회 재산 중 먼저 581평을 매매 등의 방법을 통해 강경신사 부지로 편입시켰다. 일제 말기 강경신사 확장을 위해 그렇게 한 것이다. 그리고 1940년부터 동아기독교와 일제의 갈등의 골이 깊어지지 시작했다.[32]

일제는 교리 상의 이유로 교규서 제출을 요구하는 한편 급기야 원산 사건을 일으켜 동아기독교의 정상급 지도자 32명을 구속하였다. 강경에서 사역하던 김용해 목사는 그 가운데 가장 먼저 원산구치소에 수감되었다. 그 후 김용해 목사를 비롯한 23명은 기소유예로 풀려났지만 그 과정에서 펜윅의 유언에 의해 동아기독교의 재산 소유권자로 있었던 안대벽은 일제의 강압에 따라 그 모두를 기부할 수밖에 없었다고 한다.[33]

실제로 옥녀봉 강경교회의 나머지 재산은 김용해 목사 등이 풀려나기 하루 전에 증여의 형식을 통해 강경신사로 소유권이 이전되었다. 즉, 폴링이 매입한 4,732평 가운데 1939년 소유권이 이전된 581평을 제외한 4,151평이 이때 모두 강경신사로 넘어간 것이다. 그리고 마침내 일제는 1944년 5월 10일 동아기독교교단 해체령을 공표했다. 이미 그 전 해에 모든 재산을 일제에 강탈당한 강경교회 역시 이 조치에 따라 폐쇄되었다.[34]

제8장

침례교 항일독립운동의 교훈은 무엇인가?

침례교단의 기록을 교단 내에서 찾는 것은 한계가 있다는 것을 실감하였다. 그래서 침례교가 있었던 지역의 기록을 하고 있을 만한 자료를 찾고자 노력하였다. 그러한 가운데 「함경남도지」와 「원산시사」를 발견할 수 있었고, 거기에서 침례교 관련 기록을 찾을 수 있었다.

1. 함경남도지의 기록

침례교(동아기독교)가 원산에서 항일, 독립운동 기록으로 표기된 것은 「함경남도지」(1968년)이다. 이 기록에 의하면, 기미 3.1독립운동 이후 각종 독립운동에 수신분투(粹神奮鬪, 순수하게 몸을 바쳐 싸움)하다가 일제의 탄압으로 옥고를 겪은 수많은 애국인사가 있었지만 여기에서는 그 사건명과 대표자만을 기록한다고 되어있는데 그 내용은 다음과 같다.

① 기미년 3월 만세사건으로 이가순 외의 13명이 원산형무소에 투옥되었다.

② 경신년 8월 미국 상하의원단 환영 및 제2차 만세사건으로 김상익 외의 59명이 원산형무소에 투옥되었다.

③ 광주 학생사건과 원산 남녀 학생과의 연결 봉기사건으로 서남용 외의 다수 남녀 학생이 구금되었다.

④ 항일 무장봉기와 폭탄매장사건으로 조병철이 주모자로 체포 투옥되었다.

⑤ 보명학교(普明學教) 생도와 일인 헌병 간의 충돌 사건.

⑥ 원산노련 부두(埠頭) 노동자 파업 사건으로 윤두섭 외의 노동자 다수 피검.

⑦ 원산 자유노조사건 남상옥, 조시원 등 피체되었다.

⑧ 원산상업학교 경(鯨, 고래)사건으로 한태운, 조균실 외의 다수의 학생이 피검되다.

⑨ 원산소년폭탄사건으로 남수악, 김부경이 투옥되었다.

⑩ 동아기독교인 투옥사건으로 7명의 목사와 신도가 함흥형무소에서 옥사하였다.

⑪ 소년들로 구성된 일심회사건으로 이연복, 노봉석 등이 구류 끝에 중환으로 가석방되었다.[1]

이와 같은 열 한 가지 사건 가운데 동아기독교인 투옥 사건이 열 번째로 주목을 받았다는 것은 그만큼 주요 사건이었다는 것을 의미한다.

2. 원산시사의 기록

이와 관련하여 「원산시사」(1968)에는 목차의 제5장 독립운동과 항일반공투쟁이라는 제목 하에 13번째로 동아기독교인 투옥사건을 기록하였는데 그 내용은 다음과 같다.

> 원산 영정에 본부를 둔 동아기독교회는 침례교로서 일찍이 영국인(캐나다인에 대한 오기誤記) 선교사가 내한하여 선교사업에 힘써오던 중 안대벽 목사의 주관 하에 한층 다방면으로 활동을 전개하였다. 선교와 더불어 배일애국사상을 전파하였을 뿐 아니라 전국적이요 멀리 만주에까지 반일투쟁의 조직 밑에 활약한 것이 발각되어서 수다한 투옥자를 내는 희생을 당하였다. 그리하여 교인들이 일경에게 가택수색을 당한 끝에 수십 명이 체포감금된 나머지 함흥형무소에서 7명의 목사와 신도가 옥사당하였다.[2]

이 내용으로 보면 펜윅 선교사가 선교사업에 힘쓰면서 배일애국사상도 전파하였다는 것을 알수 있다. 동아기독교인들이 이러한 배일애국사상 전파 및 반일투쟁의 조직에 가담한 것이 발각되어 수다한 투옥자를 내는 희생을 당하였다고 하는데 아직까지 그 명단이 누군지는 알 수 없다. 이 일로 인하여 함흥형무소에서 7명의 목사와 신도가 옥사를 당하였다고 하는데 이때 함흥형무소에는 9인의 목사가 투옥되어 있었다.

이를 가리킨 것으로 추정이 된다. 더 확실한 전모는 이 사건이 신사참배 거부로 인하여 투옥된 동아기독교 지도자 32인과 관련이 있는지도 살펴보아야할 연구 과제이다. 그러나 한 가지 분명하게 알 수 있는 것은 침례교(동아기독교)도 일제강점기에 항일독립운동에 참여하였다는 것이다.

3. 신사참배 강요 거부는 항일독립운동

신사참배 강요 거부가 단순한 신앙운동 차원으로만 인정을 받아야하는지와 항일독립운동으로 인정을 받아야 하는지의 상관관계를 살펴보고자 한다. 지금까지의 전개를 살펴본 것으로 한다면 신사참배 강요 거부는 단순히 신앙운동 차원으로만 치부하기에는 문제가 있다는 것을 인정하지 않을 수 없다. 신사참배 강요는 종교의 자유를 침탈한 거대한 국가적인 종교탄압이었다는 것이 명명백백하기 때문이다. 이러므로 신사참배 강요 거부가 항일독립운동인 이유는 다음과 같다.

첫째, 일제의 조선 통치 정책에서 신사참배는 통치수단으로 정책적인 차원에서 이루어졌다. 조선 사람을 정치, 경제, 사회, 문화, 교육, 종교, 생활에 이르기까지 현인신이었던 천황에게 굴복시켜 일본인과 동화시키려는 목적이었다. 천황은 통치자인 동시에 신으로서 국가와 종교가 합체된 국체였다.

둘째, 일제는 조선 사람을 법적인 일본 동화로 창씨개명을 강요, 언어적인 일본 동화로 일본어를 모국어로 사용할 것을 강요, 종교와 정신적 일본 동화로 천황교 아래 일본 기독교와 같은 신사참배를 강요하였다.

셋째, 일제가 국체의 통치 정책을 거부한 것을 불경죄, 보안법위반, 치안유지법위반으로 다스린 것은 항일독립운동을 한 것으로 취급하였기 때문이다.

이와 같이 일제의 신사참배 강요에 거부로 대항하고 옥중 고난을 당한 안이숙과 옥중 순교를 한 전치규 목사 그리고 전 교단적으로 신사참배를 거부한 침례교(동아기독교)는 민족을 위하여 항일독립운동을 한 것으로 인정받아야 한다.

4. 항일독립운동으로 인정받기 위해 청원 활동

침례교는 일제강점기에 신사참배를 거부함으로 수난을 당하였고 순교자가 나왔다. 이것은 본서를 통해서 확인되는 항일투쟁으로 독립운동인 것이다. 따라서 항일독립운동으로 인정받기 위해 청원해야할 인물과 단체는 다음과 같다.

5. 안이숙과 전치규 그리고 기독교한국침례회

일제의 신사참배 강요 거부로 항일독립운동을 한 분들에 대하여 깊은 관심을 가져야 한다. 이 분들의 희생과 헌신 그리고 순교자의 피 위에 국가와 교회(기독교한국침례회)가 세워졌다는 것을 기억해야할 당위성이 있다. 이 분들의 희생을 기념하기 위하여 꾸준히 자료를 발굴하고, 연구를 하며 발표를 할 필요가 있다.

이러한 노력에 힘을 쏟고 있는 한국침례교회역사연구회(김대응 목사)

가 있다. 이 일과 관련된 「항일여성독립운동 신앙인 최덕지 안이숙 조수옥 재조명 학술세미나」[3]가 2019년 3월 6일에 있었다. 여기에서 주제 발표를 한 김대응 목사의 '일본국회를 호령한 안이숙의 발제문 전문'은 다음과 같다:

6. 항일독립운동 여성 안이숙(전치규와 기독교한국침례회) 발제문

1) 안이숙은 평안북도 박천(博川) 출신이다. 1928년 일본의 교토여자전문학교 가정과를 졸업하였다. 1932년부터 1938년까지 일제의 신사참배 강요가 각 지역의 기독교계 학교에 시행되면서 매년 문제가 되었다. 선천 보성여고 교사로 재직 시(1938년) 신사참배, 동방요배 조회를 거부, 전교(全教) 행사로 남산신궁 신사참배에 참여하였으나 신사참배를 거부함으로 형사들에게 체포되었다가 극적으로 탈출하여 신의주로 도피하였다. 그곳에서도 신사참배를 반대하는 이들과 협력하다가 쫓기어 평양으로 갔다. 평양에서도 신사참배를 거부하는 이들과 함께 활동을 하다가 평양에서 박관준 장로를 만나 일본 동경으로 가서 신사참배 거부운동을 하기로 협의하였다.

1939년 2월 박관준 장로와 일본 동경으로 건너가 일본 정계 요인들을 만나 신사참배 강요 저지를 호소하였다. 일체의 여행 경비는 안이숙이 자금을 대었다. 그가 만나 호소하고 경고한 요인들은 구세군 총본영의 최고 지도자인 야마무로(山室軍平) 중장, 전 조선총독 우가키 가즈시게(宇垣一成, 제6대 조선총독) 대장, 히비끼(日疋亮) 중장, 마쯔야마 대의사 등이다.

전 조선총독 우가키 대장에게 찾아가서, "나는 왕족과 귀족도 아니며 다만 일본서 공부를 한 여성으로서 하나님의 부르심을 받아 큰 사명을 띠고, 생명을 걸고, 일본 나라를 경고 하러 왔습니다. 그리고 이 박 장로도 역시 같은 사명을 받았는데 일본 말을 몰라서 나와 동행해 온 것입니다. 대장께서 조선총독 재임 당시와 오늘은(제7대 조선총독 미나미 지로[南次朗]) 너무나도 딴 세상이 되었습니다. 그때에는 모든 사람이 자유로이 예수를 믿고 교회마다 큰 부흥이 일어나고 방방곡곡에 교회가 서고, 주일이면 각 곳에서 예배당 종소리가 흘러넘쳤습니다.

그러나 오늘날은 크리스천은 살인 죄수와 같이 악형을 받고, 더욱이 믿음을 지키려고 애쓰는 목사와 장로들은 감옥에서 무서운 고문에 쓰러져 죽습니다. … 중략 … 이같이 하는 일본 나라가 과연 하나님께 용서받을 수 있을까요? 대장께서는 나라나 백성이 천지를 지으신 하나님을 거역하고, 그 신자들을 핍박하고도 망하지 않는 일이 있을 것으로 믿으십니까. 하나님의 부르심을 받아서 일본의 집권자에게 일본이 회개하지 아니하면 머지않아 하나님이 보내는 유황불로 심판을 받게 될 것을 경고하러 왔습니다."고 하였다.

같은 해인 1939년 3월 24일 종교통제를 목적으로 한 '종교단체법안'을 심의하던 제74회 일본제국의회 중의원 회의장에서 방청하던 중 "에호바 가미사마노 다이시메이다"(여호와 하나님의 대사명이다)라는 소리를 지르며, 국교를 기독교로 바꾸고 신사참배를 폐지해야 한다는 「국교개종헌의서」(國教改宗獻議書) 유인물을 뿌리고 동경 경시청에 체포되었고, 동경 유치장에서 한국으로 호송되어 평양형무소에서 감옥 생활을 하였다.

안이숙이 체포되어 평양경찰서에서 1년 동안 조사 취조 받는 동안 주기철 목사를 만났고, 신사참배 취조에 대하여도 우상이라 하여 굴복하지 않았다. 최권능(본명은 최봉석) 목사, 방계성 장로, 이인재 전도사, 이광록 집사, 오윤선 장로 등과 옥중 고난을 겪었다. 평양형무소로 이감되어 주기철 목사, 박관준 장로, 이기선 목사, 방계성 장로, 오윤선 장로, 서정환 장로, 최덕지 선생, 조수옥 전도사, 윤원삼 장로 등과 옥중 고난을 겪었다.

1945년 8월 15일 해방이 되었다. 안이숙의 사형집행일은 8월 18일 오전이었다. 그런데 8월 17일 밤 11시에 조수옥 전도사 등과 함께 출옥하였다. 영어(囹圄)의 생활 1939년 3월 24일-1945년 8월 17일까지 옥중 고난 6년, 사형집행 몇 시간 전에 출옥하였다. 안이숙의 판결은 국체변혁의 목적을 가지고, 그 목적에 필요한 사항을 실행하여 치안유지법위반, 보안법위반, 불경죄였다.

2) 캐나다 출신 선교사 말콤 펜윅(Malcolm C. Fenwick, 1889-1935)에 의해 시작된 기독교한국침례회라는 전신의 명칭은, 첫 번째는 대한기독교회(1906-1920)였다. 이에 대해 조선총독부에서 교단 명칭을 망국의 국호인 '대한제국'에서 '대한'이란 명칭을 교회라 할지라도 사용할 수 없다고 금지했다. 이로 인해 두 번째로 동아기독교회(1921-1932)로 변경하였다. 셋째로 당시 기독교의 세속화 경향에 따라 하나님의 성별된 양의 무리를 뜻하는 '대(隊)'라는 명칭의 동아기독대(1933-1939)로 변경하였다. 넷째로 동아기독교(1940-1948)로 변경하였다. 태평양전쟁 준비에 광분하던 일본군은 군대를 황군이라 하였는데, 전시의 시국적인 상황에서

교단 이름이 '동아기독대'라 하는 것은 조선총독부에 지목이 된 교단으로 탄압의 구실을 제공하는 결과라 하여 이름을 변경하였다.

교단은 1915년부터 시작된 포교규칙을 불응함으로써 교회는 수난을 겪었으며, 1935년 10월 5일자 전국에 보내는 「달편지」에서 신사참배와 황궁요배의 부당성과 강요에 불복했다. 1939년에는 강경침례교회 부지를 강경신사 확장 때문에 압수당하였다. 1942년 6월 10일 부터 동아기독교지도자 32인은 체포 구금되어 함흥형무소에서 옥고를 치렀다. 목사 9인은 '치안유지법위반'으로 기소되었고, 전치규 목사(1888.1.5.~1944.5.13.)는 신사참배 불복에 의한 혹심한 고문으로 함흥형무소에서 1944년 2월 13일 죽음을 맞이하였다.

연이어 1944년 5월 10일 동아기독교에 대한 해체령이 내려졌다. 요지는 동아기독교는 신사참배와 황궁요배를 거부함으로 일제의 천황을 모독했으며 교단의 교규 내용이 국체명징에 위배되는 불온사상을 지닌 교단이라는 죄목에 대한 판결이었다. 이날 원당침례교회 종탑도 압수당하였다. 교단적으로 신사참배를 거부한 침례교회는 이 날로 해체되고 성도들은 뿔뿔이 흩어지고 해방이 될 때까지 기다리고 있었다.

3) 신사참배 거부가 항일독립운동인 이유이다.

첫째, 일제의 조선 통치 정책에서 신사참배는 통치수단으로 정책적인 차원에서 이루어진 것이다. 한국민을 정치, 경제, 사회, 문화, 교육, 종교, 생활에 이르기까지 현인신(現人神)이었던 천황에게 굴복시켜 일본인과 동화시 키려는 목적이었다. 천황은 통치자인 동시에 신으로서 국가와 종교가 합체된 국체(國體)였다.

둘째, 일제는 한국민을 법적인 일본 동화로 창씨개명을 강요, 언어적인 일본 동화로 일본어를 모국어로 사용할 것을 강요, 종교와 정신적 일본 동화로 천황교 아래 일본 기독교와 같은 신사참배를 강요하였다.

셋째, 일제가 국체(國體)의 통치 정책을 거부한 것을 불경죄, 보안법위반, 치안유지법위반으로 다스린 것은 독립운동을 한 것으로 취급하였기 때문이다.

이렇게 본다면 일제의 신사참배 강요에 거부로 대항한 안이숙, 전치규와 침례교(동아기독교)는 민족을 위하여 독립운동을 한 것으로 마땅히 여겨주어야 한다고 제안을 한다.[4]

7. 항일독립운동 홍보를 위한 학술세미나

일제의 신사참배 강요에 대하여 한국 교회가 전반적으로 굴복하였다고 학자들 사이에 널리 알려져 있다. 신사참배를 연구하는 권위있는 학자들도 동아기독교의 교단적인 항거에 대하여는 언급을 하지 않고 있다. 신사참배 문제의 전문가인 김승태의 연구에 따른 견해도 다음과 같다.

> 한국 교회도 교파에 따라 신사참배에 대한 입장을 달리하고 있었다. 각기 시기의 격차는 있지만 천주교, 감리교, 안식교, 성결교, 구세군, 성공회 등 대부분의 교파들이 일제에 굴복하여 일찍부터 신사참배에 응했다.

> 장로교만이 외롭게 반대하다가 결국 1938년 9월 제27회 총회에서 강제로 신사참배를 결의함으로써 교단적인 차원에서의 반대는 끝나고 말았다.[5] 또한, 윤경로도 요컨대 한국 교회는 일제의 신사참배 및 변질 강요에 대하여 교단적 차원에서의 대응에는 실패하였다.[6]

이와 같이 신사참배 문제를 연구하는 학자들에게도 동아기독교는 변방에 있는 것 같이 여겨지고 있다.

한국기독교사에서 지금까지 신사참배 문제를 중심으로 한 일제 말 한국기독교 수난사에서 그 교세의 이유인지, 아니면 교회 정치의 중심성 때문인지는 명확치 않으나 철저히 장감 양 교파 중심으로 이 주제가 다루어졌던 것이 사실이다.[7]

이러한 한국교회사 서술의 편중된 측면에 대하여 구라타 마사히코는 종래의 신사참배 문제를 비롯한 한국교회사의 서술이 너무나 장로교, 감리교에 편중해 왔지 않았나 여겨진다. 신사참배 문제만 해도 강제 해산된 성결교회나 동아기독교(침례교), 그리고 등대사와 같은 분파에 대해서도 앞으로 연구가 있어야 되리라 생각한다고 하였다.[8]

구라타 마사히코의 지적처럼 동아기독교의 신사참배 문제에 관한 기록을 타 교단에서는 찾아볼 수 없다. 그만큼 편중되었다는 반증이기도 하다. 실례로 장로교의 김남식 박사의 저서 『신사참배와 한국 교회』(1992), 『한국기독교수난사』(2008)와 안도명의 저서 『신사참배 반대투쟁정신사』(1991) 등에도 일체 언급이 없다. 이와 같이 침례교(동아기독교)가 교단적으로 항거하였다는 발표는 거의 없다고 해도 과언이 아니다.

그러나 최근 학술세미나를 통하여 침례교(동아기독교)가 교단적으로 일제의 신사참배 강요에 항거하였다는 것을 널리 알리는 계기가 있었다.[9] 또한, 그것은 언론(인터넷신문인 '크리스천투데이' 2019년 03월 06일자)을 통하여 홍보가 되었다. 그 내용은 다음과 같다.

기독교한국침례회 총회장 박종철 목사는 "교회는 순교자의 피에 의해 세워지고, 국가는 애국자의 희생에 의해 세워진다 해도 결코 지나친 말이 아닐 것"이라며 "대한민국 역사중 일제 36년은 잊지 말고 기억해야 할 소중한 자산이다. 식민지 국민으로 고난당한 역사는 영원한 상처로 남아있게 될 수밖에 없지만, 그것을 교훈삼아 미래로 나아가야 한다"고 당부했다.

박종철 목사는 "일제강점기 신사참배에 대한 항거는 하나님 말씀에 순종하는 것으로, 교회와 국가를 위하는 것이었다"며 "교회의 존재 이유 중 중요한 하나는 국가의 독립이다. 국가가 없는 교회는 있을 수 없듯, 교회 없는 국가도 있을 수 없다. 교회와 국가, 국가와 교회는 하나님의 축복으로 함께 가야 하는 동반자"라고 했다.

그는 "안이숙 사모님은 출옥 후 LA 한인침례교회와 대전 새누리침례교회를 설립해 평생 하나님의 영광을 위해 살았다"며 "침례교는 교단적으로 신사참배를 거부해 주요 지도자 32인이 체포·구속돼 옥고를 치렀다. 특히, 옥중에서 순교한 전치규 목사님은 안이숙 사모님과 함께 독립운동가로 추서될 수 있길 기대한다"고 했다.[10]

8. 항일독립운동으로 인정받기 위한 과정의 숙제

기독교한국침례회 교단의 일제강점기 시대의 교단 역사를 연구할 때 자료 발굴이 문제가 된다. 그 이유는 1941년 소위 원산사건으로 원산총부에 있었던 문서일체가 일본헌병대에 압수되어 소각이 되었기 때문이다. 이로 인하여 그 당시를 기준으로 한 과거 역사는 기억에 의존하여 기록한 몇 권의 자료가 전부이다. 또한, 시간이 많이 지나서 근래에 증언한 기록들이 나오고 있지만 신빙성의 문제가 대두된다.

역사적 자료는 기록된 문서라야 하고, 증거가 될 만한 필요충분조건을 갖추고 있어야 한다. 그렇지 않으면 역사적 사실을 왜곡할 수 있는 가능성이 농후하다고 볼 수 있다. 그래서 일제강점기의 침례교 자료를 발굴하는 데는 교단 안에서만 아닌 외부 자료에서 흔적을 찾는 노력이 절대적으로 요구되고 있다. 국가기록원이나 보훈처 자료를 검색하거나 일제강점기의 언론 지들을 검색하여 찾는 것이다. 무엇보다도 지나간 역사는 죽은 역사가 아닌 현재를 살아 숨 쉬게 하고 있는 현재형 정신이라는 인식의 자각이 필요하다.

무엇보다도 침례교단은 교단적인 차원에서만 주로 활동을 한 경향이 있다, 타교파와 대사회적인 활동관련들이 적으므로 말미암아 자료들이 거의 발견되지 않고 있는 것이다. 동아기독교라는 이름은 언급이 되지만 어떤 내용인지는 확인할 수 없는 경우가 종종 발생하여 연구를 하는 데 길이 막혀 있는 것이다. 이러한 문제를 타개하기 위해서는 교단 역사를 연구하고, 헌신하는 연구자들이 일어나고 후원자들이 생겨나서 숙제를 풀어갈 수 있기를 기대한다.

9. 신사참배 강요 거부에 나타난 침례교의 정체성

첫째, 침례교(동아기독교)는 처음부터 신사참배가 우상 숭배라는 것을 명확히 했다. 신사참배는 종교이며, 우상 숭배이며 국가의례가 아니라는 것을 처음부터 명확히 하였다. 이리하여 신사참배에 대하여 전 교단적으로 전 교인이 일치하여 거부하였기에 지도자들은 고난을 당하기도 하고, 순교를 하고, 교단은 해체되었다.

타 교단은 교단 지도자들이 친일 협력을 하기도 하고, 일부 지도자가 신사참배 거부로 순교를 당하였지만 교단적으로는 굴복 성명서를 발표하고 자진 해산하는 방식을 취하였다. 그러나 동아기독교의 교단적인 신사참배 거부는 신앙의 시금석이었다는 기준에서 하나님 외에 다른 신을 섬기지 않는 불과 같은 시험을 통과하였다. 이러므로 교단적인 신사참배거부는 일본제국주의의 황민화 정책, 내선일체 정책에 정면으로 맞선 민족적 독립운동인 동시에 명백한 교단적인 독립운동이었다.

이와 같은 시각으로 보는 입장인 역사신학자인 서정민은 그의 저서 『한국 교회의 역사』에서 말하길, 신사참배와 천황 숭배의 강요와 같은 일제 말기의 상황에서 … 이들의 저항은 일제의 국가적 동원과 독려에 모든 구성원이 동참하고 가담하는 상황에서 지극히 반역적인 행위가 아닐 수 없었다. 따라서 이들 한국 기독교 저항자들의 동기는 순수한 신앙적 발로였음에도 불구하고, 일제에 의해서는 한국민족주의, 반일의 현상으로 다스려질 수밖에 없는 상황이었다.[11] 결국 주기철과 그와 동류하는 보수주의 신앙인들은 일제 말기 상황에서 한국기독교회의 민족적 저항을 끝까지 관철시킨 대표적 저항자들로 간주된 것이다."[12]

둘째, 침례교(동아기독교)는 일제의 신사참배 강요에 대하여 굴복하지 않았다. 이 신사참배 문제는 신사참배 강요가 일제의 통치 종교 정책이었으며 문화침략과 동화 정책의 일환으로 진행되었다. 이것은 일본의 황국신민화 정책의 도구로 사용되었으며, 일제가 침략의 초기부터 정치 군사 경제적 침략과 맞물려 신사를 침투시켰다는 점에서 여기에 대한 항거는 일제의 민족주의적 문화침략에 대한 항거였다는 점이다. 그러므로 이 신사참배 반대운동은 신사참배에 항거한 주체의 개별적 의도와 상관없이 민족운동으로 받아들여야 하며, 민족의 독립 수호를 위한 항일운동의 차원에서 평가 되어야 한다고 본다.[13]

일제의 신사참배 강요는 전 조선인을 황국신민화로 동화시키는 정책이었다. 신사참배를 거부하는 것은 곧 일제에 대항하는 적(敵)이었다. 기독교인들은 신앙으로 나라와 민족을 위한 기도와 독립정신을 고취시켰다. 기독교인들의 예배와 복음전파는 생명이었다. 기독교인들에게 신사참배를 강요한 것은 신앙을 포기하고 나라와 민족도 포기하라는 것이었다. 신사참배를 하고 살 것인지, 신사참배를 거부하고 죽을 것인지 하는 기로에 섰을 때 신앙을 위하여, 나라와 민족을 위하여 죽기로 선택을 한 것이 신사참배 거부운동이다. 죽으면 죽으리라. 죽으면 살리라는 것이 바로 신사참배 거부였다.

셋째, 침례교(동아기독교)는 황국신민화의 정신적 개종인 신사참배를 거부했다. 신사참배는 일본이 조선을 일본인화하는 정책들(국민총력운동과 협화회, 황국신민의 서사와 일본어 강요, 창씨개명과 신사참배의 강요, 황민화교육의 강화, 한국사의 왜곡과 말살 등) 중의 하나로 시행한 것이다. 신사참배를 통하여 황국신민으로 개조하고자 하는 국가종교의 강요였다. 신도는 일본인들이 말하는 신인 가미(神)에 대한 신앙이다. 이 신(神)은 신사에 있는 '영'(靈)들에 제사를 드리는 것이다. 이것은 일본이 정치권력을 중앙집권화하면서 만들어 낸 일본의 국수사상의 핵심과 같다.

신도(神道)는 신교(信教) 자유와 정교 분리의 원칙을 위배하지 않으면서도 사실상 모든 종교 위에 왕처럼 군림하려는 초종교적 천황적 특권을 갖게 되었다. 모든 종교는 살아있는 신(神)인 천황제 아래에 들어가야 하는 것이었다. 천황을 숭배하는 황국신민을 만들려면 신사에 제사를 드리도록 강요해야만 했다. 모든 것이 천황을 위하여, 천황의 통치 아래 있는 신사제도를 통하여 통제하려고 한 것이다. 천황의 신민, 곧 황국신민이 되게 하려면 신사참배를 하게 해야만 했다.

넷째, 침례교는 신사참배 강요를 국교분리 원칙에 따랐다. 황국신민화와 내선일체는 국가적인 차원에서 이루어진 강요였다. 조선인을 일본인화하여 조선의 얼과 말을 말살시키려는 강압적인 획책이었다. 그 도구로 사용된 것이 신사이며, 신사참배를 하게 함으로 말미암아 굴복시키려고 한 것이다. 창씨개명으로 법적인 일본인이 되게 하려고 했듯이 신사참배로 국가종교의 국체인 천황의 신민이 되게 하려고 한 강요였다. 이 일에 가장 걸림이 되었던 것이 기독교인들이었다. 치안유지법위반의 유사종교로 국체를 부정하는 적으로 간주되었다. 일제의 국가적인 차원에서 강제 명령으로 모든 조선인이 참여하는 이 신사참배를 거부한다는 것은 국체명징에 대항하는 국체부정이었다. 곧 반일운동, 항일운동, 민족운동, 독립운동으로 여겨질 수밖에 없었다. 이러한 반역 행위는 사형에 해당하는 것이기에 일제의 박해는 이루 말할 수 없이 악랄하게 진행되었다.

다섯째, 침례교는 전 지도자적으로, 전 교단적으로 항거했다. 침례교가 특히 타교단과 차별화되는 것은 전 지도자의 신사참배 거부, 전 신자의 신사참배 거부, 친일 협력 거부로 인하여 검거, 투옥, 교단재산 몰수, 옥중 순교와 교단해체령의 형극의 길을 걸었다는 것이다. 한 세기 가까운 세월이 지난 지금, 그것을 자타가 공인하는 역사적 인정으로 나타내고자 하는 것에는 안타깝게도 사료의 부재가 앞길을 가로막고 있다. 역사적 사건이 있었고, 박해와 순교자들과 관련된 증언이 있음에도 재판기록에 대한 물증의 미진한 발견으로 인하여 교단 내의 일로 머물 수밖에 없는 한계가 있었지만 한 걸음 더 나아가 국가기록원에서 최근에 발견된 '예심청구서'가 있다.[14] 조속한 시일 내에 예심종결문이 발견되길 기대한다.

여섯째, 신사참배 강요 거부로 투쟁하고 희생한 이들에 대한 역사적 기억을 위한 국가적 청원에 대한 이해가 필요하다. 일제의 거국적인 황민화 정책으로 전 조선인을 신사참배 강요를 통하여 천황의 신민으로 만들려고 하였던 일제에 대항할 수 있었던 것은 기독교인들이었다. 하나님보다 더 높은 존재를 인정할 수 없고, 조국의 독립을 기원하였기 때문이다. 신앙을 수호하는 것이 곧 천황의 신민이 되지 않는 것이었으며, 독립운동을 하는 것과 동일한 길이었다.

신앙을 지킴으로 독립운동이 되었고, 신앙을 지킴으로 순교자의 길을 걷는 것이 되었다. 신앙을 수호함으로 국가와 교회를 살리고 하나님께 영광을 돌리는 길을 걸어간 것이 신사참배 거부로 인한 박해와 순교였다. 일제의 식민지 조선지배는 국가와 종교 통합의 군림자인 현인신 천황에 대한 절대 복종을 강요하는 것이었다. 조선 국민은 일제의 이러한 강압에 항거하지 않을 수 없었다.

조선어 말살 정책에 대하여 조선어학회 학자들은 조선어를 지키기 위하여 항거하였으며, 천황 외의 종교를 인정하지 않는 것에 맞서 종교인들은 종교를 지키기 위하여 항거하였으며, 창씨개명으로 조상의 얼을 말살시키는 것에 맞서 이름을 지키기 위하여 항거하였으며, 조국의 독립을 위하여 항거하였다. 신사참배 강요 투쟁에 앞장 선 인사들 중 어떤 이는 독립유공자가 되었고, 어떤 이는 아무런 포상도 받지 못하였다. 그 판단의 기준이 종교적 신념에 따라 반대한 자들에게는 포상하지 않는다는 것이 그 기준이라면 잘못된 것이다. 황국신민화 정책은 국가종교의 차원에서 시행이 되었기에 더욱이 종교적 이유로 반대투쟁을 하였다면 더 높이 평가되어져야 마땅한 것이다.

신사참배는 한국 교회에 수치와 영광이라는 양면으로 존재한다. 천황제 일본제국주의 헌법에 따라 시행된 국가종교에 거국적으로 대항하여 투쟁한 이들에 대하여 재평가가 국가적 차원에서 이루어져야 한다. 일본제국주의와 천황 숭배제에 대항하여 투쟁한 이들은 애국혼으로 승리한 애국의 영웅들이라고 보지 않을 수 없다. 이들에 대한 고귀한 정신은 한국 사람이라면 누구나 기억하고 칭송하며 계승해야할 민족혼의 정신적 표본으로 길이 기념해야할 것이다.

일제의 식민지 조선지배는 한국 사람의 민족말살 정책의 일환으로 신사참배를 강요하였다. 이에 굴복하지 않고 신앙과 민족자존의 독립 정신으로 이 신사참배를 거부함으로 박해를 당하고 순교한 이들의 피가 교회와 대한민국을 있게 한 그루터기가 되었다. 또한, 신앙으로 일본제국주의에 대항하고, 나라와 민족이 해방되는 기쁨을 맛보았다. 일제의 통치종교 정책 수단이었던 신사참배 강요를 거부하여 피 흘린 순교자들의 피 위에 교회와 나라가 서 있다는 것을 기억해야 한다. 이들의 희생에 대한 예우를 먼저 교단에서 기리는 기념행사를 해 주는 것이 일차적인 책무이다. 그리고 국가에서 항일독립운동으로 인정해 주는 것이 국가의 책무라고 여겨진다.

침례교단 지도자 32인은 일제의 국체이며 현인신 천황에 대한 우상숭배 신사참배 강요를 거부하고 순수한 신앙을 지켰다. 동시에 이것은 식민지 조선인을 황국신민으로 개조하고자 했던 수단인 신사참배 강요를 거부한 것은 항일독립운동이었다. 무지막지한 폭력으로 우상 숭배를 강요하는 일제 앞에서 신앙의 지조를 지키며 하나님을 배반하지 않았다. 오직 하나님의 말씀에 순종하여 죽으면 죽으리라는 신앙을 지켰다. 믿음의 선진 영웅 32인의 피흘린 발자취 위에 믿음의 후손인 우리들은 그 사랑의 무한한 빚을 지고 있다. 그분들의 헌신과 희생의 피흘린 터 위에 오늘의 침례교단이 서 있다. 우리에게 이런 믿음의 발자취를 따를 수 있는 본보기를 주신 역사의 하나님께 영광을 돌려드린다.

에필로그

스스로를 지킬 수 있는 힘이 없는 나라는 침략을 당한다. 나라를 수호할 수 없는 무능력한 지도자는 역사에서 이름이 사라진다. 나라가 망하면 모든 것을 빼앗긴다. 이름을 바꾸면 모든 것을 잃는다. 식민지는 지배하는 자에게 고통을 당하는 것은 당연한 일이다. 식민지인은 인고의 고통을 견디고 스스로 일어서야 한다. 그 기간은 언제인지 모른다.

일제강점기 36년. 1910년 8월 29일 일제는 대한제국을 침략 한일병탄을 하고 나라는 멸망하고 식민지가 되어 나라 이름은 일제의 한 지방에 속하는 조선으로 개칭하고, 황국신민화 정책을 통하여 신사참배, 궁성요배, 국기게양, 황국신민 서사 제창, 기미가요 보급, 일본어 모국어화, 지원병제도 실시, 제3차교육령 개정, 창씨개명 등으로 무단 탄압하며 무조건 천황을 위하여 신명을 바치는 일본인을 위한 노예를 만들고자 했다.

스스로 독립할 힘이 없던 조선에 예측하지도 못하였던 해방이 도둑같이 찾아왔다. 1945년 8월 15일 태평양전쟁에서 일제가 미군에 항복 선언을 함으로 광복이 되었다.

침례교는 1944년 5월 10일 교단해체령 이후 남북교회가 연락이 끊어진 상태에서 1946년 2월 9일 충남 칠산교회에서 교단재건회의가 열렸다. 이때 수습한 남한의 교회는 약 40교회와 약 350명의 교인이 있었다.

일제의 신사참배 강요에 거부하며 박해 가운데 살아남은 씨앗교회들이었다.

이 교회들은 펜윅의 신앙을 따른 길이었다. 그는 1935년 12월 6일 소천하였다. 유언으로 "먼저 내가 세상을 떠난 뒤에도 우리 교회는 세상에 있는 교회들과 갈라놓으라. 그들에게 물들지 말라. 그리고 내 무덤은 봉분하지 말고 평장으로 하라"고 하였다. 그의 유언대로 침례교는 신사참배 강요에 굴복하지 않음으로 세상에 있는 교회들과 갈라놓아졌다.

일제로부터 8.15 광복도 잠시 1950년 6월 25일 북한 공산당 김일성이 기습 남침하였고, 이번에도 스스로 전쟁에서 이길 수 없었던 대한민국은 같은 해 9월 15일 인천상륙작전으로 인해 유엔군(미군)의 도움을 받아 서울을 수복하였다. 1953년 7월 27일 유엔군과 북한이 정전협정을 함으로 휴전 상태에 들어갔다.

이와 같이 6.25 전쟁을 통과하면서 살아남은 남한의 35개 씨앗교회들이 성장하여 기독교한국침례회 교회는 2021년 현재 3500여 교회로 성장하였다. 교회는 교회의 본질을 지키는 데는 생명을 조금도 귀한 것으로 여기지 않고 하나님의 말씀에 순종하여 우상 숭배를 거부하여야 한다. 우상 숭배 거부는 타협의 대상이 아니라 기독교인 정체성의 핵심이다. 기독교인은 성경에서 말씀하는 대로 따르는 자이다.

코로나19 기간 동안(2019년 11월-2021년 10월) 정부의 코로나 방역 정책으로 한국 전체 교회에서 약 1만개 교회와 성도 약 150만명이 사라졌다고 한다.

교회는 자유민주주의, 시장경제, 한미혈맹의 관계를 중심으로 한다. 이러한 자유 체제 안에서만 교회가 자유로이 복음을 전할 수 있다. 이와 같이 그리스도께서 우리를 자유롭게 하려고 자유를 주셨으니 그러므로 굳건하게 서서 다시는 종의 멍에를 메지 말라고 하신다(갈 5:1). 또한, 그리스도 안에 있는 형제들에게 권고하신다. 형제들아, 너희가 자유를 위하여 부르심을 입었으나 그 자유로 육체의 기회를 삼지 말고 오직 사랑으로 서로 종 노릇하라고 하신다(갈 5:13).

역사의 주인이신 하나님이 대한민국이 자유 체제를 유지할 수 있도록 도와 주셨다. 기독교인들이 자유와 사랑 안에서 하나님께 자유롭게 예배하며 천국에까지 이를 수 있도록 자유 체제가 유지되게 하셨으니 얼마나 감사한 일인가. 주 예수 그리스도 안에 있는 형제들이여! 하나님의 영광을 위하여 자유와 사랑 안에서 예배로 하나님께 영광을 돌리자.

한국침례교 신사참배 강요 거부 역사 연보

1905. 12. 21.~1909. 6. 14. 초대 한국 통감 이토 히로부미(伊藤博文)

1910. 8. 29. 한일병탄으로 대한제국을 조선으로 개칭

1906~1920. 대한기독교회 시대

일제의 교단 명칭 사용 금지에 대한 압박과 탄압

1916년 일제의 포교계 제출 명령을 거부함으로 항거

1921~1932. 동아기독교회 시대

1922 일제에 대한 포교 규칙 불응으로 항거

1926 일제의 황국신민화 교육을 거부 펜윅의 학교교육 폐지령으로 항거

1933~1939. 동아기독대 시대

1935 일제의 신사참배 강요와 황궁요배 강요를 거부한다는 광고로 항거

1940~1949. 동아기독교 시대

1942. 6. 10. 원산헌병대 원산총회본부 수색 압수 자료 소각 및 이종근 감목 구속

1942. 6. 11. 동아기독교 지도자 32인 구속

1942 동아기독교 지도자 32인 구속과 심문을 통한 박해

1943. 5. 24. 동아기독교 지도자 9인 이종근, 전치규, 김영관, 장석천, 노재천, 박기양, 백남조, 신성균, 박성도 치안유지법 위반으로 함흥지방법원에 예심청구

1944. 2. 13. 전치규 목사 함흥형무소 옥중 순교로 항거

1944. 5. 10. 일제 함흥재판소 동아기독교 해체령

1945. 8. 15. 미군에 천황 히로히또 무조건 항복함으로 식민지 조선 일제로부터 해방

1946. 2. 9. 칠산교회에서 교단 재건 회의

1947. 9. 14. 대한기독교회 분립

1948. 8. 15. 자유민주주의 대한민국 건국

1948. 9. 9. 사회주의 공산주의 조선민주주의인민공화국 건국

1950. 6. 25. 북한의 남침 6.25 전쟁

1949~1951. 대한기독교침례회

1950. 미국남침례회와 제휴

1952~1958. 대한기독교침례회연맹

1959~67. 대한기독교침례회 포항파

1959~67. 기독교대한침례회 대진파

1968~1975. 한국침례회연맹

1976~현재 기독교한국침례회

미주

프롤로그

1 허긴, 『한국침례교회사』(대전: 침례신학대학교출판부, 2000).

2 藏田雅彦, 『일제의 한국 기독교 탄압사』(서울: 기독교문사, 1991), 61.

3 김대응 편역, 『예심청구서』(서울: 한국침례교회역사연구회, 2016), 8.

4 김승태, 『한국기독교의 역사적 반성』. (서울: 다산글방, 1994), 145.

5 윤경로, 『새문안교회 100년사』. (서울: 새문안교회 창립 100주년 기념사업회 역사편찬 위원회, 1995), 273.

6 김용해, 『대한기독교침례회사』(서울: 성청사, 1964), 서문.

7 동아기독교 지도자 9인이었던 이종근, 전치규, 김영관, 장석천, 노재천, 박기양, 백남조, 신성균, 박성도에 대한 죄명은 '치안유지법 위반'이었다. 김대응 편역, 『예심청구서』, 2016.

8 김광수, 『한국기독교수난사』, (서울: 기독교문사, 1982), 248.

9 鈴木敬夫, 『법을 통한 조선식민지 지배에 관한 연구』(서울: 고대민족문화연구소 출판부, 1989), 298.

10 Ibid., 299.

11 주기철, "주기철 독립운동가" [온라인자료] https://people.search.naver.com/search.naver123367, 2019년 1월 7일 접속.

12 한상일, 『일본제국주의의 한 연구-대륙낭인과 대륙팽창-』(서울: 까치, 1980), 6.

13 논문에서는 천황을 '일왕'으로 표기하였지만 본서에서는 '천황'이라는 명칭으로 사용한다. 일왕은 현대 한국인이 사용하는 것이지만 일제 당시에는 일왕이 아닌 '천황'으로 통용되는 사회였다는 것을 수용하는 것이다.

14 헤로도토스, 『역사』, 박광순 역 (서울: 범우사, 1988), 23.

15 오창희, 『아직 끝나지 않은 문제 신사참배』(서울: 예영커뮤니케이션, 2021)

16 신용하, 『일제의 한국민족말살 황국신민화 정책의 진실』(서울: 문학과지성사, 2020), 243. 본서는 일제강점기를 한국의 근대화로 보고 있는 자들에 대한 이론

인 '식민지 근대화론'에 쐐기를 박고 있다. 한국인을 '개발', '근대화' 시켜 주기는커녕 천황에게 굴종하는 '황민화 신민'으로 개조하여 생물학적 목숨만 붙어 있는 '조센징'으로 예속천민층을 만들려고 획책하였다는 사실을 밝히고 있다.

17 E. H. Carr, 『역사란 무엇인가』, 박종국 역 (서울: 육문사, 2007), 46.

18 국가인권위원회 휴먼레터. "알 권리와 정보의 자유" [온라인 자료] https://www.humanrights.go.kr/hrletter/07101/pop06.htm. 2022년 2월 11일 접속.

[제1부 신사참배와 우상 문제]

제3장 변화하는 사회적 물결 속에서 기독교 신앙은 꼭 필요한가?

1 '한국침례교의 근대사'라는 용어는 필자의 표현으로서, 한국침례교의 시작이라 할 수 있는 말콤 펜윅 때부터 일제강점기 동아기독교의 신사참배 거부로 인하여 교단에 해체령이 내려진 때까지를 의미한다.

2 필자의 한국침례신학대학교 재학 연한(年限)은 1983년부터 1986년까지이다.

3 필자는 기독교한국침례회총회가 2007년도에 역사연감을 편찬할 때에 역사편찬위원으로 재임하며 '한국 초기 침례교회 설립사'에 대해 저술하였다. 100년 이상 된 교회들의 역사에 대해 쓰면서 자료의 부재가 심각함을 체험했다. 사료(史料)가 없는 부분에 대하여는 기록하지 못하였고, 증언은 있지만 구체적 자료가 없는 부분은 보류로 남겨 놓았다. 사례 1: 임천교회의 경우는 「사진명감」(한국침례회연맹. 1973.)에는 설립일이 1901. 03. 15. 설립자 장 감로로 되어 있고, 최근 임천교회에서 보내온 교회 자료에는 설립일이 1905년. 설립자 황태봉 교사로 되어 있어, 기타 사료 및 고증의 부족으로 보류하기로 하였다. 김대응. "한국 초기 침례교회 설립사." 『2007 역사연감』 (2007): 63-76.

4 2007년 이후 2020년에 100년 이상된 30개 교회를 탐방하여 역사 이야기를 풀어낸 『한국침례교회 100년의 향기』(서울: 누가, 2020), 333. 는 역사 기술에 한 줄기 빛을 비추어 주었다. 이 책은 저자들이 말한 것과 같이 전문도서라기 보다 신앙 서적에 가깝다고 하는 의미있는 역사교양서다.

5 한국의 동아기독교는 19세기말부터 침례교 정체성을 유지해왔기에 1948년 미남침례교회와 전략적 협력을 이루었고, 정식으로 침례교회라는 명칭을 사용하게 되었다. Jerry Rankin, 『하나님 나라를 위해 전력하라』, 이현모 역 (서울: 요단출판사, 2006), 289.

6 동아기독교의 교리는 그리스도를 절대유일의 권위자로 숭배한다. 천황(일왕=국체=우상)에 대한 숭배를 거부한 것은 신사참배(=국체명징國體明]은 국체에 대한 관념을 분명히 한다.)를 거부한 것이었다. 김대응 편역, "범죄사실," 『예심청구서』 (서울: 한국침례교회역사연구회, 2016), 8.

7 배국원 외 20인, 『침례교회 정체성』(대전: 침례신학대학교출판부, 2014), 126.

8 Ibid., 123.

9 김용해, 『대한기독교침례회사』(서울: 성청사, 1964), 63-9.

10 민경배, 『주기철』(서울: 동아일보사, 2002), 188.

11 전치규의 직분에 대한 용어는 여러 가지가 있다. 즉, 안사, 목사, 감목이 있는데 본 논문에서는 목사로 통일하여 표기한다. 목사는 감목의 명에 의하여 해당구역 내의 포교 사무를 담임하고 침례와 성찬예식을 집행하고 장례와 혼례를 주례한다. 안사는 각 지방교회를 순회하면서 포교 상황을 조사 및 포교에 종사한다. 감목은 포교 관리자로서 본 교회 내에 있어 모든 포교 사무를 통할하고 각 역원의 선정 및 그의 담임 구역을 지정함과 아울러 포교를 관리감독하게 한다.

12 소논문 세미나 제목은 다음과 같다. 김대응, "국내 기독교 교단 최초 신사참배 거부로 인한 동아기독교의 수난과 5 · 10기념일 제정에 관한 논고,": 1944년을 중심으로. 이 소논문으로 1차 세미나 2015년 6월 8일 기독교한국침례회 새대구지방회 월례회에서 발표. 2차 세미나 2015년 8월 20일 기독교한국침례회 새대구지방회와 한국침례교회 역사연구회 연합으로 기독교한국침례회 총회 회관에서 발표. 이 세미나를 하게 된 것은 기독교한국침례회 새대구지방회에서 제105차 정기총회 때 침례교 신사참배 거부로 인한 5 · 10기념일을 제정하는 것을 총회에 상정하기 전에 학술적인 기초를 제공하기 위한 것이었다. 이로 말미암아 제105차 정기총회 때 기념일이 제정되었다. 3차 세미나 2016년 3월 22일 기독교한국침례회 대구지역 침례교 목회자 연합회 세미나 침례교인의 긍지 신사참배 거부에서 "순교자의 피가 흐르는 기독교한국침례회(동아기독교) 교단의 역사를 기억하라" 발표.

13 본 통계는 기독교한국침례회 수소특 앱을 기순으로 하여, 2018년 12월 29일 현재 수록된 것을 조사한 숫자임.

14 본 통계는 연구자가 기독교한국침례회 소속 131개 지방회, 148명의 목사에게 2019년 1월 3일에서 6일까지 전화로 질문 조사한 것에 근거하고 있다. 지방회에서 가장 오래 목회한 목사에게 질문하는 것을 중심으로 하였으며, 조사 대상 지방회 목회자의 지방회 참여 기간은 2년에서 44년까지 였다.

15 필자는 2016년 10월 11일 본인이 속한 서울남부지방회 월례회에서 "순교자의 피가 흐르는 교단의 역사를 기억하라"는 주제로 일제강점기 동아기독교의 신사참배 거부에 대한 특강을 진행하였다.

16 배국원 외 20인, 『침례교회 정체성』, 126.

제4장 신사참배에서 우상이란 무엇인가?

1 이희승 편, 『국어대사전』(서울: 민중서관, 1978), 2172.

2 한민수, 『우상이란 무엇인가』(서울: 책과나무, 2016), 14-5.

3 Ibid., 15.

4 박양조 역편, 『성구사전을 겸한 성경사전』(서울: 기독교문사, 1986), 666.

5 정규남, 『구약개론』(서울: 개혁주의신행협회, 1986), 115.

6 박대선, 김철손, 『성서개설』(서울: 대한기독교교육협회, 1981), 42-3.

7 John D. Hannah and F. Duane Lindsey, 『출애굽기 레위기』, 김태훈 역 (서울: 두란노, 1994), 89-90; A. W. Pink, 『출애굽기(상)』, 지상우 역 (서울: 엠마오, 1995), 333-4.

8 박윤선, 『출애굽기』(서울: 영음사, 1994), 146.

9 한민수, 『우상이란 무엇인가』(서울: 책과나무, 2016), 60.

10 기독교대백과사전편찬위원회, 『기독교대백과사전(제12권)』(서울: 기독교문사, 1984), 248.

11 박윤선, 146-7.

12 Timothy J. Keller, 『거짓 신들의 세상』(서울: 베가북스, 2015), 26-7.

13 Kyle Idleman, 『거짓 신들의 진쟁』, 배용준 역 (서울: 규장, 2013), 32.

14 Ibid. 33.

15 Nicholas Thomas Wright, 『우상의 시대 교회의 사명』, 김소영 역(서울: 한국기독학생회출판부, 2016) 300.

16 Gregory K. Beale, 『예배자인가 우상 숭배자인가』, 김재영 외 1인 역 (서울: 새물결플러스, 2014), 25.

17 John Charles Ryle, 『우상』, 장호준 역 (서울: 복있는사람, 2012), 12.

제5장 우상에 대하여 기독교인은 어떻게 반응할 것인가?

1 이스라엘 백성의 금송아지 우상 숭배로 말미암아 하나님이 진노하였다. 하나님의 명령에 따라 하나님의 편에선 레위 자손의 칼에 의하여 이스라엘 백성 삼천 명 가량이 죽임을 당한 사건을 가리킨다(출 32:1-29).

2 John R. W. Stott, 『기독교의 기본진리』, 윤상범 역 (서울: 생명의말씀사, 1980), 206.

3 John R. W. Stott, 『현대를 사는 그리스도인』, 한화룡외 1인 역 (서울: IVP, 1993), 112-4.

4 Ibid., 115.

제6장 기독교인에게 국가와 종교의 관계는 어떻게 해야 하는가?

1 Tim LaHaye, 『도전하는 현대 무신론』, 편집부 역 (서울: 보이스사, 1982), 301. 팀 라헤이(Tim LaHaye, 1926. 4. 27.~2016. 7. 25.)는 미국의 목사, 소설가로, Jerry B. Jenkins와 함께 쓴 Left Behind 시리즈로 알려져 있다. 레프트 비하인드 12권이 홍성사에서 번역 출판되었다.

2 Ibid., 304.

3 남병두, 『침례교회 특성 되돌아보기』(대전: 침례신학대학교출판부, 2015), 165-7.

4 Ibid., 165.

5 Ibid., 167-8.

6 신성종, 『신약신학』(서울: 기독교문서선교회, 1989), 324.

7 Ibid., 325.

8 Ibid., 325-6.

9 남병두, 『침례교회 특성 되돌아보기』, 173. 교회와 국가의 존재 양식과 삶의 방식이 서로 충돌할 때, 교회는 교회의 존재양식과 방식을 고수해야 한다. 동아기독교는 일제의 식민지 국가 체제에서 신사참배(우상 숭배)를 강요당하는 것으로 충돌하였다. 동아기독교는 교회의 존재양식과 삶의 방식을 고수하여 수난과 순교 그리고 교단이 폐쇄되는 길을 걸을 수 밖에 없었다.

10 교회와 국가 간의 충돌의 역사적 실례이다. 네로 하에서의 기독교 박해는 교회와 국가 간의 깊은 사상적인 견해 차이 때문에 발생한 것이 아니었다. 단지 황제의 입장에서 자기 대신 희생자를 찾고 있을 때 기독교인들이 걸려든 것뿐이었다. 그러나 이 사건은 관리들이 기독교인들을 아무런 다른 죄 없이 단지 기독교인이라는 혐의만으로도 죽일 수 있었다는 점에서 한 가지 중요한 선례를 남기게 되었다. Henry Chadwick, 『초대교회사』 서영일 역 (서울: 기독교문서선교회, 1983), 31.

11 Andre Gide, 『소련방문기』, 정봉구 역 (서울: 춘추사,1994), 99-100.

12 「한국일보」, 1993년 9월 21일, 16면.

13 청교도 목사였으나 침례교회로 교파를 옮겼다. 종교의 자유와 교회와 국가의 분리를 주장한 그의 사상은 미국 민주주의 발전에 기여했지만 그의 주장으로 인하여 청교도 공동체에서 추방을 당했다.

14 배국원 외 20인, 『침례교회 정체성』, 132-3.

15 남병두, 『침례교회 특성 되돌아보기』, 184.

16 신성종, 『신약신학』, 332.

제7장 국가 종교인 신사참배 강요 어떻게 이해해야 하는가?

1 정동원, "한국 교회의 수난과 신사참배에 관한 연구"(석사학위논문, 개신대학원대학교, 2006), 19.

2 오윤태, 『한일기독교교류사』(서울: 혜선문화사, 1980), 253.

3 Ibid., 253.

4 Ibid.

5 이동욱, 『일정하 동아일보 압수사설집』(서울: 동아일보사, 1978), 25.

6 오윤태, 『한일기독교교류사』, 253.

7 Ibid., 254-5.

8 Ibid., 255.

9 최훈, "신사참배와 한국 재건교회의 역사적 연구", 김승태 엮음, 『한국 기독교와 신사참배 문제』, 102-3.

10 Walter B. Shurden, 「침례교의 정체성」, 김태식 역, (서울: 서로사랑, 2012), 89.

11 村上重良, 『천황과 천황제』, 장진한 · 오상현 역, (서울: 한원, 1989), 185.

12 保坂祐二, 『일본에게 절대 당하지 마라』(서울: 답게, 2002), 221.

13 Shurden, 『침례교의 정체성』, 89.

14 김용복, 『침례교신학』(내전: 침례신학대학교출판부, 2018), 523.

15 김용해, 『대한기독교침례회사』, 63-4.

16 배국원 외 20인, 『침례교회 정체성』, 121-2.

17 Ibid.

18 Ibid., 126.

19 Ibid., 127.

20 Ibid., 126-7.

21 Ibid., 127.

22 남병두, 『침례교회 특성 되돌아보기』, 173.

제8장 신사참배 강요를 거부한 침례교의 선택은 무엇때문이었는가?

1 남병두, 『침례교회 특성 되돌아보기』, 319.

2 김승태, 『일제강점기 종교 정책사 자료집』, 240.

3 오윤태, 『한일기독교교류사』, 257. 국민의 당연한 의무라함은 1938년 9월, 제27회 조선예수교장로 회의 총회가 개최되기 2주일을 앞두고 평양경찰서에서 먼저 선교사 측에 대하여 이야기 한 것을 뜻한다. 그것은 이번의 총회에서 한국인

대표가 국민으로서 국가에 대한 충성심을 나타내기 위해 신사참배 결의를 제안하는 일이 있을 때, 국적을 달리하는 선교사 측에서 이것을 방해하는 행동으로 나오는 일은 타당하다고 인정하기 어렵다는 뜻을 미리 전달한 것이다. 만일 반대하거나 반대 득표를 하는 경우에는 천황 모욕죄로 다스릴 것이라고 협박한 것이다.

4 Ibid.

5 이성삼, 『한국감리교회사』 (서울: 기독교대한감리회본부교육국, 1980), 185.

6 Ibid.

7 Ibid.

[제2부 신사참배 강요와 침례교단 거부]

제1장 일제는 식민지 조선을 어떻게 통치했는가?

1 山邊健太郎, 『한일합병사』, 안병무 역 (서울: 범우사, 1990), 282-4.

2 본서에서는 '병합'으로 통일하여 사용한다. '병합'은 '합병'과 같은 말이며 일제의 군사적인 힘에 의해 강제적으로 맺어진 것을 의미한다. '합방'은 동등한 국가로 동의하에 맺어진 것을 의미한다. 한일병합은 일제에 의한 한국 침탈 강제침략조약으로 '병탄'이라고 해야 한다. 이제라도 '한일병탄'이라고 분명하게 바로잡을 필요가 있다.

3 한상일, 『1910 일본의 한국병탄』 (서울: 기파랑, 2010), 18.

4 山邊健太郎, 『한일합병사』, 282.

5 Ibid., 282-3.

6 위키문헌, "한국의 국호를 고쳐 조선이라 칭하는 건" [온라인 자료] https://ko.wikisouce.org/wiki/%ED%95%9C%EA%B5%AD%EC%9D%98_%EA%B5%AD%ED%98%B8%EB%A5%BC_%EA%B3%A0%EC%B3%90_%EC%A1%B0%EC%84%A0%EC%9D%B4%EB%9D%BC_%EC%B9%AD%ED%95%98%EB%8A%94_%EA%B1%B4, 2019년 2월 8일 접속; 문정창, 『일본군국 조선점령 36년사』 (서울: 백문당, 1965), 46.

7 Ibid., 284.

8 "일제강점기" [온라인 자료] https://namu.wiki/w/일제강점기, 2019년 3월 13일 접속.

9 김운태, 『일본 제국주의의 한국통치』, 58-9.

10 山邊健太郎, 『한국 근대사』, 편집부 역 (서울: 까치, 1982), 188-91.

11 Ibid., 191.

12 渡部學, 『한국 근대사』, 김성한 역 (서울: 동녘, 1984), 103.

13 Ibid., 103-4.

14 Ibid., 104. 논문에 犬養毅(이누카이 쓰요시)는 인용 본문에는 犬養毅(이누가이 쯔요끼)로 표기되지만 네이버검색어가 바른 표기이기에 '이누카이 쓰요시' 바로 잡아 표기한다.

15 Ibid., 104-5.

16 Ibid., 105.

17 Ibid., 106.

18 Ibid.

19 Ibid., 106-7; 한상일, 『제국의 시선』 (서울: 새물결출판사, 2004), 106. 한국의 멸망에 대하여 일본의 사명은 불치의 환자인 조선을 부활 영생의 길로 인도하는 것이고, 그 길은 오직 합병에 있다.

20 Ibid., 107.

21 Ibid.

22 Ibid.; 한상일, 『제국의 시선』, 108. 에비나 단조는 한일병합은 조선이나 일본이나 새롭게 태어 날 수 있는 기회를 제공해 주기 때문에 한국은 부활하는 것이고, 일본은 위대한 국민이 될 수 있 는 기회를 얻었기 때문에 축하할 일이라고 했다.

23 Ibid.

24 "경술국치" [온라인 자료] https://terms.naver.com/entry.nhn?docId=1689795&cid=43667&categoryId=43667, 2019년 2월 9일 접속.

25 한상일, 『일본 제국주의의 한 연구』 (서울: 까치, 1980), 179-80.

26 渡部學, 『한국근대사』, 114.

27 山邊健太郎, 『일본의 식민지 조선 통치 해부』, 최혜주 역 (서울: 어문학사, 2011), 26.

28 Ibid., 28.

29 Ibid.

30 Ibid., 29.

31 Ibid.; 이덕주, 『조선은 왜 일본의 식민지가 되었는가』 (서울: 에디터, 2002), 42. 일본 총독은 조선에서 어떠한 종류의 단체나 집회도 엄금하고, 심지어 종교 강연회도 반드시 사전 허가를 받도록 했다.

32 김운태, 『일본 제국주의의 한국통치』, 51.

33 Ibid.

34 Ibid., 51-2.

35 Ibid., 52.

36 Ibid.

37 Ibid.

38 Young Ran Kim, 『100년 동안의 폭풍우』, 김영수 역 (서울: 문학공원, 2021), 62-3. 본서는 미국에서 「The Long Road to the Sixth ROK」 라는 제목으로 출간되었다.

39 박은식, 『한국독립운동지혈사(상)』, 남만성 역 (서울: 서문당, 1999), 120-1.

40 Ibid., 121.

41 Ibid., 121-2.; 桶浦鄕子, 『신사 학교 식민지』, 이언숙역 (서울: 고려대학교출판문화원, 2016), 174-5. 학교에서 수신(修身) 점수에 해당하는 것으로 신사참배를 한 출석도장을 찍어주는 것으로 평가했다. 또한 신사참배를 하지 않는 것은 게으름으로 받아들여져 신직에게 혼이 났고, 학교에서도 벌을 받았다.

42 Ibid., 122-3.

43 Ibid. 123.

44 정재환, 『나라말이 사라진 날』 (서울: 생각서원, 2020), 146-9.

45 한국민족운동사연구회, 『일제의 조선침략과 민족운동』 (서울: 국학자료원, 1998), 75.

46 Ibid. 안이숙이 평양형무소에 수감 중일 때 그의 어머니가 면회하기 위하여서는 일본어를 한마디 사용하고서야 면회가 되었다. 그 일본어 한마디가 '요강께 데스까?'였다. 그것은 겡끼 데스까?(건강하냐?)라는 일본어를 뜻하는 것이었다. 안이숙, 『죽으면 죽으리라』 (서울: 기독교문사, 1988), 256-8

47 최유리, 『일제 말기 식민지 지배 정책 연구』 (서울: 국학자료원,1997), 17.

48 Ibid, 17-8.

49 Ibid, 29-30.

50 Ibid, 30.

51 Ibid, 30-1; 한상일, 『제국의 시선』, 200. 내선일체는 일본인과의 완전한 동화 정책이었다. 宮田節 子는 한국인을 보다 완전한 일본인으로 만들기 위한 지배자의 황국화 요구의 극한화였고, 한국지배의 기본방침으로 채용해온 동화 정책의 필연의 결과였다고 주장하고 있다.

52 Ibid, 31.

53 Ibid, 32-3.

54 宮田節子, 『조선민중과 황민화 정책』, 이형랑 역 (서울: 일조각, 1997), 159.

55 Ibid., 160.

56 한기언 외 3인, 『일제의 문화침탈사』 (서울: 민중서관, 1976), 19.

57 Ibid.

58 Ibid., 164.

59 Ibid., 165.

60 Ibid., 103.

61 Ibid., 104; 강영심 외 5인, 『일제 시기 근대적 일상과 식민지 문화』(서울: 이화여자대학교출판부, 2008), 93. 황국신민화 정책은 전체주의적 동원의 방식으로 한국인에게 황국신민화되기를 강제하였다. 이같은 정책 강화는 사회 혹은 학교에서 명실 공히 완전한 황국신민화를 꾀하여 중국 등 아시아 여러 나라를 침략하고 태평양전쟁을 수행하는 데 인적, 물질적 병참기지로서의 사명을 다하게 하기 위해서였다.

62 Ibid., 106.

63 Ibid.

64 Ibid., 107.

제2장 일제는 식민지 조선 종교를 어떻게 요리했는가?

1 김순석, 『일제강점기 조선총독부의 불교 정책과 불교계의 대응』(서울: 경인문화사, 2003), 43.

2 Ibid., 43-4.

3 Ibid., 50-7

4 윤선자, 『일제의 종교 정책과 천주교회』, 51-2.

5 Ibid., 52.

6 Ibid., 52-3.

7 Ibid., 53.

8 Ibid.; 문규현, 『한국천주교회사』(서울: 빛두레, 1994), 158. 천주교는 일본의 한국강점을 환영한 것뿐만 아니라 조상제사와 공자 공경, 신사참배 허용 문제까지도 다 교황청의 현지적응주의에 의한 선교라는 범주에 넣고 있다.

9 Ibid., 54-5.

10 Ibid., 55.

11 Ibid., 55-6.

12 Ibid., 56-7; 문규현, 『한국천주교회사』, 189. 천주교회가 신사참배를 허용한 것에 문규현 신부는 진지한 물음을 던지고 있다. 그는 거룩한 로마 교회와 조선천주교회가 침략과 전쟁을 단죄하고, 민중에 대한 수탈과 불의를 막아내는 대열의 맨 앞에 서야할 교회의 예언자적 소명이 어디로 사라졌는가를 묻고 있다.

13 Ibid., 57.

14 김승태 편역, 『일제강점기 종교 정책사 자료집』, 5.

15 Ibid.

16 Ibid.

17 Ibid., 6.

18 Ibid.

19 Ibid.; 박춘복, 『한국 근대사 속의 기독교』 (서울: 목양사, 1993), 140. 신사참배문제로 인하여 선교사들 사이에 분열이 일어났다. 반대 강경파로 알려져 있는 남, 북 장로교 선교사는 J. Y. Crothers, W. N. Blair, S. L. Roberte, I. S. Soltau, J. G. Holdcroft, H. A. Rhodes 등이다. 찬성파로는 일제에 찬사까지 보낸 연희전문학교장인 H. G. Underwood가 대표적이다.

20 Ibid., 7.

21 Ibid.

22 Ibid., 8.

23 Ibid.; 박춘복, 『한국근대사 속의 기독교』, 141.

24 Ibid., 10-1.

제3장 일제의 국체와 신사참배 그 본색은 무엇인가?

1 村上重良, 『천황과 천황제』, 185.

2 Ibid., 186.

3 Ibid.

4 국가신도는 천황을 교조로 하고 교육칙어나 군인칙유(軍人勅諭)를 경전으로 하여 전국의 신사를 교회로 삼은 국가종교 조직이었다고 할 수 있다. 다만 정부는 결코 이 조직을 종교라고는 부르지 않았다. 오히려 종교와는 엄격하게 구별하는 데 주의를 기울이며 종교가 아닌 국가의 제사라고 주 장했다. 阿滿利麿, 『천황제국가 비판』, 정형 역 (서울: 제이앤씨, 2007), 107-8.

5 村上重良, 『천황과 천황제』, 186.

6 Ibid., 186-7.

7 최원규, 256; "대일본제국헌법" [온라인자료] https://namu.wiki/w/일본제국헌법, 2019년 3월 11 일 접속. 이 헌법은 1889년 2월에 공포되었다. 제1조 대일본제국은 만세일계의 덴노가 이를 통치한다(大日本帝國ハ萬世一系ノ天皇之ヲ統治ス). 제4조 덴노는 국가의 원수로서 통치권을 총람하고, 이 헌법의 조항에 따라 이를 행한다(天皇ハ國ノ元首ニシテ統治權ヲ總攬シ此ノ憲法ノ條規ニ依リ之ヲ行フ).

8 Ibid., 256-7.

9 Ibid., 257.

10 Ibid.

11 Ibid.

12 1929년 5월 31일 판결의 대심원 판례에서 정의한 것이다(丸山眞男, 「日本の 思想」, 1961, 33). 이후 1937년 문부성에서 발간한 「國體の 本義」(p.9), 1944년 신기원(神祇院)에서 간행한 「神社本義」(pp.1-3)에서도 같은 정의를 내리고 있다. 윤선자, 『태평양전쟁 발발 이후 일제의 인적 지배와 그리스도교계의 대응』(서울: 집문당, 2005), 30에서 재인용.

13 이진구, "신사참배에 대한 조선 기독교계의 대응양상연구",『종교학연구』 7, 1988, 88-89. 윤선자, 『태평양전쟁 발발 이후 일제의 인적 지배와 그리스도교계의 대응』(서울: 집문당, 2005), 30.에서 재인용.

14 윤선자, 『태평양전쟁 발발 이후 일제의 인적 지배와 그리스도교계의 대응』, 30.

15 정일성, 『황국사관의 실체』(서울: 지식산업사, 2000), 12.

16 Ibid.

17 Ibid.

18 Ibid.; 일본 역사교육자협의회, 『천황제 50문 50답』, 김현숙 역(서울: 혜안, 2001), 215. 황국신민화는 천황에게 죽도록 충성하는 신하와 백성을 만드는 것이었다. 일본제국헌법체제에서 천황은 천조의 신칙으로 정해진 만세일계의 신화성과 불가분의 관계를 가진 통치권의 총괄자로서, 신권적, 절대적 군주이며 국체이고, 현실적 지배력을 가지고 있었기에 누구도 어떠한 비판도 허용되지 않았다.

19 Ibid.

20 Ibid.

21 Gospel Serve 편, 『교회용어사전』, 712.

22 Ibid.

23 桶浦鄕子, 『신사 학교 식민지』, 이언숙 역 (서울: 고려대학교출판부, 2016), 216. 일제는 일면일사(一面一祠) 정책을 실시하였다. 그 숫자 누계는 다음과 같다. 1931년 180개, 1932년 194개, 1933년 212개, 1934년 236개, 1935년 268개, 1936년 293개, 1937년 315개, 1938년 324개, 1939년 497개, 1940년 614개, 1941년 770개, 1942년 824개, 1943년 889개, 1944년 915개가 설치되었다. 신사는 학교 안에 있어서 구분 없이 사용되고 있다.

24 Gospel Serve 편, 『교회용어사전』, 712.

25 Ibid.

26 정동원, "한국 교회의 수난과 신사참배에 관한 연구", 19.

27 Ibid.

28 미나미 지로[南次郎]: 일제(日帝)때의 조선 총독 · 군인 · 정치가. 육사(陸士) · 육군대학 졸업. 노일 전쟁(露日戰爭) 때 기병(騎兵) 중대장으로 출전하였고, 전후에는 육군대학 교관 · 관동 도독부 참모(關東都督府參謀) · 기병 연대장 · 육군성 기병과장(騎兵課長) 등을 역임하였다. 1930년 대장으로 진급하고 1931년 와카쓰키 내각[若槻內閣]의 육군대신이 되어 만주 문제에 강경론을 주장하였으며 그 해 12월에 군사 참의관(軍事參議官)이 되었다. 1934년 관동군 사령관 겸 만주국 주재 특명 전권 대사 · 관동장관(關東長官)이 되어 만주 사변과 만주 침략을 추진하였다. 1936년 3월, 2.26 사건의 책임을 지고 예비역에 편입했으나 그 해 8월에 우카이[宇垣一成]의 후임으로 조선총독부에 부임하였다. 총독으로 재직 중 한국인에 대하여 창씨(創氏)를 강요하였고, 내선일체(內鮮一體) · 지원병(志願兵) · 학병(學兵) 등으로 탄압과 암흑 정치가 극에 달하였다. 재임 6개년이 되던 1942년 총독을 사임하고, 추밀 고문관(樞密顧問官)이 되었으며, 종전 후 A급 전범(戰犯)으로 종신 금고형을 선고받았으나 1954년 병으로 가출옥하여 사망했다.

29 김남식, 『신사참배와 한국 교회』 (서울: 새순출판사, 1990), 132-3.

30 『글로벌 세계 대백과사전』, 크리에이티브 커먼즈, 2014년 8월 22일. 일장기 말소사건(日章旗抹消事件): 1936년에 일어난 일제(日帝)의 민족 언론 탄압사건. 정치적으로 활동을 저지당한 채 일제치하의 한국청년들은 운동경기를 통하여 민족의 기개를 떨치던 중, 1936년 8월 1일 베를린 올림픽에서 손기정(孫基禎) 선수가 1위, 남승룡(南昇龍) 선수가 3위로 마라톤에 우승함으로써 우리나라 청년의 기개를 전 세계에 떨쳤다. 이 대회의 기록영화가 일본 오사카 아사히(大阪朝日) 신문사에 의해 우리나라에 들어오자, 당시 민족의 울분을 대변하고 있던 『동아일보(東亞日報)』는 이 영화의 소개 기사 란에 실은 손 선수의 사진에서 가슴에 달리 일장기를 지워버렸다. 총독부(總督府) 검열 당국에 의해 이 사실이 발각되어 동사 사회부장 현진건(玄鎭健)·사진부장 신낙균(申樂均), 사진을 수정한 화가 이상범(李相範) 등은 체포되어 40일간의 구류처분을 당했으며, 사장 송진우(宋鎭禹)·편집국장 설의식(薛義植)·운동기자 이길용(李吉用) 등은 언론계에 다시 종사할 수 없게 되는 한편, 이해 8월 27일 『동아일보』는 4번째의 무기정간 처분을 당했다가 9개월 후에 복간되는 등 큰 타격을 입었다. 이외에 『조선중앙일보(朝鮮中央日報)』도 손 선수의 사진에서 일장기를 지우고 신문에 실었다가, 검열 당국에 자수하고 신문을 휴간한 일이 있었다.

31 국체명징이라 함은 '나라의 본질(형태)을 명확히 증명한다'는 것으로 황국신민화 정책에 순응하라 는 뜻이다. 이것을 위하여 신사참배가 강요되었고, 황성요배, 국기게양의 강요, 국가존중으로 황국신민서사제창, 일본어 보급 등을 실시하였다.

32 김남식, 『신사참배와 한국 교회』, 135-6.

33 안이숙, 『죽으면 죽으리라』, 24판 (서울: 기독교문사, 1988), 37.

34 문정창, 『군국일본 조선강점 36년사 하』(서울: 백문당, 1969), 337.

35 Ibid.

36 안이숙, 『죽으면 죽으리라』, 63.

37 Ibid.

38 Ibid., 79-80.

39 오윤태, 『한일기독교교류사』, 253.

40 Ibid.

41 이동욱, 『일정하 동아일보 압수사설집』(서울: 동아일보사, 1978), 25.

제4장 신사참배 강요에 대한 기독교계 대응의 진실은 무엇인가?

1 『교구연보 1878-1940』(천주교 부산교구, 1984), 132-4, 김인수, 『일제의 한국 교회 박해사』, (서울: 대한기독교서회, 2007), 98에서 재인용.

2 김인수, 『일제의 한국 교회 박해사』, (서울: 대한기독교서회, 2007), 98-9.

3 문규현, 『민족과 함께 쓰는 한국천주교회사』(서울: 빛두레, 1994), 180.

4 Ibid., 99; 로마 교황청 포교성(布敎省)의 신사참배는 '종교적 행사가 아니라 애국적 행사에 지나 지 않으므로 그 참배를 허용한다'라는 1936년 5월 25일의 성명으로 말미암아 신사에 참배하게 되었다. 김광수, 『한국민족기독교백년사』(서울: 기독교문사, 1978), 76.

5 Ibid., 181.

6 김인수, 『일제의 한국 교회 박해사』, 100.

7 이성삼, 『한국감리교회사』, 185.

8 Ibid., 186.

9 김광수, 『한국기독교수난사』(서울: 기독교문사, 1982), 211; 김광수, 『한국민족기독교백년사』(서 울: 기독교문사, 1978), 76.

10 김명구외 2인, 『창천교회 100년사』(서울: 기독교대한감리회 창천교회, 2006), 101; 윤춘병, 『자교교회 100년사』(서울: 기독교대한감리회 자교교회, 2001), 137.

11 『기독교조선감리회 3차 총회회록』, 1938, 11, 21, 이덕주, 『종교교회사』(서울: 종교교회, 2005), 311에서 재인용.

12 이덕주, 『아현교회 110년사』(서울: 기독교대한감리회 아현교회, 2001), 198.

13 Gospel Serve, 『교회용어사전』, 712.

14 Ibid.

15 Ibid.

16 『조선예수교장로회 제27회 회의록』, 9, 박용규, 『한국 장로교 사상사』(서울:

총신대학교출판부, 1996), 282에서 재인용.

17 박용규, 『한국 장로교 사상사』(서울: 총신대학교출판부, 1996), 282; 한국기독교장로회 역사편찬위원회, 『한국기독교 100년사』(서울: 한국기독교장로회출판사, 1992), 226.

18 김남식 외 5인, 『대한예수교장로회총회 100주년사』(서울: 대한예수교장로회총회, 2013), 227-8.

19 박춘복, 『한국 근대사 속의 기독교』, 140.

20 박명수, 『이명직과 한국성결교회』(경기: 서울신학대학교출판부, 2008), 218.

21 Ibid., 218.

22 Ibid., 222.

23 서울신학대학교 성결교회역사연구소, 『한국성결교회 100년사』(서울: 기독교대한성결교회출판부, 2007), 383.

24 Ibid., 384.

25 Ibid.

26 高等法院檢, "조선성결교단사건,"「朝鮮檢察要報」제1호, 昭和19年(1944年) 3월, 39-42.

27 박명수, 『한국성결교회의 역사와 신학』(경기: 서울신학대학교출판부, 2004), 329.

28 서울신학대학교 성결교회역사연구소, 『한국성결교회 100년사』, 385.

29 기독교대한성결교회 역사편찬위원회, 『한국성결교회사』(서울: 기독교대한성결교회출판부, 1992), 388.

30 김인수, 『일제의 한국 교회 박해사』, 136-7

31 Ibid., 137.

32 Ibid., 138.

33 이재정, 『한국 성공회사 개관』(서울: 대한성공회출판부, 1980), 38.

34 Ibid.

35 Ibid., 38-9

36 김인수, 『일제의 한국 교회 박해사』, 138.

37 Ibid., 141.

38 오만규, 『제칠일안식일예수재림교 한국선교100년사』(서울: 시조사, 2010), 711-2.

39 김인수, 『일제의 한국 교회 박해사』, 142.

40 高等法院檢, 43.

41 장형일, 『한국구세군사』(서울: 구세군대한본영, 2004), 167-8.

42 이정수, 『한국침례교회사』, 55.

43 Ibid., 84.

44 Ibid., 101.

45 Ibid., 130.

46 허긴, 『한국침례교회사』, 280.

47 김대응, "항일독립운동 여성 안이숙과 침례교와 순교자 전치규 발제문," 2019년 3월 6일, 사단법 인 아침 학술발표회.

제5장 일본의 기독교는 조선의 기독교와 어떻게 상호작용을 했는가?

1 土肥昭夫, 『일본 기독교사』, 김수진 역 (서울: 기독교문사, 2012), 299.

2 Ibid., 299-300.

3 Ibid., 300.

4 Ibid.

5 Ibid.; 김정일, 『한국 기독교 재건교회사 1』 (서울: 여울목, 2016), 130-3. 신사참배 반대운동은 단순한 계명을 앞세운 종교적 신념일 뿐 아니라 반정치 행위이자 민족운동의 성격을 지니고 있다.

6 Ibid.

7 Ibid.

8 Ibid., 300-1.

9 Ibid., 301-2.

10 Ibid., 302.

11 Ibid., 302-3

12 Ibid., 304. 재일 조선 기독교회가 일본 기독교연맹에 흡수됨으로 일본 기독교와 같은 성격으로 변하게 되었다.

13 Ibid.

14 Ibid.

15 Ibid., 304-5; 서정민, 『한일 기독교 관계사 연구』 (서울: 대한기독교서회, 2002), 328-9. 1945년 7월 20일에 한국기독교와 일본 기독교는 합동교단 공식 명칭으로 '일본 기독교조선교단'으로 기존의 교파가 화학적으로 일체가 되어 성립된 명실상부한 합동 교단임을 선포하였다.

16 Ibid., 305.

17 Ibid.

18 澤正彦, 『일본 기독교사』 (서울: 대한기독교서회, 1979), 188-9.

19 澤正彦, 『일본 기독교사』 (서울: 대한기독교서회, 1995), 146.

20 Ibid., 137.

21 Ibid., 140.

22 Ibid., 140-1.

23 Ibid., 141-2.

24 Ibid., 142; 최덕성, 『일본 기독교의 양심선언』 (서울: 본문과현장사이, 2000), 67. 일본기독교단은 일제가 제2차 세계대전 말기에 종교법을 만들어 국가의 힘으로 모든 개신교를 통합한 종교집 단이다. 이 교단은 일제의 전쟁 정책을 위한 어용 기구로 이용되었다.

25 Ibid., 142-3.

26 Ibid., 143.

27 Ibid., 144.

28 Ibid., 145.

제6장 신사참배 강요에 대한 침례교단 거부와 항일의 전말은 무엇인가?

1 허긴, 『한국침례교회사』, 279.

2 Ibid.

3 Ibid.

4 이정수, 『한국침례교회사』, 77.

5 Ibid., 84.

6 Ibid., 102.

7 Ibid., 93.

8 Ibid.

9 Ibid., 94.

10 Ibid., 92.

11 김용해, 『대한기독교침례회사』, 44-5.

12 이정수, 『한국침례교회사』, 92.

13 Ibid.

14 정재철, 『일제의 대한국식민지교육 정책사』 (서울: 일지사, 1985), 290.

15 Ibid., 293-4.

16 Ibid., 295.

17 Ibid., 295-6.

18 Ibid., 296.

19 이에 대한 필자의 견해와 다른 견해가 있다. 허긴은 펜윅의 학교 교육폐지 조치에 대하여 1920년대의 일제를 위시한 동북아시아가 서구화로 치닫는 시대조류를 외면했다고 했다. 그러한 과정들로 인하여 결국 상식과 시대를 망각한 동아기독교회를 인재부재의 불모지로 전락시킴으로써 교단의 앞날에 씻을 수 없는 회한과 비극을 초래했다고 주장하고 있다. 허긴, 『한국침례교회사』, 254-259.

20 박경식, 『일본 제국주의의 조선지배』, 385.

21 정운현, 『나는 황국신민이로소이다』(서울: 개마고원, 1999), 65.

22 박경식, 『일본 제국주의의 조선지배』, 386.

23 안이숙, 『죽으면 죽으리라』, 16-26. 안이숙은 박관준과 함께 1939년 3월 24일 종교통제를 목적으로 한 '종교단체법안'을 심의하던 제74회 일본제국의회 중의원 회의장에서 방청하던 중 에호바 가미사마노 다이시메이다(여호와 하나님의 대사명이다)라는 소리를 지르며, 국교를 기독교로 바꾸 고 신사참배를 폐지해야 한다는 『국교개종헌의서(國敎改宗獻議書)』 유인물을 뿌리고 동경 경시청에 체포되었고, 동경 유치장에서 한국으로 호송되어 평양형무소에서 옥고 6년의 감옥생활을 하고 1945년 8월 17일 사형집행 몇 시간 전에 출옥하였다.

24 박경식, 『일본 제국주의의 조선지배』, 53.

25 김영관, 『날편지』, 1935년 10월 5일, 광고. 허긴, 『한국침례교회사』, 280-1 재인용.

26 동아기독대는 동아기독교의 전신이다.

27 허긴, 『한국침례교회사』, 281.

28 Ibid.

29 Ibid., 281-2.

30 Ibid. 282.

31 Ibid.

32 Ibid.

33 이정수, 『한국침례교회사』, 141.

34 김대응 편역, 『예심청구서』, 10.

35 Ibid., 6.

36 이정수, 『한국침례교회사』, 141.

37 김용해, 『대한기독교침례회사』, 63.

38 이정수, 『한국침례교회사』, 142. 32인 명단(구속된 순서대로) 이종근 감목, 전치규 안사, 김영관 목사, 김용해 목사, 노재천 목사, 박기양 목사, 신성균 목사, 이

덕상 교사, 김주언 감로, 이덕여 감로, 이상필 감로, 장석천 목사, 김만금 감로, 백남조 목사, 정효준 감로, 박병식 감로, 박두하 감로, 김해용 감로, 문규석 목사, 전병무 감로, 문재무 감로, 안영태 감로, 남규백 감로, 방사현 목사, 한기훈 감로, 위춘혁 교사, 박성은 감로, 박성도 목사, 한병학 감로, 박성홍 감로, 김재형 목사, 강주수 선생(이상 32인)

39 김대응 편역, 『예심청구서』, 5-6.

40 Ibid., 8.

41 Ibid., 12.

제7장 신사참배 강요 거부로 인한 피흘린 발자취를 따라서

1 若槻泰雄, 『일본 군국주의를 벗긴다』, 김광식 역 (서울: 화산문화, 1996), 261.

2 Ibid., 262.

3 Ibid.

4 Ibid., 263.

5 Ibid., 264.

6 Ibid.

7 김대응 편역, 『예심청구서』, 8.

8 일본역사교육자협의회, 『천황제 50문 50답』, 김현숙 역 (서울: 혜안, 2001), 301.

9 이정수, 『한국침례교회사』, 143.

10 Ibid., 143-4.

11 Ibid., 144.

12 Ibid.

13 Ibid., 145.

14 Ibid.

15 Ibid.

16 예심에 회부되어 연장 구속된 9인의 명단은 다음과 같다. 이종근, 전치규, 김영관, 장석천, 노재천, 박기양, 백남조, 신성균, 박성도. 김대응 편역. 『예심청구서』 (서울: 한국침례교회역사연구회, 2016), 6.

17 이정수, 『한국침례교회사』, 145.

18 Ibid., 145-6.

19 Ibid., 146.

20 Ibid., 147.

21 Ibid.

22 Ibid.

23 Ibid., 148.

24 허긴, 『한국침례교회사』, 320.

25 이정수, 『한국침례교회사』, 148.

26 Ibid.

27 Ibid.

28 Ibid.

29 허긴, 『한국침례교회사』, 319.

30 김용국, 『꿈의교회 120년사』, (서울: 요단출판사, 2016), 124.

31 김충기, 『나의 나된 것은』 (서울: 강남중앙침례교회, 2002), 29-30.

32 송현강, "강경침례교회 초기역사 (1896-1945)," 『한국기독교와 역사』 제42호 (2015): 40.

33 Ibid.

34 Ibid.

제8장 침례교 항일독립운동의 교훈은 무엇인가?

1 함경남도지편찬위원회, 『함경남도지』 (서울: 삼화인쇄주식회사, 1968), 452.

2 원산시사편찬위원회, 『원산시사』 (출판지 불명: 삼신문화사, 1968), 203-4. 펜윅을 영국인 선교사로 표기하고 있는데 이것은 잘못 알고 표기한 것 같다.

3 김대응(2019). 일본 국회를 호령한 안이숙. 항일여성독립운동 신앙인 최덕지 안이숙 조수옥 재조 명 학술세미나 "항일여성독립운동 신앙인 최덕지 안이숙 조수옥 재조명 학술세미나 자료집," 47-82, 3월 6일. 서울: 국회의원회관 제1소회의실.

4 "항일독립운동 여성 안이숙과 침례교와 순교자 전치규 발제문"은 항일여성독립운동 신앙인 최덕지 안이숙 조수옥 재조명 학술세미나에서 발표한 것이다. 이 학술세미나는 이주영(국회부의장) 김진표 이혜훈 국회의원과 사단법인 아침이 주최하고, 3.1운동 및 대한민국임시정부수립 100주년기념사업추진위 원 대한예수교장로회(고신, 재건) 기독교한국침례회총회, 보훈처가 특별후원하였다. 이 학술세미나의 목적은 항일 신사참배 거부 독립운동가들을 발굴해서 보훈처에 청원하기 위한 학술세미나로 제2차 세미나였다; 김대응, "일본국회를 호령한 안이숙," 2019년 3월 6일, 사단법인 아침.

5 김승태, 『한국기독교의 역사적 반성』, 145.

6 윤경로, 『새문안교회 100년사』 (서울: 대한예수교장로회 새문안교회 역사편찬위원회, 1995), 273.

7 서정민, 『한일 기독교 관계사 연구』 (서울: 대한기독교서회, 2002), 302.

8 藏田雅彦, 『일제의 한국 기독교 탄압사』 (서울: 기독교문사, 1991), 61.

9 김대응, "일본 국회를 호령한 안이숙," 2019년 3월 6일, 사단법인 아침, 53-82

10 "여성신앙독립운동가 최덕지·안이숙·조수옥" [온라인 자료] http://www.christiantoday.co.kr/ news, 2019년 3월 12일 접속.

11 서정민, 『한국 교회의 역사』 (서울: 살림, 2003), 53.

12 Ibid., 54.

13 이만열, 『한국기독교와 역사의식』 (서울: 지식산업사, 1993), 349-53.

14 김대응 편역, 『예심청구서』 (서울: 한국침례교회역사연구회, 2016).

참고 문헌

1. 국문 단행본

강영심 외 5인.『일제 시기 근대적 일상과 식민지 문화』. 서울: 이화여자대학출판부, 2008.

강재언.『일제하 40년사』. 서울: 풀빛, 1984.

개복교회역사편찬위원회.『개복교회 110년사』. 전북: 대한예수교장로회 개복교회, 2004.

경남(법통)노회 100년사 편찬위원회.『경남(법통)노회 100년사』. 경남: 경남(법통)노회.한국고등신학연구원, 2016.

권 철.『야스쿠니 군국주의 망령』. 경기: 컬처북스, 2015.

권희영 외 5인.『고등학교 한국사』. 서울: 교학사, 2014.

구대렬.『제국주의와 언론』. 서울: 이화여자대학교출판부, 1986.

기독교대백과사전편찬위원회.『기독교대백과사전(제12권)』. 서울: 기독교문사, 1984.

기독교한국침례회.『기독교한국침례회 제104차 정기총회 의사자료』. 서울: 기독교한국침례회, 2014.

_____.『기독교한국침례회 제105차 정기총회 의사자료』. 서울: 기독교한국침례회총회, 2015.

_____.『기독교한국침례회 제106차 정기총회 의사자료』. 서울: 기독교한국침례회총회, 2015

김갑수.『원당교회 100년사』. 서울: 원당교회, 2005.

_____.『은혜의 발자취』. 대전: 침례신학대학교출판부, 2013.

_____.『한국침례교인물사』. 서울: 요단출판사, 2007.

김광수.『한국민족기독교백년사』. 서울: 기독교문사, 1978.

_____.『한국기독교수난사』. 서울: 한국교회사연구원, 1982.

_____. 『한국기독교인물사』. 서울: 기독교문사, 1974.

김경옥. 『한국근대풍운사 일제식민지 불타는 조국애 2』. 대중서관, 1981.

_____. 『한국근대풍운사 창씨개명 팔.일오해방 5』. 대중서관, 1981.

김남식 외 5인. 『대한예수교장로회총회 100주년사』. 서울, 대한예수교장로회총회, 2013.

김남식. 『신사참배와 한국교회』. 서울: 새순출판사, 1990.

_____. 『한국기독교수난사』. 서울: 베다니출판사, 2008.

김명구 외 2인. 『창천교회 100년사(1906-2006)』. 서울: 기독교대한감리회 창천교회, 2006.

김순석. 『일제 시대 조선총독부의 불교정책과 불교계의 대응』. 서울: 경인문화사, 2003.

김승욱. 『영등포교회백년사(1903-2003)』. 서울: 대한예수교장로회 영등포교회 교회사편찬위원회, 2006.

김승태. 『한국기독교의 역사적 반성』. 서울: 다산글방, 1994.

_____. 『신사참배 거부 항쟁자들의 증언』. 서울: 다산글방, 1993.

_____. 『일제강점기 종교정책 자료집』. 서울: 한국기독교역사연구소, 1996.

_____. 『한국기독교와 신사참배문제』. 서울: 한국기독교역사연구소, 2003.

_____. 『한국기독교의 역사적 반성』. 서울: 다산글방, 1994.

김시우. 『이몸 하나로 일본제국을 깨련다』. 서울: 도서출판 윤문, 1991.

김영배 편.『신사참배와 순교자 주기철』. 서울: 대한예수교장로회총회, 1993.

김용국. 『꿈의교회 120년사』. 서울: 요단출판사, 2016.

김용해. 『대한기독교침례회사』. 서울: 성청사, 1964.

김운태. 『일본제국주의의 한국통치』. 서울: 박영사, 1986.

김인수. 『일제의 한국교회 박해사』. 서울: 대한기독교서회, 2006.

김장배. 『침례교회의 산 증인들』. 서울: 침례회출판사, 1981.

김정일. 『한국기독교 재건교회사Ⅰ』. 서울: 여울목, 2016.

김정일. 『한국기독교 재건교회사Ⅱ』. 서울: 여울목, 2018

김재신. 『북한교회사』. 서울: 시조사, 1993.

김진형. 『사진으로 보는 한국초기선교 90장면』. 서울: 진흥, 2006.

김춘배. 『한국기독교수난사화』. 시울: 성문학사, 1969.

김충기. 『나의 나된 것은』. 서울: 강남중앙침례교회, 2002.

김태식, 오지원. 『한국 침례교회 100년의 향기』. 서울: 누가출판사, 2020.
나용화. 『기독교 세계관 문답공부』. 서울: 기독교문서선교회, 1990.
남병두. 『침례교회 특성 되돌아보기』. 대전: 침례신학대학교출판부, 2015.
남영환. 『한국교회와 교단』. 서울: 소망사, 1988.
노길호. 『야스쿠니 신사』. 서울: 도서출판 구월, 1992.
대통령소속친일반민족행위진상규명위원회. 『친일반민족행위관계사료집III』. 서울: 친일반민족행위진상규명위원회, 2008.
대한성서공회. 『성경전서-개역개정판』. 서울: 대한성서공회, 2010.
민경배. 『근대 인물한국사 313 주기철』. 서울: 동아일보사, 1998.
_____. 『한국기독교회사』. 서울: 대한기독교출판사, 1982.
_____. 『한국기독교회사』. 서울: 연세대학교출판부, 1996.
류대영. 『한 권으로 읽는 한국 기독교의 역사』. 서울: 한국기독교역사연소, 2018.
문정창. 『일본군국 조선점령 삼십륙년사』. 서울: 백문당, 1965.
_____. 『일본군국 조선강점 삼십륙년사하』. 서울: 백문당, 1969.
문화체육부 편. 『한국종교의 의식과 예절』. 서울: 화산문화, 1996.
박경식. 『일본제국주의의 조선지배』. 서울: 청아출판사, 1986.
박대선, 김철손. 『성서개설』. 서울: 대한기독교교육협회, 1981.
박명수. 『이명직과 한국성결교회』. 경기: 서울신학대학교출판부 현대기독교역사연구소, 2008.
박명수. 『한국성결교회의 역사와 신학』. 경기: 서울신학대학교출판부, 2004.
박성수. 『독립운동사연구』. 서울: 창작과비평사, 1980.
박성원.이응삼. 『구름같은 증인들의 빛과 그림자』. 서울: 창과현, 2009.
박성진.이승일. 『조선총독부 공문서』. 서울: 역사비평사, 2007.
박양조 편역. 『성구사전을 겸한 성경사전』. 서울: 기독교문사, 1986.
박 완. 『실록 한국기독교백년 4권』. 서울: 성서교재간행사, 1986.
박영규. 『한권으로 읽는 일제강점실록』. 경기: 웅진씽크빅, 2017.
박영철. 『신앙생활의 첫걸음』. 서울: 요단출판사, 1994.
박용규. 『강규찬과 평양산정현교회』. 서울: 한국기독교역사연구소, 2012.
_____. 『조선어학회 항일 투쟁사』. 서울: 형설출판사, 2012.
_____. 『한국교회인물사 5』. 경기도: 한조문화사, 1979 재판.

_____. 『한국장로교사상사』. 서울: 총신대학교출판부, 1992.

박윤선. 『출애굽기』. 서울: 영음사, 1994.

박윤식. 『구한말-일제 강점기』. 경기: 휘선, 2012.

박종현. 『일제하 한국교회의 신앙구조』. 서울: 한들출판사, 2004.

반민족문제연구소. 『청산하지 못한 역사 2』. 서울: 청년사, 1994.

불교사학회 편. 『근대한국불교사론』. 서울: 민족사, 1992.

사회과학사서간행회. 『한국사사전』. 서울: 동아출판사, 단기4292(1959).

서울노회사편찬위원회. 『서울노회의 역사』. 서울: 대한예수교장로회서울노회, 2001.

서울신학대학교 성결교회역사연구소. 『한국성결교회 100년사』. 서울: 기독교대한성결교회출판부, 2007.

서정민. 『한국교회의 역사』. 서울: 살림, 2003.

서현섭. 『일본인과 천황』. 서울: 고려원, 1997.

선안나. 『일제강점기 그들의 다른 선택』. 서울: 도서출판 피플파워, 2016.

손병호. 『장로교회사』. 서울: 대한예수교장로회총회교육부, 1984.

송건호. 『한국현대사』. 서울: 두레, 1986.

신성종. 『신약신학』. 서울: 기독교문서선교회, 1989.

신용하. 『일제의 한국민족말살·황국신민화 정책의 진실』. 서울: 문학과지성사, 2020.

신용하 외 4인. 『일제강점기하의 사회와 사상』. 서울: 신원문화사, 1991.

심용환. 『역사전쟁」. 서울: 생각정원, 2016.

심우현. 『대전기독교 100년사』. 대전: 대전기독교연합회 대전기독교역사편찬위원회, 2007.

안도명. 『신사참배 반대투쟁 정신사』. 서울: 혜선출판사, 1991.

안동교회 80년사 편찬위원회. 『안동교회 80년사(1909-1989)』. 경북: 안동교회, 1989.

안용준. 『태양신과 싸운 이들』. 부산: 칼빈문화, 1956.

안재웅. 『한국근대사 연구방법』. 경기: 한국기독학생회총연맹, 1976.

안희열. 『선교와 문화』. 대전: 침례신학대학교출판부, 2015.

_____. 『시대를 앞서 간 선교사 말콤 펜윅』. 대전: 침례신학대학교출판부, 2019.

역사학연구소. 『오늘에 본 친일문제와 일본의 조선침략론』. 서울: 기름, 1993.

영남교회사편찬위원회. 『한국영남교회사』. 출판지불명: 양서각, 1987.

영등포교회백년사 편찬위원회. 『영등포교회백년사』. 서울: 대한예수교장로회영등포교회, 2006.

오긍선 선생 기념사업회편. 『해관 오긍선』. 서울: 연세대학교출판부, 1977.

오만규. 『제칠일안식일예수재림교 한국선교100년사』. 서울: 시조사, 2010.

오창희. 『아직 끝나지 않은 문제 신사참배』. 서울: 예영커뮤니케이션, 2021.

옥성득. 『한반도 대부흥』. 서울: 홍성사, 2009.

원산시사편찬위원회. 『원산시사』. 서울: 삼신문화사, 1968.

유동식. 『정동제일교회의 역사(1885-1990)』. 서울: 기독교대한감리회 정동제일교회, 1992.

유정수. 『일제의 한국침략과 통치』. 출판지불명: 도서출판 화신문고, 2003.

윤경로. 『새문안교회 100년사(1887-1987)』. 서울: 대한예수교장로회 새문안교회역사편찬위원회, 1995.

윤명철. 『역사전쟁』. 서울: 안그라픽스, 2004.

윤선자. 『일제의 종교정책과 천주교회』. 서울: 경인문화사, 2002.

_____. 『태평양전쟁 발발 이후 일제의 인적지배와 그리스도교계의 대응』. 경기: 집문당, 2005.

윤이흠. 『일제의 한국민족종교 말살책』. 서울: 고려한림원, 1997.

윤춘병. 『동대문교회 일백년사』. 서울: 기독교대한감리회 동대문교회, 1990.

이광훈. 『조선을 탐한 사무라이』. 서울: For Book, 2016.

이균성. 『성결교회수난사』. 서울: 기독교대한성결교회출판부, 1994.

이덕주. 『아현교회 110년사 선한 사마리아인의 애오개 사랑』. 서울: 기독교대한감리회아현교회, 2001.

_____. 『우이교회 85년사(1909-1994)』. 서울: 기독교대한감리회 우이교회, 1994.

_____. 『종교교회사 1900년-2004년』. 서울: 도서출판 종교교회, 2005.

이만열. 『대한성서공회사 I 』. 서울: 대한성서공회, 1993.

_____. 『한국기독교와 역사의식』. 서울: 지식산업사, 1993.

_____. 『한국사년표』. 서울: 역민사, 1985.

이명화 외 2인. 『일제강점기 한국 초등교육의 실태와 그 저항』. 서울: 역사공간, 2016.

이상훈 외 3인. 『한국 개신교 주요교파 연구(I)』. 경기: 한국정신문화연구원, 1998.

이성삼. 『한국감리교회사II 』. 서울: 기독교대한감리회본부교육국, 1980.

이승만. 『한국교회핍박』. 서울: 청미디어, 2008.

이승일. 『조선총독부 법제 정책』. 서울: 역사비평사. 2008.

이연. 일제강점기 조선언론 통제사. 서울: 박영사, 2013.

이응삼 편. 『순교신학과 목회』. 서울: 총회순교자기념선교회, 2016.

이응호. 『한국성결교회사1』. 서울: 성결문화사, 1994.

_____. 『한국성결교회사2』. 서울: 성결문화사, 1994.

이재정. 『한국 성공회사 개관』. 서울: 대한성공회출판부, 1980.

이정수. 『한국침례교회사』. 서울: 침례회출판사, 1990.

이정호. 『신사참배와 맞섬의 신앙』. 서울: 누름돌, 2010.

이찬영. 『사건으로 본 한국기독교회사 400장면(上)』. 경기: 소망사, 1997.

이찬영 편. 『황해도교회사』. 서울: 황해도교회사발간위원회, 1995.

이춘규. 『일본의 야욕 아베신조를 말하다』. 서울: 서교출판사, 2017.

이형근. 『한국교회수난자총서② 한국교회순교자』. 서울: 세신문화사, 1992.

인명사전편찬위원회. 『인명사전』. 서울: 민중서관, 2002.

일사 주재용 교수 정년퇴임 기념논문집 출판위원회. 『교회·역사·신학』. 경기: 한국신학대학출판부, 1999.

임영섭. 『한국기독교순교자<제1권>』. 서울: 도서출판 양문, 1991.

임종국. 『실록 친일파』. 서울: 돌베개, 1991.

임중빈. 『단재 신채호일대기』. 서울: 범우사, 1990

장형일. 『한국구세군사』. 서울: 구세군대한본영, 2004.

전경연. 『원시기독교와 바울』. 서울: 대한기독교출판사, 1982.

정규남. 『구약개론』. 서울: 개혁주의신행협회, 1986.

정병욱. 『식민지불온열전』. 서울:(주)역사비평사, 2013.

정성한. 『남대문교회사 1885-2008』. 서울: 대한예수교장로회 남대문교회, 2008.

정운현. 『나는 황국신민이로소이다』. 서울: 개마고원, 1999.

정일성. 『황국사관의 실체』. 서울: 지식산업사, 2000.

_____. 『인물로 본 일제 조선지배 40년』. 서울: 지식산업사, 2010.

정재철. 『일제의 대한국식민지교육정책사』. 서울: 일지사, 1985.

정재환. 『나라말이 사라진 날』. 서울: 생각정원, 2020.

조만형. 『의정부기독교백년사』. 경기: 의정부기독교선교백주년위원회, 2009.

조성철 편.『봄을 찾아나선 별』. 서울: 쏠커뮤니케이션, 2010.
채기은.『한국교회사』. 서울: 기독교문서선교회, 1983.
최길성,『한국의 조상숭배』. 서울: 도서출판 예전사, 1986.
최덕성.『일본기독교의 양심선언』. 서울: 본문과현장사이, 2000.
최덕성.『한국교회친일파전통』. 서울: 본문과현장사이, 2000(증보수정판4판).
최선수.『부르심받아 땅끝까지』. 서울: 홍성사, 2011.
최원규.『일제말기 파시즘과 한국사회』. 서울: 청아출판사, 1988.
최유리.『일제 말기 식민지 지배정책연구』. 서울: 국학자료원, 1997.
최 훈.『한국교회박해사」. 서울: 예수교문서선교회, 1979.
침례교신학연구소 편.『한국 침례교의 실천적 특성』. 대전: 침례신학대학교출판부, 2001.
침례교 신학총서 집필위원회,『침례교 신학총서』. 서울: 요단출판사, 2016.
하용조 편.『비전성경사전』. 서울: 두란노, 2001.
한국기독교역사연구소.『한국기독교의 역사II』. 서울: 기독교문사, 2006.
한국기독교장로회 역사편찬위원회.『한국기독교 100년사』. 서울: 한국기독교장로회출판사, 1992.
한국사회사연구회.『현대 한국의 종교와 사회』. 서울: 문학과지성사, 1992.
한국신시60년기념사업회.『한국시선』. 서울: 일조각, 1977.
한국우리민족사연구회.『동북공정, 알아야 대응한다』. 서울: 백암, 2006.
한기언 외 3인.『일제의 문화침탈사』. 서울: 민중서관, 1976.
한민수.「우상이란 무엇인가』. 서울: 책나무, 2016.
한림출판사편집부.『기록사진자료집 태평양전쟁』. 서울: 한림출판사, 1971.
한상일,『1910 일본의 한국 병탄』. 서울: 기파랑, 2010, 18.
한상일.『일본제국주의의 한 연구』. 서울: 까치, 1980.
_____.『제국의 시선』. 서울: 새물결출판사, 2004.
한일관계사연구논집 편찬위원회 편.『일제 식민지지배의 구조와 성격』. 서울: 경인문화사, 2005.
함경남도지편찬위원회.『함경남도지』. 서울: 삼화인쇄주식회사, 1968.
허 긴.『한국침례교회사』. 대전: 침례신학대학교출판부, 2000.
허영섭.『일본, 조선총독부를 세우다』. 서울: 채륜, 2010.

홍이섭. 『한국근대사』. 서울: 연세대학교출판부, 1980.

홍치모. 『승동교회백년사(1893-1993)』. 서울: 대한예수교장로회 승동교회, 1996.

2. 번역 단행본

______. 『일제수난성도의 발자취-일본검사의 기소 내용-』. 남영환 역. 서울: 영문, 1991.

高浜虛子. 『조선』. 김영식 역. 서울: 소명출판, 2015.

宮田節子. 『조선민중과 황민화정책』. 이형낭 역. 서울: 일조각, 1997.

______. 『창씨개명』. 정운현 편역. 서울: 학민사, 1994.

渡部學. 『한국근대사』. 김성환 역. 서울: 동녘, 1984.

保坂祐二.『일본에게 절대 당하지 마라』. 장소임 역. 서울: 답게, 2002

山邊健太郎. 『일본의 식민지 조선통치 해부』. 최혜주역. 서울: 어문학사, 2011.

______. 『한국 근대사』. 까치편집부 역. 서울: 까치, 1982.

______. 『한일합병사』. 안병무 역. 서울: 범우사, 1982.

小森陽一. 『1945년 8월 15일 천황 히로히토는 이렇게 말하였다』. 송태욱 역, 서울: 뿌리와이파리, 2004.

阿滿利麿. 『천황제국가 비판』. 정형 역. 서울: 제이앤씨, 2007.

若槻泰雄. 『일본군국주의를 벗긴다』. 김광식. 서울: 화산문화, 1996.

雁屋哲.シュが-佐藤. 『천황을 알아야 일본이 보인다』. 김원식 역. 서울: 세계인, 2002.

鈴木敬夫. 『법을 통한 조선식민지 지배에 관한 연구』. 서울: 고대민족문화연구소출판부, 1989.

原誠. 『전시하 일본기독교사』. 서정민 역. 서울: 한들출판사, 2009.

日本歷史教育者協議會. 『천황제 50문 50답』. 김현숙 역. 서울: 혜안, 2001.

長谷川正安. 『일본의 헌법』. 최은봉 역. 서울: 소화, 2000.

藏田雅彦. 『일제의 한국 기독교 탄압사』. 서울: 기독교문사, 1991.

朝鮮總督府 編. 『조선통치비사』. 이충호. 홍금자 역. 서울: 형설출판사, 1993.

朝鮮總督府 警務局 編. 『일제식민통치비사』. 김봉우 역. 서울: 청아출판사, 1989.

朝鮮總督府 朝鮮史編修會 編. 『조선사편수회사업개요』. 편집부 역. 서울: 시인사, 1986.

青柳綱太郎. 『100년전의 일본인의 경성엿보기』. 구태훈·박선옥 역. 서울: 재팬리

서치21, 2011.
村上重良. 『천황과 천황제』. 장진한.오상현. 서울: 한원. 1989.
_____. 『일본인은 왜 종교가 없다고 말하는가』. 정형 역. 서울: 예문서원, 2001.
澤正彦. 『일본기독교사』. 서울: 대한기독교서회, 1995.
土肥昭夫. 『일본 기독교사』. 김수진 역. 서울: 기독교문사, 2012.
桶浦鄕子. 『신사 학교 식민지』. 이언숙 역. 서울: 고려대학교 출판문화원, 2016.
片野次雄. 『역사의 앙금』. 윤봉석 역. 서울: 우석출판사, 2003.
韓晳曦. 『일제의 종교침략사』. 김승태 역. 서울: 기독교문사, 1990.
Anderson, Neil T. 『내가 누구인지 이제 알았습니다』. 유화자 역. 서울: 죠이선교회, 2005.

Beale, Gregory K. 『예배자인가 우상숭배자인가』. 김재영.성기문 역. 서울: 새물결플러스, 2014.
Carr, E. H. 『역사란 무엇인가』. 박종국 역. 서울: 육문사, 2007.
Chadwick, Henry. 『초대교회사』. 서영일 역. 서울: 기독교문서선교회, 1983.
Clowney, Edmund P. 『교회』. 황영철 역. 서울: 한국기독학생회출판부, 1998.
Daniels, Robert V. 『어떻게 그리고 왜 역사를 연구해야 하나?』. 김쾌상 역, 평단문화사, 1984.
Dennis, Lane T. 『고뇌하는 그리스도인들에게-쉐이퍼의 편지』. 홍치모 역. 서울: 기독지혜사, 1986.
Fenwick, Malcolm C. 『대한기독교회사』. 허긴 역. 대전: 침례신학대학출판부, 1989.
_____. 『찌그러진 통에 불과할지라도』. KIATS번역팀, 출판지불명: 한국고등신학연구원, 2016.
_____. 『한국에 뿌려진 복음의 씨앗』. 이길상 역. 서울: 예영커뮤니케이션, 2004.
Gide, Andre. 『소련방문기』. 정봉구 역. 서울: 춘추사, 1994.
Gospel Serve. 『교회용어사전』. 서울: 생명의말씀사, 2013.
_____. 「라이프 성경단어 사전」. 서울: 생명의말씀사, 2011.
Hannah, John D. and Lindsey, F. Duane. 『출애굽기 레위기』. 김태훈 역. 서울: 두란노, 1994.
Herodotos. 『역사』. 박광순 역. 서울: 범우사, 1988.
Holmes, Arthor Frank. 『기독교 세계관』, 이승구 역. 서울: 엠마오, 1985.

Howard G.Hendrix 외. 『그리스도인의 기본훈련』. 이건일 역. 서울: 생명의말씀사, 1995.

Huttenlocker, Keith. 『하나님의 가정으로서의 교회』. 황을호 역. 서울: 생명의말씀사, 1988.

Idleman, Kyle. 『거짓 신들의 전쟁』. 배응준 역. 서울: 규장, 2013.

Jay, Eric. G. 『교회론의 역사』. 주재용 역. 서울: 대한기독교출판사, 1986.

Keller, Timothy j. 『거짓 신들의 세상』. 서울: 베가북스, 2015.

Knudsen, Robert. 『기독교세계관』. 박삼영 역. 서울: 라브리, 1988.

Küng, Hans. 『교회란 무엇인가』. 이홍근 역. 서울: 분도출판사, 1991.

Orr, William. 『현대 젊은 지성인들의 질문에 답하여』. 역자 불명. 서울: 생명의말씀사, 1984.

Pink, A. W. 『출애굽기(상)』. 지상우 역. 서울: 엠마오, 1995

Rankin, Jerry. 『하나님 나라를 위해 진력하라』. 이현모 역. 서울: 요단출판사, 2006.

Russell, Bertrand. 『나는 왜 기독교인이 아닌가』. 황동문 역. 서울: 한그루, 1988.

Ryle, John Charles. 『우상』. 장호준 역. 서울: 복있는사람, 2012.

Schaeffer, Francis A. 『그러면 우리는 어떻게 살 것인가?』. 박형용 역. 서울: 생명의말씀사, 1990.

Shurden, Walter B. 『침례교의 정체성』. 김태식 역. 서울: 서로사랑, 2012.

Sire, James W. 『기독교 세계관과 현대사상』. 개정판 김헌수 역. 서울: IVP, 1995.

Stott, John R. W. 『기독교의 기본진리』. 윤상범 역. 서울: 생명의말씀사, 1980.

Stott, John R. W. 『현대를 사는 그리스도인』. 한화룡.정옥배 역. 서울: IVP, 1993

Turner, J. Clyde. 『신약교회 교리』. 이요한 역. 서울: 침례회출판사, 1983.

Williams, Derek 편. 『IVP 성경사전』. 이정석 외 3인 역. 서울: 한국기독학생회출판부, 1992.

Wright, Nicholas Thomas. 『우상의 시대 교회의 사명』. 김소영 역. 서울: 한국기독학생회출판부, 2016.

Young Ran Kim. 「100년 동안의 폭풍우』. 김영수 역. 서울: 문학공원, 2021.

3. 원서 단행본

Fenwick, Malcolm C. The Church of Christ in Corea. Seoul: Baptist Publications, 1967.

韓晳曦. 「日本の朝鮮支配と宗教政策」. 東京: 未來社, 1988.4.

4. 정기간행물

김대응. "한국 초기 침례교회 설립사,"「뱁티스트」. 2000년 9.10월(격월간), 23-42.

______. "한국침례교의 역사적 고증에 대한 인식을 일깨운다,"「뱁티스트」. 2014년 03.04월(격월간), 94-8.

______. "울릉도의 역사적인 교회 역사를 찾는다,"「뱁티스트」. 2014년 05.06월(격월간), 73-9.

______. "한국침례교회의 역사 우리 것이여, 우리 손으로 보존하자,"「뱁티스트」. 2014년 07.08월(격월간), 56-62.

______. "새로운 발견, 우리 손으로 깨어나 움직이게 해야 한다,"「뱁티스트」. 2014년 09.10월(격월간), 49-57.

______. "교회역사의 현장에서 본 역사적 현실 보고서(1),"「뱁티스트」. 2014년 11.12월(격월간), 63-71.

______. "교회역사의 현장에서 본 역사적 현실 보고서(2),"「뱁티스트」. 2015년 01.02월(격월간), 59-66.

______. "교회 초기 설립연도 잡기와 역사적 사건 기록,"「뱁티스트」. 2015년 03.04월(격월간), 45-57.

______. "목사의 회고록(자서전) (2) 말콤 펜윅의 지서전,"「뱁티스트」. 2015년 07.08월(격월간), 52-61.

______. "교단역사 126년, 신학교역사 61년의 역사를 진단한다,"「뱁티스트」. 2015년 09.10월(격월간), 66-83.

______. "순교자 전치규 목사,"「뱁티스트」. 2015년 11.12월(격월간), 36-48.

______. "기독교한국침례회 순교자 열전(1)."「뱁티스트」. 2016년 01.02월(격월간), 56-9.

______. "기독교한국침례회 순교자 열전(2)."「뱁티스트」. 2016년 03.04월(격월간), 56-8.

______. "동아기독교회 교규 최초 발견."「뱁티스트」. 2016년 05.06월(격월간), 44-52.

______. "만주에서 공산당에게 총살당한 1교사 5전도 여섯명의 순교자."「뱁티스트」. 2016년 07.08월(격월간), 48-51.

______. "몽골에서 교회를 세우고, 몽골인 토족에게 학살당한 이현태 순교자."「뱁티스트」. 2016년 09.10월(격월간), 54-61.

______. "만주 종성동교회에서 공산당에게 살해당한 순교자."「뱁티스트」. 2016년

11.12월(격월간), 56-64.

_____. "동아기독교 시대 순교자를 배출하게 된 시대상황의 확실한 공문서 최초 공개 예심청구서." 「뱁티스트」. 2017년 01.02월(격월간), 36-44.

_____. "침례회 최초 총회인 대한기독교회 제1회 대화회의 목적과 정신을 조명한다." 「뱁티스트」. 2017년 03.04 월(격월간), 53-60.

_____. "기독교한국침례회 전신, 일제의 황민화정책을 반대한 동아기독교의 신사참배 거부는 교단적인 독립운동." 「뱁티스트」. 2017년 05.06월(격월간), 57-70.

_____. "한국침례교 근.현대사 연구." 「뱁티스트」. 2017년 07.08월(격월간), 66-74.

_____. "침례교 교단사, 지방회사, 교회사를 전승하여 역사 정신을 살려야 한다." 「뱁티스트」. 2017년 09.10월(격월간), 50-6.

_____. "침례교 관련 역사적 발견과 해석의 재조명 일제강점기 식민지 시대의 언론과 세인의 의혹받는 동아기독교의 정체에 대한 논고." 「뱁티스트」. 2017년 11.12월(격월간), 54-62.

김대응. "생명을 얻게 하는 학문." 「온전한 지성」. 14권 4호 (2002. 7.8): 23.

이상화. "빼앗긴 들에도 봄은 오는가." 「개벽」. 대정15(1926)년 6월, 9-10.

김효전. "대일본제국헌법의 한.영.독역." 「법사학연구」. 52 (2015. 10): 133-191.

손정목. "조선총독부의 신사보급.신사참배강요정책연구." 「한국사연구」 58 (1987. 10): 105-162.

高等法院檢.「朝鮮檢察要報」제1호, 昭和19年(1944年) 3월.

5. 신문

이장훈(1993. 9. 21). "舊蘇서 공산주의는 아직 죽지 않았다". 한국일보. 16면.

크리스천투데이, "[사설] '신사참배 반대운동' 재평가해야" [온라인 자료] https://www.christiantoday.co.kr/news/320684. 2019년 3월 12일 접속.

6. 미간행물

김대응. "국내 기독교 교단 최초 신사참배 거부로 인한 동아기독교의 수난과 5.10 기념일 제정에 관한 논고." 2015년 8월 20일. 기독교한국침례회 새대구지방회와 한국침례교회역사연구회.

_____. "국내 기독교 교단 최초 신사참배 거부로 인한 동아기독교의 수난과 5.10 기념일 제정에 관한 소고." 2015년 6월 8일. 기독교한국침례회 새대구지방회 월례회.

김대응 편역.「예심청구서」. 서울: 한국침례교회역사연구회, 2016.

김승태. "일제강점기의 한국교회-일제의 기독교에 대한 정책과 한국교회 변질편 및 부일협력을 중심으로." 전국목회자정의평화실천협의회주관 '제3차 죄책고백심포지엄' 2005.

박은지, "기독교인 정체성을 위한 교육." 신학석사학위논문, 협성대학교 대학원, 2006.

문진수. "한국 감리교회의 신사참배 대응에 관한 연구." 신학석사학위논문, 협성대학교 신학대학원 역사 신학, 2014.

장일수.「한국침례교회사」. 장일수노트, 1961.

정동원. "한국교회의 수난과 신사참배에 관한 연구." 석사학위논문, 개신대학원대학교, 2006.

7. 기타 자료

김대응. "한국 초기 침례교회 설립사."「2007 역사연감」서울: 기독교한국침례회역사연감편찬위원회(2007.9):63-76.

김대응. 항일여성독립운동 신앙인 최덕지 안이숙 조수옥 재조명 학술세미나 "일본 국회를 호령한 안이숙." 2019년 3월 6일. 사단법인 아침.

남주희. "한국 최초 침례교 성지 선교역사 기념교회", 충남: 기독교한국침례회 강경교회, 2006.

독립운동가 인준 청원을 위한 항일 기독교인들 재조명 학술토론회, "일제 신사 참배거부 투쟁은 독립운동인가." 2016년 12월 13일. 사단법인 아침.

국가인권위원회 휴먼레터, "알 권리와 정보의 자유," [온라인 자료] https://www.humanrights.go.kr/hrletter/07101/pop06.htm. 2022년 2월 11일 접속.

독립유공자 대상요건, "국가보훈처," [온라인 자료] http://www.mpva.go.kr/support/support111.asp. 2018년 10월 24일 접속

조센징, "위키백과." [온라인자료] https://ko.wikipedia.org/wiki/%EC%A1%B0%EC%84%BC%EC%A7%95. 2018년 10월 13일 접속.

주기철, "국가보훈처 독립유공자(공훈록)," [온라인 자료] http://www.mpva.go.kr/narasarang/gonghun_view.asp?id=7680. 2018년 10월 24일 접속.

_____ http://encykorea.aks.ac.kr/Contents/Index ?contents_id=E0053200.2018년 10월 24일 접속.

부록

예심청구서

김대웅 편역

한국침례교회역사연구회

일러두기

본 예심청구서는 국가기록원에 있는 것으로 자료번호 1-006466-005-0074 이다. 이것을 일본어 전공 교수가 번역을 하였고(본인의 이름을 익명으로 하기를 원하여 본명을 밝히지 않기로 하였다.) 김대응 목사가 편(編)한 것이다. 원본복사본은 A4용지 7장으로 되어 있는데 세 번째 장은 빈 페이지이고 페이지 표시는 없는 것이다. 실제 내용은 6장이다. 원문을 앞장에 놓고, 원문번역 편은 다음 장에다 실었다. 원문이 뭉개지거나 희미하여 알 수 없는 것은 그대로 두었고, 문장은 직역을 원칙으로 하되 현대어법에 맞추었다. 원문의 글씨가 작아서 확대해서 보았고, 해당되는 부분을 잘라서 편집하였다.

김대응 목사 편역(한국침례교회역사연구회 회장)

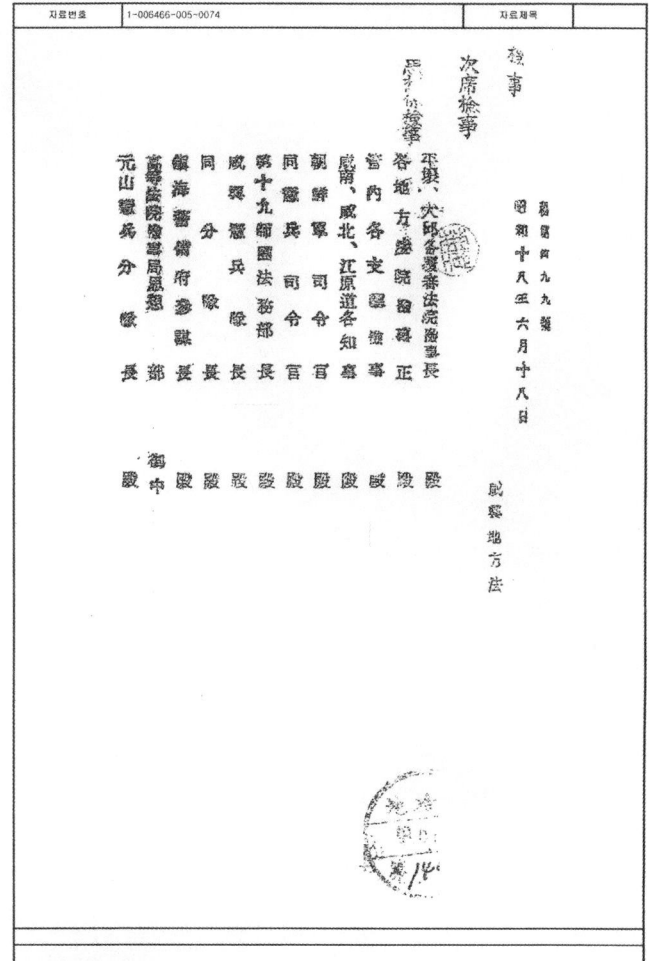

자료번호	1-006466-005-0074	자료제목	

檢事

次席檢事

思想係檢事

秘密第九九號

昭和十八年六月十八日

咸興地方法

平壤、大邱各覆審法院檢事長 殿

各地方法院檢事正 殿

管內各支廳檢事 殿

咸南、咸北、江原道各知事 殿

朝鮮軍司令官 殿

同憲兵司令官 殿

第十九師團法務部長 殿

咸興憲兵隊長 殿

同 分隊長 殿

鎮海警備府參謀長 殿

高等法院檢事局思想部 御中

元山憲兵分隊長 殿

자료번호 1-006466-005-0074

자료제목

복심 제99호 소화 18년(1943년) 6월 18일 함흥지방법

검사

차석검사

사상계검사

평양대구각복심법원검사장	전
각 지 방 법 원 검 사 정	전
관 내 각 지 청 검 사	전
함남 함북 강원도 각 지사	전
조 선 군 사 령 관	전
동 징 병 사 령 관	전
제 19 사 단 법 무 부 장	전
함 흥 징 병 대 장	전
동 분 대 장	전
진 해 경 비 부 참 모 장	전
고등 법원검사국사상 부	귀중
원산징병 분 대 장	전

- 3 -

寫

豫審請求書

罪名　治安維持法違反

被告人
中山川行　木村方春
陽田孝成　白原信祚
金山榮宣　平山聖均
張田錫天　竹山成道
盧山光石

右者ニ對スル左記犯罪事實ニ付豫審請求候也

昭和十八年三月二十四日

咸興地方法院檢事局
朝鮮總督府檢事　渡邊　隆之助

咸興地方法院豫審掛　御中

예심청구서

죄 명: 치안유지법위반

피 고 인

이종근(中山川行) 전치규(陽田宇成) 김영관(金山榮官) 장석천(張田錫天) 노재천(盧山光石) 박기양(木村方春) 백남조(白原信祚) 신성균(平山聖均) 박성도(竹山成道)

위 지의 범죄 사실에 대하여 예심을 청구합니다.

소화18년(1943년) 5월 24일

함흥지방법원검사국
조선총독부검사 와타나베(渡邊) 요시노스케(禮之助)

함흥지방법원예심계 귀중

원문: 범죄사실(犯罪事實)

犯罪事實

東亞基督敎會ハ明治三十九年頃猶太系加奈陀人宣敎師故マルコム、シー、ヘンウイック（朝鮮名片爲益）カ忠淸南道江景ニ於テ發之個人的傳道ニ依リ獲得シタル信者申明均外數名及浸禮派基督敎徒約二百名トノ協議創設ニ係リ右片爲益カ新譯約聖書ニ據自ノ解明ヲ試ミテ構成シタル敎理信條ヲ信奉スル者タ以テ組織シタル宗敎團體ニシテ總部（本部）ヲ咸鏡南道元山府泉町ニ置キ元老及敎友ナル者ヲ以テ組織シタル元老敎友會ニ依リ最高幹部タル監牧及按師ノ選任、布敎方針ノ審議決定ヲ爲サシメ監牧ハ布敎事務一切ヲ統轄シテ牧師以下ノ役職員ヲ任免指揮シ按師ハ監牧ヲ補佐スルト共ニ地方敎會ヲ巡回シテ布敎狀況ノ關査等ニ從事シ牧師ハ監牧ノ命ヲ承ケテ擔任地區（區域ト稱ス）內布敎ノ責ニ任シ監老及敎師ハ牧師ノ指揮ニ從ヒ傳道其ノ他ノ雜務ヲ擔當シ總部ヨリ東亞基督敎會編纂ニ係ル獨特ノ新約全書、讚頌歌其ノ他ノ印刷物ニ依リ布敎ニ努メタル結果昭和十三年頃ヨリ咸鏡南道江原道平安北道慶尙南道全羅北道慶尙北道等々十二區域地方敎會數九十四敎人ニ（浸禮ヲ受ケタル信者ノ數）三千名ヲ超エ尙滿洲國內ニ若干ノ敎會、敎人ヲ擁スルニ至リテ現在ニ及ヘリ而シテ其ノ敎理信條ノ特色ハ基督ヲ絕對無二ノ權威者ト崇メ基督ハ受難ノ後復活シテ現ニ天上ニ在レトモ未來ニ再ヒ地上ニ再臨シテ所謂千年王國ヲ建設シ我國ヲモ含ム總有民族、國家ノ上ニ君臨シ所謂萬王ノ王ト成リテ先ツ審判ヲ行フヘク其ノ際異敎徒及猶太民族ヲ迫害シタル國家ハ峻烈ナル處罰ヲ免レサルト共ニ信者ハ皇后ノ位ニ即キ永生ヲ享受スルコトヲ得ヘシ現下世態ノ混亂紛糾ハ仍チ右地上神國出現ノ前兆ナレハ信者タルモノ更ニ熱誠ヲ捧ケ敎勢ノ擴大ヲ圖リテ福音ヲ傳播スヘキ旨ヲ强調宣布スルニ在リテ其ノ必然的結果トシテ昭和十二年頃迄公然信者ニ指令シテ異邦人（同國人ト雖異敎徒ヲ斯ク呼稱ス）トノ交際及國家ノ設立整備ニ係ル學校ヘノ就學神宮神社ノ參拜ヲ禁止シ肯セサリシカ官憲ノ强力ナル指導ニ抗シ兼ネ其後ハ表面ヲ糊塗シ居ルモ潛在意識的ニ其ノ敎理信仰ヲ持セサル限リ究極ノ光輝アル我國體ヲ否定シ延イテ皇室ノ尊嚴ヲ冒瀆スヘキ事項ヲ流布スルコトヲ目的トスル結社ニ外ナラサルト

범 죄 사 실
(원문 번역 편)

동아기독교회는 명치 39년(1906)경 유태계 캐나다인 선교사 고 말콤 C. 펜윅이(조선명 편위익)이 충청남도 강경에서 가난한 자들에게 전도하여 얻은 OO신자 신명균 외 수명 및 침례파 기독교도 약 200명과 협의하여 창립하였다. 펜윅은 신 · 구약성경에 독자적인 해석을 시도하여 편성한 교리 신조를 믿는 자들로 하여금 조직한 종교단체로 총부(본부)를 함경남도 원산 영정에 두고, 원로 및 교우된 자로 하여금 조직한 것이 원로교우회이며 이 교우회에 의해 최고 간부인 감목 및 안사를 선임하였고, 포교 방침을 심의 결정을 하도록 하고, 감목은 포교 사무일체를 총괄하여 목사 이하의 역무원(직원)을 임면 지휘하고, 안사는 감목을 보좌하고, 함께 지방교회를 순회하여 포교하며, 상황의 감사 등에 종사하고, 목사는 감목의 명을 받아서 담임지구(구역이라고 칭한다) 내 포교의 책임을 지고, 감로 및 교사는 목사의 지휘에 따라 전도와 그 외의 의무를 협의하고, 총부로부터 동아기독교회편찬에 관계되는 독특한 신약전서 복음찬미 그 외의 인쇄물을 통하여 포교에 노력한 결과 소화 13년(1938)경부터 함경남도, 강원도, 평안북도, 충청남도, 전라북도, 경상북도 OOO 12구역 지방교회 총 94명의 교인(침례를 받은 신자의 뜻)이 3000명을 넘고, 또 만주 국내에 약간 수의 교회 교인을 얻었으며 현재에 이르고 있다.

그리하여 그 교리 신조의 특색은 그리스도를 절대유일의 권위자로 숭배하고, 그리스도는 수난 이후 부활하여 하늘 위에 있다가 말세에 이르면 지상에 재림하여 소위 천년왕국을 건설하고, 우리나라를 포함한 모든 민족 국가 위에 군림하여 소위 만왕의 왕이 되어 우선 심판을 행한다. 그때 이교도 및 유태민족을 박해한 국가는 준열한 처벌을 면할 수 없음은 물론이고, 그리스도와 함께 신자는 황후의 지위에 올라 영생을 누리게 되는 것임으로 현재 세태의 혼란분규는 이를테면 위의 지상왕국 출현의 징조임으로 신자는 더욱 열심을 바쳐 교세 확대를 꾀하고, 복음을 O기 해야 한다는 취지를 강조 선포하여서 그 필연적 결과로서 소화 20년(1937) 경까지 공공연하게 신자에게 지령하여 이방인(같은 국민이라고 하더라도 이교도로 모두 호칭)과의 교제 및 국가의 설립 감O에 관계되는 학교에 취학, 신궁신사의 예배를 엄금하고, 삼가하기는 하였지만 관헌의 강력한 지휘에 저항하고 또 그 후는 표면을 호도하고 있음과 또 전에 가르치는 자 O 곡해에 기초하여 교리신OO OOO 즉, 천황무궁의 광휘 있는 우리 국체를 부정하고 나아가서 황실의 존엄을 모독하는 조항을 유포하는 것을 목적으로 하는 것과 같은 것이다.

1. 피고인 이종근(中山川行)

一、被告人中山川行ハ幼時書堂ニ於テ數年間漢文ヲ學ヒ長シテ農業ニ從事スル中更ニ基督敎會ノ教理信仰ニ共鳴シ大正二年洗禮ヲ受ケテ敎人ト爲リ大正八年敎師ニ同十一年牧師ニ昭和十六年三月監督ニ選任セラレテ現在ニ至ル者ナルトコロ

咸鏡南道元山府榮町所在同敎會總部ニ於テ、

(一)昭和十六年八月日不詳元老タル被告人松田宇龍、[illegible]ル被告人金山榮官外四名ヲ召集シテ在[illegible]敎會ガ滿洲國側基督敎團ニ包攝統合セラレントスルヲ妨ケン爲ノ方策ニ付協議シ其ノ實行委員トシテ被告人濱口宇成外二名ヲ同國ニ派遣スルニ決シタルモ其ノ實現ヲ見ス

(二)昭和十六年五月十五日ヨリ昭和十七年一月上旬頃迄ノ間三回ニ亘リ鮮內各區域ニ對シ、布敎ノ資料タル東亞基督敎會創築ニ係ル雜誌約三千部、福音讃美約千七百部ヲ頒布シ

(三)右期間中毎曜日、水曜日ノ禮拜ニ際シ信者金寶參外數十名等ニ對シ基督ノ再臨、審判及千年王國ノ出現ヲ祈求スヘキ旨ノ說敎ヲ爲

원문 번역 편

1. 피고인 이종근(中山川行)은 어렸을 때 서당에서 수년간 한문을 배우고, 오랫동안 농업에 종사하던 중 동아기독교회의 교리 신조를 따라 대정 2년(1927) 침례를 받고 교인이 되었고, 대정 8년(1933) 교사가 되었고, 대정 12년(1936) 목사가 되었고, 소화 12년(1937) 3월 감목으로 선임되어져서 현재에 이른 자이다. 함경남도 원산 영정 소재의 동 교회 총부에 있어서

(1) 소화 16년(1941) 8월 중으로 날짜는 상세하지 않지만 원로인 피고인 전치규 전 감목, 명예 목사인 피고인 김영관 외 4명을 소집하여 재만 지방교회가 만주국 기독교국에 포섭 통합하고자 하는 것을 방해하기 위하여 방책을 협의하였고, 그 실행위원으로 하여금 피고인 전치규 외 3명을 만주에 파견할 것을 결의하여 보냈다.

(2) 소화 16년(1941) 5월 15일부터 소화 17년(1942) 1월 상순경까지 3회에 걸쳐 조선 내 각 구역에 포교 자료인 동아기독교회편찬 성서 약 30부, 복음 찬미 약 1700부를 배포하고

(3) 위 기간 중 매주일 수요일의 예배 시에 신자 김중출 외 30명에게 그리스도의 재림과 심판 및 천년왕국의 출현을 기원한 내용의 설교를 하였다.

제 2 피고인 전치규(陽田宇成)

第二 被告人陽田宇成ハ幼時書堂ニ於テ數年間漢文ヲ修メ長シテ農業ニ從事シ居ル中東亞基督教會ノ教理信仰ニ共鳴シ明治四十二年頃洗禮ヲ受ケテ教人ト為リ大正四年牧師ニ同十三年監督ニ選任セラレシカ昭和九年辭任ノ後ハ按師ニ就ケラレ同時ニ元老兼元山區域名譽牧師ト為リテ現在ニ至ル者ナルトコロ

(一)昭和十六年八月日不詳監牧タル被告人田川行ノ召集ヲ受ケテ前掲第一ノ(一)記載內容ノ協議ヲ為シ

(二)昭和十六年五月二十五日ヨリ昭和十七年一月上旬頃迄ノ間毎月二回平均前掲總部ニ於テ禮拜ヲ為スニ際リ信者金錢生外約二十名ニ對シ前記同樣ノ說教ヲ為シ

(三)昭和十六年八月日不詳江原道通川郡通川面西里所在元山區域內西區教會ニ於テ趙明善外二十名ニ受洗ヲ施シテ之ヲ教人ト為シ

원문 번역 편

제2 피고인 전치규(陽田宇成)는 어렸을 때 서당에서 수년간 한문을 익혀 오랫동안 농업에 종사하던 중 동아기독교회의 교리신조를 따라 명치 12년(1909)경 침례를 받고 교인이 되었고, 대정 4년(1915) 목사가 되었고, 대정 13년(1924) 감목으로 선임되고, 소화 9년(1934) 사임 이후에는 안사로 천거되는 동시에 원로 겸 원산구역 명예목사가 되어 현재에 이른 자이다.

(1) 소화 16년(1941) 8월 중 감목인 피고인 이종근의 소집을 받아 전게 제일의 (1)기록내용의 협의를 하였다.

(2) 소화 16년(1941) 5월 15일부터 소화 17년(1942) 1월 상순경까지 매월 2회 평균 전O 총부에서 예배를 할 때 신자 김중생 외 약 30명에게 전기와 마찬가지의 설교를 하였다.

(3) 소화 16년(1941) 8월 중 강원도 통천군 통천면 서리 소재 원산구역 내 서리교회에서 최명선 외 20명에게 침례를 베풀고 이를 교인으로 하였다.

제 3 피고인 김영관(金山榮官)

第三被告人金山榮官ハ幼時書堂ニ於テ數年間漢文ヲ學ヒ後長老派ニ屬ス

中東豆義會教會ノ教養信徒ト共同シ大正二年頃洗禮ヲ受ケテ執人ト

為リ同十二年教師ニ選ヒ十三年教師ニ昭和九年監牧ニ順次累進シ昭和

十三年三月辭任スルト同時ニ元老派[illegible]牧師ト為リ現在ニ至ル者ナ

ルトコロ

昭和十六年八月日不詳當牧タル被告人中山川行ノ召集ニ臨シ前掲

第一ノ(一)記載内容ノ協議ヲ為シ

(二)當牧タル被告人中山川行ノ推薦ニ依リ同年七月中滿洲國間島省

[illegible]大派教會外一教會ニ於テ四回ニ亘リ金洋[illegible]外[illegible]ニ中名位一

[illegible]シ[illegible]族人ニ對シ前記同樣ノ說教ヲ為シ

원문 번역 편

제3 피고인 김영관(金山榮官)은 어렸을 때 서당에서 수년간 한문을 배운 후 농업에 종사하던 중 동아기독교회의 교리신조를 따라 대정 2년(1927)경 침례를 받고 교인이 되었고, 동 12년(1937) 교사가 되었고, 다음해(1938) 목사가 되었고, 소화 9년(1934) 감목으로 순서를 따라 승급하였고, 소화 13년(1938) 3월 사임함과 동시에 원로 겸 명예목사가 되고, 현재에 이른 자이다.

(1) 소화 16년(1941) 8월 중, 감목인 피고인 이종근의 소집에 응하여 전게 제1의 (1) 기재 내용의 협의를 하였다.

(2) 감목인 피고인 이종근의 강O에 의해서 같은 해 7월 중 만주국 간도성 OOO대파교회 외 한 교회에서 4회에 걸쳐서 김순철 외 120명 정도(OOOO인) 에게 전기와 같은 설교를 하였다.

제 4 피고인 장석천(張田錫天)

第四被告人張田錫天ハ幼時基督教系私立學校ニ於テ聖書及漢文等ヲ學
ビ長シテ農業ニ從事中浸禮派基督教徒ト爲リ東亞基督教會創設セラ
ルルヤ當初ヨリ之ニ加入同時教師ト爲リ昭和十五年十月元老兼名譽
教師ニ選任セラレ爾來忠淸南道扶餘郡林川面七山里所在七山教會ニ
在リテ布教ニ從事シ居タル者ナルトコロ
昭和十六年五月十五日頃ヨリ昭和十七年八月末頃迄ノ間同教會ニ於テ
毎日曜日、禮拜ニ際シ信者張田錫吉外約八十名ニ對シ前記同教ノ說
教ヲ爲シ

원문 번역 편

제4 피고인 장석천(張田錫天)은 어렸을 때 기독교계 사립학교에서 성서 및 한문 등을 배우고 오랫동안 농업에 종사하던 중 침례파 기독교도가 되어 동아기독교회 창설을 하는 등 당초부터 이에 가입하는 동시에 목사가 되었고, 소화 15년(1940) 10월 원로 겸 명예목사로 선임된 이래 충청남도 부여군 임천면 칠산리 소재 칠산교회에서 포교에 종사하고 있는 자이다. 소화 16년(1941) 5월 15일부터 소화 17년(1942) 8월말경까지 같은 교회에서 매 일요일 예배 시에 신자 장석철(張田錫哲) 외 약 80명에게 전기와 같은 설교를 하였다.

제 5 피고인 노재천(盧山光石)

第五　被告人盧山光石ハ幼時書堂ニ於テ數年間漢文ヲ修メ長シテ基督教ニ
從事スル、中東亞基督教會ノ教理信條ニ共鳴シ明治四十三年頃執事ヲ
受ケテ其ノ教人ト爲リ大正三年牧師ニ選任セラレ現在ニ至ル者ナル
トコロ
(一)昭和十六年五月十五日ヨリ昭和十七年九月上旬頃迄ノ間所[illegible]
忠南公州教會ニ於テ每日曜ノ禮拜ニ際リ信者李某外約[illegible]名ニ
對シ前記同樣ノ說教ヲ爲シ
(二)昭和十六年五月中旬及同年八月二十日頃ノ二回前記教會ニ於テ李
某等二十名ニ對シ說教ヲ施シテ之ヲ教人ト爲シ

원문 번역 편

제5 피고인 노재천(盧山光石)은 어렸을 때 서당에서 수년간 한문을 배우고 오랫동안 농업에 종사하던 중 동아기독교회의 교리신조를 따라 명치 43년(1910)경 침례를 받고, 그 교인이 되었고, 대정 3년(1928) 목사로 선임되어 현재에 이른 자이다.

(1) 소화 16년(1941) 5월 15일부터 소화 17년(1942) 9월 상순경까지 소속된 충청남도 공주교회에서 매 일요일의 예배 시에 신자 이기출 외 약 50명에게 전기와 같은 설교를 하였다.

(2) 소화 16년(1941) 5월 중순 및 그 해 8월 20일경 까지 2회에 걸쳐 전과 같은 교회에서 OOO와 20명에게 침례를 베풀고 이를 교인으로 하였다.

제 6 피고인 박기양(木村方春)

第六被告人木村方春ハ當時京城ニ於テ數年間漢文ヲ學ヒ長シテ他業ニ
從事スル中東洋宣教會ノ教理講義ニ共鳴シ大正六年洗禮ヲ受ケテ
其ノ教人ト為リ同十二年教師ニ登リ十三年牧師ニ選任セラレ現在ニ至
ル者ナルトコロ

昭和十六年五月中旬頃ヨリ昭和十七年六月上旬頃迄ノ間毎日曜日[illegible]
慶尚北道醴泉郡醴泉面[illegible]教會ニ於テ信者[illegible]外約四
十名ニ對シ前記同様ノ説教ヲ為シ

원문 번역 편

제6 피고인 박기양(木村方春)은 어렸을 때 서당에서 수년간 한문을 배우고, 오랫동안 농업에 종사하던 중 동아기독교회의 교리신조를 따라 대정 6년(1931) 침례를 받고, 그 교인이 되었고, 동 12년(1937) 교사가 되고, 다음 해(1938) 목사로 선임되어 현재에 이른 자이다.

소화 16년(1941) 5월 15일부터 소화 17년(1942) 6월 상순경까지 매 일요일 소속된 경상북도 예천군 용궁면 금남리 금남교회에서 신자 장사출 외 약 40명에게 전기와 같은 설교를 하였다.

제 7 피고인 백남조(白原信祚)

第七被告人白原信祚ハ幼時書堂ニ於テ數年間漢文ヲ修メ長シテ農業ニ
從事スル中東亞基督教會ノ教理信條ニ共鳴シ大正元年受禮ヲ受ケテ
其ノ教人ト爲リ同七年教師ニ翌八年牧師ニ選任セラレ現在ニ至ル者
ナルトコロ
昭和十六年五月十五日ヨリ同十七年九月上旬頃迄ノ間所謂滿洲國
間島省延吉縣龍井街錦城教會ニ於テ毎日曜ノ禮拜ニ際リ信者洪承濤
外約百二十名（孰レモ朝鮮人）ニ對シ前記同樣ノ説教ヲ爲シ

원문 번역 편

제7 피고인 백남조(白原信祚)는 어렸을 때 서당에서 수년간 한문을 닦고, 오랫동안 농업에 종사하던 중 동아기독교회의 교리신조를 따라 대정 원년(1912) 침례를 받고, 그 교인이 되었고, 동 7년(1918) 교사가 되었고, 다음 해(1919)에 목사로 선임되어 현재에 이른 자이다.

소화 16년(1941) 5월 15일부터 소화 17년(1942) 9월 상순경까지 소속 만주국 간도성 연길현 자성 종성교회에서 매 일요일의 예배 시에 신자 임승용 외 약 120명(모두 조선인)에게 전기와 같은 설교를 하였다.

제 8 피고인 신성균(平山聖均)

第八被告人平山聖均ハ幼時書堂ニ於テ數年間漢文ヲ學ヒ後農業ニ從事
中東亞基督教會ノ教理信條ニ共鳴シ大正五年洗禮ヲ受ケテ其ノ教人
ト爲リ同十二年教師ニ翌十三年牧師ニ選任セラレテ現在ニ至ル者ナ
ルトコロ

昭和十六年五月十五日ヨリ昭和十七年九月上旬頃迄ノ間所轄慶尚北
道迎日郡松南面光川里光川教會ニ於テ毎日曜禮拜ノ際信者李[illegible]等
約三十名ニ對シ前記同様ノ說教ヲ爲シ

원문 번역 편

제8 피고인 신성균(平山聖均)은 어렸을 때 서당에서 수년간 한문을 배운 후 농업에 종사하던 중 동아기독교회의 교리신조를 따라 대정 5년(1916) 침례를 받고, 그 교인이 되었고, 동 12년(1923) 교사가 되었고, 다음 해(1924) 목사로 선임되어서 현재에 이른 자이다.

소화 16년(1940) 5월 15일부터 소화 17년(1941) 9월 상순 경까지 소속되어 있던 경상북도 영일군 송남면 광천리 광천교회에서 매 일요일 예배의 때 신자 이OO 외 약 30명에게 전기와 같이 설교를 하였다.

제 9 피고인 박성도(竹山成道)

第九被告人竹山成道ハ京城儆新中學中途退學ノ後福音堂教師兼傳道者

等ヲ爲シ居ル中東亞基督教會ノ教理信條ニ共鳴シ明治四十四年頃洗

禮ヲ受ケテ其ノ教人ト爲リ大正十三年監老昭和十四年四月牧師ニ就

任セラレ爾來咸鏡北道慶興鍾城ニ區域ヲ擔當シ現在ニ至ル者ナルト

コロ

昭和十六年五月十五日ヨリ昭和十七年九月上旬頃迄ノ間管下慶興教

會等ニ於テ每月一回平均禮拜ノ際信者金澤福外約三百二十名ニ對シ

前記同樣ノ說教ヲ爲シ

以テ夫々東亞基督教會ノ役員タルノ任務ニ從事シタルモノナリ

원문 번역 편

제9 피고인 박성도(竹山成道)는 경성 기호중학교를 중퇴 한 후 서당 교사, 농업에 종사하고 있던 중 동아기독교회의 교리신조를 따라 명치 44년(1911)경 침례를 받고, 그 교인이 되어 대정 13년(1924) 감로가 되었고, 소화 14년(1939) 4월 목사에 선임되었다. 이 후에 함경북도 함흥 종성에서 구역을 담당하고 현재에 이른 자이다.

소화 16년(1941) 5월 15일부터 소화 17년(1942) 9월 상순경까지의 기간 중 관할하는 구역인 나진교회 등에서 매월 1회 평균 예배 시 신자 김태복 외 약 320명에게 전기와 같은 설교를 하였다.

이상 이들은 동아기독교회의 직원으로서 임무에 종사한 자이다.

예심청구서

침례교 9인 기소장

초판 발행 | 2016년 10월 18일

편 역 | 김대응

발행인 | 김대응

펴낸곳 | 한국침례교회역사연구회

김대응 박사

[저자 약력]

기독교한국침례회 총회 역사연감 편찬위원을 역임하였으며 『한국 초기 침례교회 설립사』를 저술하였다. 2007년 한국침례교회역사연구회를 창립하여 현재에 이르고 있다.

한국침례교회사에 관한 자료를 발굴 침례신문에 기고하였고, 교단 기관지 「뱁티스트」(2014.3•4.-2017.11•12.)에 4년여 동안 연재하였다.

한국침례신학대학교(B.A.) 졸업(1987), 한국침례신학대학교 신학대학원(M.Div.) 졸업(1990), 한국침례신학대학교 목회신학대학원 목회학 박사(D. Min.) 학위를 취득(2019)했다. 그리고 미국 사우스웨스턴침례신학대학원(Southwestern Baptist Theological Seminary) 목회학 박사(D. Min.) 학위를 취득(2019)하였으며 저자의 논문은 미국 의회도서관에 등록되었다. 2019년 3월 국회에서 '항일여성독립운동 신앙인 최덕지 안이숙 조수옥 재조명 학술세미나'에서 주제발표를 하였다.

1958년 평창 출생으로 목사안수는 1990년 4월 14일이며 같은 해 제80차 정기총회에서 인준을 받았다. 교회 사역은 새희망교회, 여의도교회, 서울교회, 은총교회에서 하였고, 서울남부지방회장과 시취위원장을 역임하였다. 한국교회총연합 언론홍보위원회 위원장(2019)을 역임하고, 서울시 시민참여예산 유공자 표창(2023)을 받았다.

현재 한국문인협회 회원, 한국문인협회 구로지부 부회장, 한국기독교역사연구소 연구회원, 한국문학예술저작권협회 회원, 한국침례교회역사연구회 회장, 기독교한국침례회 예수향기교회 담임목사이다.

[학위 논문]

「동아기독교의 신사참배 거부에 기초한 기독교인 정체성 함양을 위한 교육교재 개발」, 한국침례신학대학교 목회신학대학원 목회학 박사 (2019).

「Developing an Educational Textbook to cultivate Christian Identity through the Study of Donga Christianity's Opposition to the Forced Shrine Worship as an Idol Worship」, Southwestern Baptist Theological Seminary (D. Min, 2019). 저자의 논문은 미국의회도서관에 등록

[저서]

편역

『예심청구서: 함흥지방법원검사국』(2016)

단행본

『내 인생을 바꾼 성서속 23가지 지혜』(2008)

『청년대학부 필생전략 』(2002)

시집

『뭉클』(2023)

『나, 여기 있어요』(2020)

『폭풍 속의 기도』(2011)

『너에게로 가는 마음의 기차』(2006)

공저

『역사연간』(2007)

한국문인협회 시분과 사화집 『집』(2023)

『한국을 빛낸 문인』(2019-20)

『한국시인 사랑시 1』(2017)

『한국시인 대표작 1』(2016)

『건강한 12교회 청년대학부 부흥전략』(2002)

『성장하는 14교회 청년대학부 부흥전략』(1998) 외 다수.

네이버카페 한국침례교회역사연구회

<https://cafe.naver.com/kbchi>

메일: k-name@naver.com